RHEINHARD POZORNY · Pferdeschicksal - Menschenschuld

REINHARD POZORNY

Pferdeschicksal Menschenschuld

Mit 23 Lichtbildern

ADAM KRAFT VERLAG
München

ISBN 3-8083-1021-9

Printed in Germany
Umschlag: Herbert Holzing Koblenz · Druckstöcke: Foto-Print Frankfurt/M.
Satz: Kurt Strugalla Mannheim · Druck: druckpress Leimen
Bindearbeiten: Fritz Wochner Horb/Neckar

ZEITLOSE EINDRÜCKE EINER REITSCHULE UND IHRER STADT

Clemens Schönfeld atmete nochmals die Luft, die ihn umgab, ein. Würziger Stallgeruch, ein Moder, der allen alten Bauten eigen zu sein scheint, halbgetrocknete Ölfarbe und der Ruch nasser Erde mischten sich zu einem unerklärlichen Etwas. Er stützte seine Arme auf die steinerne Brüstung vor sich und vergaß seine Umwelt. Das heißt, er achtete nicht auf die vielen, laut und in allen Sprachen der Welt schreienden und lachenden Besucher, die mit gespielter Arroganz, hinter der sich neugierige Erwartung verbarg, wie Besitzer einer teuren Eintrittskarte in einem erstklassigen Zirkus, darauf warteten, was die nächsten Minuten bringen sollten. Keiner der Vielen aus dieser großen und weiten Welt ahnte, daß bald nur leises Flüstern ihr lautes Schreien verdrängen würde.
Das Flimmern der breiten Goldringe, der Brillanten und Perlen sollte bald nachlassen und Glanz und Kraft verlieren. Das Parfum der aufreizend dekolletierten Dame, mit den kunstvoll überschminkten Fältchen der Genießerin um die Augen, die neben Schönfeld saß, sollte bald einer ganz anderen Atmosphäre unterliegen. Denn alles, was hier die moderne Welt zu sein vorgab, sollte von einer geheimnisvollen Macht bezwungen werden, wie jeden Tag vorher und jeden Tag nachher.
Jetzt kommt aus der Tiefe eine Bewegung, die sich auf die Galerie überträgt.
Jetzt verstummen die Lacher und Schreier plötzlich; die aufreizend Lachende neben Schönfeld beginnt, ihre Bonbons mit merklicher Zurückhaltung zu lutschen.
Jetzt werden die Pferde hereingeritten.
Rosa Nüstern schnauben.
Raumgreifende Schritte wühlen die Erde auf.
Ruhe, die auch taubes Gestein bezwingt, die zunächst nichts anderes will, als die Menschenmenge zu einer Einheit werden zu lassen und dann wohltuend alle im Bann hält, beginnt sich auszubreiten.
Klug und verstehend sehen die großen und braunen Augen vor sich

hin und scheinen von der Umwelt keine Kenntnis zu nehmen; scheinen hoheitsvoll über alles zu gleiten, was sich an Bewunderung und Neugierde hinter den Stirnen der Menschen verbirgt.
Die Zuschauer sehen die Pferde auf sich zukommen: auf ihren Rükken die Reiter, die sich hier, scheinbar wie Gestalten einer untergegangenen Zeit, ein Stelldichein unwirklichster Art geben. Auch die Uniform, die diese Bereiter tragen, ist zeitlos. Zwar erinnert sie in Schnitt und Farbe an alte Vorbilder; ihre Zusammensetzung aber geht darüber hinaus. Der schwarze Zweispitz mit der goldenen Borte erinnert an die Reiter der großen Kaiserin, der braune Frack mit den beiden goldenen Knopfreihen könnte aus der Zeit des Reiterführers Erzherzog Karl stammen, und die weißen und eng anliegenden Hirschlederhosen mit den schwarzen Stulpenstiefeln gehören einer Zeit an, da man versuchte, den unpraktisch gewordenen Vorbildern des »alten Roitherthumes« neue Formen anzupassen. Vor einem alten Bild auf der Empore machen sie halt und grüßen mit gezogenem Hut und strammer Haltung den Vater Maria Theresias, Karl VI., der mit Recht als der Gründer dieses Hauses gilt. Dieses Bild und der Brauch des Grußes vor dem Anreiten haben Monarchien, Diktaturen, Kaiserreiche und Republiken überlebt, sind zeitlose Wirklichkeit des Ineinanderfließens von Vergangenem mit dem Heute, bewußte Hinkehr auf das Gestern der barocken Leitbilder und ihrer Zeit.
Dieser Gruß der Reiter ist, trotz seines anscheinend Unwirklichen inmitten der alten kaiserlichen Embleme, ein Gruß an die Vergangenheit, die auf dem Rücken der Pferde hereingeritten kommt, mit der sie zeitlebens verbunden war und die mit dem scheinbaren Aussterben der Pferde zur Neige ging. Erst jetzt, da die Pferde da sind, von Reitern gelenkt, erhält der Raum seine Atmosphäre, die ihn so berühmt machte.

Lokalpatrioten, Dichter und Fremdenführer haben sich förmlich überschlagen, wenn ihre Rede auf den Bau der Wiener Hofreitschule kam, wo Fischer von Erlach aus Nischen und Balustraden, Säulen und einer Empore sondergleichen ein von unwahrscheinlicher Atmosphäre umwittertes Mekka der Reitkunst schuf. Was wären alle Rosetten und Ranken, aller Ausdruck barocker Sinnesfreude, wenn es sie nicht gäbe: die Nachfahren der »Hispanischen Pferde«, damals neun

Hengste und vierundzwanzig Stuten insgesamt. Sie erst geben dem festlichen Raum die Stimmung, die wie eine Melodie aufklingt und Raum und Zeit ineinander verströmen läß und in der Mensch und Tier immer wieder die raumbeherrschenden Formen aufzulösen scheinen.

Bleiben wir zunächst bei diesem Bauwerk, das von der Wiener Innenstadt und deren Häusern immer mehr eingeschlossen zu werden droht. Da, wo Leopold I. eine neue Reitschule bauen ließ, befand sich der Roßtummelplatz im Hoflustgarten. Dorthin holte Karl VI. die Baumeister Johann Bernhard und später dessen Sohn Josef Emanuel Fischer von Erlach in kaiserliche Dienste und ließ den begonnenen Bau ergänzen und fertigstellen. Lange Zeit hindurch war er der größte Saal der Stadt Wien, bei einer Stadt wie dieser bedeutete das etwas. Auf einem Aquarell von Johann Nepomuk Höchle ist das munter erscheinende Treiben der Damen und Herren des Wiener Kongresses festgehalten. Jene steifen und doch so lebenslustigen Herrschaften aus der halben Welt, die sich amüsierten, die ihre Amouren und Späße trieben, Ränke spannen und hinter der vorgehaltenen Hand Stichworte ausgaben, die dem Neubau Europas nach Krieg und Verwüstung dienen sollten. Typische Vertreter einer Zeit, die von sich mit dem Brustton der Überzeugung behaupteten, das ganz Moderne, das Allerneueste und daher Allerbeste zu verkörpern. Ohne es selbst zu merken, hatten sie sich von der Zeit, aus der sie kamen, in Wahrheit noch gar nicht gelöst.

Beim Betrachten der Einzelheiten spürt man, wie die unsichtbar spielende Musik zwischen dem blattverzierten Mauerwerk ertönt und die Klänge eines Menuettes versuchen, über die neumodischen Rhythmen zu triumphieren, die sich in jener Epoche die Salons ebenso wie die Bauernstuben erobert hatten.

Da ist sie wieder, die Frau, die Schönfeld so oft begegnete, hier auf dem Bilde vor ihm und gleichzeitig als Nachbarin auf der Empore neben ihm sitzend.

Die gleichen Augen: Sie können lachen und weinen, sie können ebenso triumphieren über das bißchen Männlichkeit, das man anzubieten hat und das in ihren wunderbar duftenden und weichen Formenspielen vergeht. Augen, die man nicht vergißt, weil sie Rätsel und Lösung zugleich sind, wenn man nur richtig in ihnen lesen kann. Schultern, hinter denen man gestanden haben muß! Über die man zunächst nur mit den Fingerspitzen, und das ganz zart, streichen muß! Der Ausschnitt des Kleides ist verräterisches Erahnen und enthüllendes Geheimnisspiel zugleich. Merkwürdig, sie, die jetzt auf Schönfeld sieht, betont teilnamslos, wie die große Sängerin vor dem Auftritt den letzten Statisten wahrnimmt, ohne ihn anzusehen, einfach durch ihn hindurch blickt, weil er ebenso da sein muß wie das Mobiliar, die Kulissen und Versatzstücke auf der Bühne, achtet in ihm nur den zufälligen Nachbar. Mit der Nachbarschaft hätte es noch schlechter ausfallen können, denkt sie. Er sieht wenigstens einigermaßen ordentlich und sauber aus und ist gut angezogen. Sonst nichts Bemerkenswertes an ihm. Ein zufälliges Nebeneinander für zwei Stunden. Sollte sie nach weiteren zwei Stunden wieder an ihn denken, dann - darauf kann man Gift nehmen - hat sie bestimmt keine Ahnung mehr von seinem Aussehen.

Wenn er die Augen schließt und nur ihr Parfum atmet, beginnt seine Phantasie zu spielen, beginnen die drallen Barockfiguren an den Wänden ihre spärliche Kleidung abzulegen, und irgendwo in einem Nebenhaus bleibt eine Uhr für längere Zeit stehen.

Genau so sieht das herrliche Weib auf dem Bilde aus. Nur, das fühlt man, für sie braucht man noch mehr Phantasie, sie kann man nämlich nur erahnen. Man riecht sie nicht, man empfindet nichts von ihr. Plötzlich spürt man, wie zeitlos das Gefühl der Begierde ist, das auch zu einem Teil dieses Raumes wird.

Das Bild mit den schönen Frauen des Wiener Kongresses, mit den galanten Herren der Schöpfung und dem so feudalen Rahmen, das in seinen Einzelheiten den Beschauer in seinem begrenzten Alltag mit seinen Sehnsüchten verbindet, scheint zu versinken. Schon früher als 1814 war dieser Saal Schauplatz großer Ereignisse. Lange Zeit wird man noch von dem berühmten Damenkarussell gesprochen haben, das zu Ehren Maria Theresias hier stattfand.

Ihr Reich schien zum Spielball der Nachbarn geworden, die mit Gewalt und Verrat, mit gemeinsamer Überlegenheit der brutalen Macht sen und später die Preußen, unaufhaltsam vordrangen. Der Sohn weite Teile erobert hatten und nun vereint, die Sachsen und Franzo-

Max Emanuels, Karl Albrecht, der Bayer, hatte noch mit ihr, der Kaiserin, kurz vorher gegen die Türken gemeinsam gekämpft, ihr manchen und lobenswerten Sukkurs gegeben, um einiges später seine Soldaten durch Oberösterreich marschieren und sich in Linz als Erzherzog huldigen zu lassen. Nichts vermochte seinen Vorstoß nach Prag zu vereiteln, er eroberte die Moldaustadt und ließ sich dort zum König von Böhmen krönen. Böhmischer König? Sie wählten ihn sogar noch zum Kaiser des Reiches, gerade so, als ob es gar keinen mehr in Wien gegeben hätte, dem Krone und Reich zustünden.
Schenken wir uns die Einzelheiten: »Eine großartige Anspielung als bittere Ironie des Sieges eines Weibes über die Wortbrüchigkeit und Schwäche der Männer ihrer Zeit«, so schrieb ein Zeitgenosse, als sich gegen alle Regeln der Vernunft das Blatt doch wendete und die österreichischen Soldaten wieder »kaiserlich« wurden, weil der Bayer starb und das unschöne Handwerk des Krieges wieder andere Vorzeichen setzte.
In einer alten Chronik findet sich über diese Veranstaltung nachstehende Notiz: »Ein ungemein prächtiges Frauenkarussell. Es waren acht reitende und in acht überaus herrlichen und von schönster Bildhauerarbeit künstlich verfertigten, durchgehend versilberten, mit Sammet und Silberstoff ausgefütterten Phaetons fahrende, als Amazonen prächtigst gekleidete Ritterinnen, welche zusammen fünf Quadrillen ausmachten. Die erste reitende Quadrille wurde von der Königin selber geführt. Zu Richtern dieses Ritterspieles waren ernannt der Obristhofmeister Graf Zinzendorf und andere. Die Preise waren reiche Kostbarkeiten, für die reitenden und die fahrenden Quadrillen, mit der Lanze, mit der Pistole, mit dem Wurfpfeil, mit dem Degen und wegen den mehresten Köpfen. Nach geendigtem Karussell kehrte die Königin mit ihren Reiterinnen, teils reitend, teils fahrend, aus der Reitschule über die Gasse auf die Burg zurück und speiste mit denselben an einer öffentlichen Tafel. Darauf war ein herrliches Ballfest«.
Allzu schön und fröhlich ging es, wie wir wissen, in dieser Zeit auch nicht zu, und die finanzielle Lage kann man im allgemeinen als höchst bedrohlich bezeichnen. Schon am 23. April wurde, um die gleiche Chronik weitersprechen zu lassen, »zur Fortsetzung des Krieges eine Vermögenssteuer ausgeschrieben, vermöge welcher jedermann den

zehnten Teil seines wirklichen Vermögens beizutragen verbunden war«.
Das Wort »verbunden« ist eine typische österreichische Bezeichnung für »verpflichtet« oder »beauftragt« und will diese harte Tatsache etwas schmerzloser ausdrücken, als dies woanders geschehen würde.
Verstehen wir also das junge, lebenslustige Weib, diese herrliche Frau, die sich auch als Kärrnerin durchgesetzt hätte und ihren Triumph auskostete. An der Spitze eines geschmückten Zuges von Reitern und Fahrzeugen hielt sie mit geradezu orientalischem Pomp hier Einzug. Das Wiehern der heute wie stets friedlich gestimmten Rosse mit ihren stets rauflustigen Herren auf dem Rücken mischte sich mit dem Jubelruf der Fanfaren und dem Schlagen und Rollen der Trommeln. Obwohl noch kurz vorher mehr als zehntausend Franzosen Prag besetzt gehalten hatten, wo sie - das Weib - einer halben Welt standzuhalten lernte, um dann zur Königin von Böhmen gekrönt zu werden! Neide es ihr keiner! Über ihrem Erscheinungsbild in dieser Stunde lodert alles, was barocker Jubel und Siegestrunkenheit heißt, die bekanntlich niemals danach fragen, was nachher kommt.
Nachher? Oh, noch oft gab es hier festliche Stunden. Bis 1918 waren allerdings die Vorführungen nur dem Herrscherhaus und seinen Gästen zugänglich. Es war schon eine unerhörte Auszeichnung, wenn irgendeiner aus dem Kreise der hohen Diener im zivilen oder militärischen Sektor die Erlaubnis bekam, zuschauen zu dürfen. Die Objekte des Geschehens aber wurden zu Wunschbildern für Millionen; sie an der Arbeit gesehen zu haben, ihnen, den berühmten weißen Pferden von Wien zuschauen zu dürfen, das war höchstes Wunschziel von Generationen, wobei sich Standesunterschiede und Trennungsstriche der Nationen von selber aufhoben. War dieser, aus dem gesellschaftlichen Aufbau des Staatswesens entstandene, heute unverständliche Vorgang ein Grund für die Legenden, die sich um die vierbeinigen Gäste aus Lipizza bildeten? Einer der Gründe vielleicht; ein wesentlicher sogar, denn aus dem Wunsche nach dem unerreichbar Scheinenden erwächst bekanntlich die Sehnsucht; die vermag sehr viel, sie hat schon ganz andere Legenden gebildet.
Schon ein Jahr nach dem Damenkarussell, nämlich am 12. Dezember 1744, gab es einen sogenannten »Frey-Ball«. Auch den hatte, trotz aller Sorgen, die sie bedrückten, die gleiche Kaiserin veranstaltet, um

der Vermählung ihrer Tochter Marianne mit dem Prinzen Karl von Lothringen einen würdigen Rahmen zu geben. An diesem Balle durfte auch ... der niedere Adel teilnehmen, das heißt, der Hochadel war nicht mehr unter sich, so wie er dies bisher gewohnt war und dies ewiges Gesetz zu sein schien. Man kann sich vorstellen, wie empört damals mancher über diese Neuerung gewesen sein mag, sich jetzt plötzlich mit irgend einem einfachen und minderen Baron oder einem »von« zusammentun zu müssen, und mit welch verhaltener Erregung die »Kleinen« zum ersten Male dieses ungewohnten Glückes teilhaftig wurden. Die wirklichen Kleinen bei dem ganzen Spiel, die anderen, ohne die das alles eigentlich nie hätte geschehen können, standen noch lange draußen und durften nur warten und hoffen.
Redouten fanden hier statt und Feste, Turniere, Konzerte und Tagungen. So konstituierte sich hier der österreichische Reichstag im Revolutionsjahr 1848. Er war der erste in der Monarchie und mußte schon nach kurzer Zeit seine Pforten schließen, an die Messenhauser und alle jene mit Macht pochten, die ihrer Zeit neue Zeichen setzen wollten. Vergeblich die wohlgesetzten und sorgsam gewählten Worte des Reichsverwesers, des Erzherzogs Johann; das drohende Unwetter entlud sich über die Stadt und das ganze Reich.
Im mährischen Kremsier fanden sich die Herren Abgeordneten wieder, wo sie in demokratischer Unterwürfigkeit, fern aller vorher geübten Parolen und Programme, ergebenst darauf warteten, was der kaiserliche Hof in Olmütz zu veranlassen geruhen würde.
In dieser berühmten Reitschule in Wien, deren Ausbau im vorigen Jahrhundert weitgehend Kaiser Franz Josef I. zu verdanken war, hatte auch seine Gatin, die bildschöne und exzentrische Kaiserin Elisabeth, wiederholt Stunden genommen. 1894 wurde vom Wiener Hof in feierlicher Form das letzte Karussell mit historischen Kostümen aus der Zeit Karls VI. veranstaltet. Der heutige Besucher versteht kaum, daß damals, in der »guten alten Zeit«, nicht der tüchtigste Oberbereiter oder Fachmann der Schule ihr Leiter und Chef war, sondern der Erste Stallmeister des Kaisers, natürlich immer Hocharistokrat. Obwohl Lieblinge der Wiener und in ihrer Wirkung weit über die Hauptstadt hinaus jedem Menschen bekannt, waren und blieben die Lipizzaner bis zum Beginn einer neuen politischen Zeitrechnung etwas Exklusives. Sie gehörten allein dem Hof und der

Krone, die bis zum Ende eifersüchtig über sie wachten.
Das alles scheint längst vorbei zu sein.
Das Pferd aber war geblieben und trabte munter über die Schwellen der verschiedenen Epochen. Es blieb auch seiner königlichen Vorstellungswelt treu, als es längst keine Könige mehr gab. Denn königliche Vorstellungen müssen einen erfüllen, wenn man vom Pferde spricht. Schon der Perserkönig Darius soll, so heißt es, seinen Königsthron dem Wiehern eines Pferdes verdankt haben. Die Stammesführer der Perser - ihrer sieben an der Zahl - beschlossen, denjenigen aus ihrer Mitte zum König zu erwählen, dessen Pferd am nächsten Morgen als erstes der aufgehenden Sonne entgegenwiehern würde. Sein Berater muß ein ausgezeichneter Pferdekenner und sehr schlau gewesen sein, denn er führte auf dem Platze, wo sich das kommende Ereignis abspielen sollte, den Hengst seines Herrn mit einer Stute zusammen.
Als sich der Morgen mit seinem allerersten Dämmerschein ankündigte, begann das Reitpferd voll Sehnsucht unruhig zu werden und wieherte, aus bekannten Gefühlen heraus, der unfernen Gefährtin zu. Der Abend war eben so schön verlaufen, daß unser kraftstrotzendes Streitroß vermutlich gerne seine Wiederholung erlebt hätte. Darius wurde König der Perser; aus dem Berater in kurzer Zeit ein Minister, der sicher noch manches Gute für sein Land getan haben mag. Zur Erinnerung und aus Dankbarkeit ließ der neue König ein großes Denkmal errichten, das besagtes Pferd in voller Größe und Schönheit zeigte.
Die Griechen verehrten die Sonnenrosse, sie waren ihnen göttergleich. In ihnen spiegelte sich die Gewalt jener Mächte, die die Erde schufen und den Menschen untertan machten. Die Germanen hatten ihre Sturm- und Nebelrosse; sie drückten aus, daß die Gewalten der Natur die Menschen bezwangen und keine Macht dieser Erde imstande war, ihnen zu widerstehen. Sie lernten die brausenden und schüttelnden Gewalten fürchten, denen der Mensch in seiner ländlichen Naturnähe ausgeliefert war, aber auch schätzen. Trotzdem blieben sie immer geheimnisvoll mit ihnen verbunden. War einer jener Germanen gestorben, dem man bedeutende Taten nachsagte - als Sippenführer oder in der Schlacht - dann kamen die Walküren geritten und brachten den toten Helden auf fliegenden Rossen nach Walhall, wo es nur so von schönen Pferden wimmelte.

Aus einem der Dramen Grillparzers wissen wir, daß auch in der slawischen Sage das Pferd eine bestimmte Rolle gespielt hat. Die Göttin Libuscha erkennt ihren künftigen Gebieter, jenen, der König werden soll, an einem besonders edlen Roß, das nur dem zu folgen vermag und zu Willen steht, der königlichen Geblüts ist.
Von keinem Geringeren als Goethe stammt der Vers:

»Laßt mich nur in meinem Sattel gelten!
Bleibt in Euren Hütten, Euren Zelten!
Und ich reite froh in weite Ferne,
Über meiner Mütze nur die Sterne!«

*

In Wahrheit geht das Leben weiter, denn, indem diese Reiter, Meister ihres Fachs, jahre- und jahrzehntelang immer wieder ihren Dienst am Pferde versahen, schufen sie eine Brückenstellung zwischen den Zeiten, die sich wie Feuer und Wasser gegenüberstehen, die man einfach nicht vergleichen kann, die aber auch eine Zäsur waren für die Hauptakteure des Raumes: nämlich für die Pferde selbst.
Wenn die Vergangenheit, also das Gestern und Vorgestern, auf dem Rücken der Pferde hereingeritten kommt, dann war zu erwarten, daß mit einem langsamen und unausbleiblichen Aussterben der Pferde auch eine Zeit, die mit ihnen untrennbar verbunden war und zu ihnen ein ganz anderes Verhältnis hatte als die Menschen unserer Tage, nämlich das Gestern und Vorgestern zur Neige gehen mußte.
Zuweilen schien es, als sollten nur die Pferdekräfte der Motoren, die durch unsere Straßen dröhnen und knattern und den Himmel mit ihrem Brummen erfüllen und entweihen, noch an dieses Tier erinnern. Dann wieder meinte man, daß der Begriff Streitroß aussterben müßte, als der Mensch, der dieses Tier zu seinem blutigsten Handwerk mißbrauchte, seine Hellebarden und Lanzen in die Museen trug und statt dessen Maschinengewehre und Raketen für seine fragwürdigen Zwecke nutzbar machte. Man hatte den Eindruck, als wollte nur noch sein geflügelter Zwillingsbruder, Pegasus, als Ausdruck schwärmerischer Poesie von vorgestern den Höhenflug dichterischer Bemühungen kennzeichnen. Das Wort »Pferdebahn« bedeutete als Teil des Großstadtverkehrs schon ein Stück Technik.
Als der Mensch sich mit der Technik verband und diese ihren Sieges-

zug antrat, erfanden wir das Wort vom »Dampfroß« und meinten, mit dieser umwälzenden Erfindung, der Eisenbahn, eine Verbindung zu jenem Tier herzustellen, das bisher der ausschließliche Träger des Verkehrs und der Nachrichtenübermittlung gewesen war. Die Eilposten des Fürsten Thurn-Taxis, die das ganze Gebiet des alten Reiches durchfuhren und in ihren unförmigen Kutschen alle Bevorzugten beförderten, die nicht mit dem Wanderstab in der Hand gemächlich von einer Ortschaft zur anderen zogen, benötigten hingegen eine ganz bestimmte Sorte von Pferden. Nicht ganz schwer und hart, aber auch nicht zu leicht, abgehärtet und widerstandsfähig gegen jedes Wetter, so mußten die Pferde sein, die man immer gut fütterte und auch entsprechend pflegte. Sie zählten bestimmt in ihrer unsichtbaren Hierarchie der damaligen Zeit zu den angesehensten unter ihresgleichen. Zwar verrichteten sie schwere Arbeit, doch überall, wo sie hinkamen, begrüßten sie die Menschen mit Freude und verwöhnten sie. Brachten sie doch Grüße aus der Ferne, Verwandte und Freunde aus der Fremde mit. Deshalb fanden sie überall reiche Entschädigung für die überstandenen Mühen.

Die Postkutschenzeit gilt als Inbegriff der Romantik. In der Luft zittern noch die letzten Klänge, die der »Schwager« seinem Posthorn entlockt hatte und mit denen er zwar der Umwelt sein Erscheinen anzuzeigen bemüht war; in den unsicheren Zeiten der vielen Überfälle und Fahrten durch unheimliche dunkle Wälder mochte dies auch zu seiner eigenen Beruhigung erfolgt sein. Glücklich die dicht zusammengedrängten, durch das dauernde Schütteln halb ohnmächtigen Reisegäste, die sich bei der Fahrt in Decken und Polster hüllten, um die Unbilden des Wetters und die holperige Fahrt einigermaßen zu überstehen. Endlich war das große und von weitem erkennbare Haus der Posthalterei in Sicht.

Die Pferde wurden gewechselt - auch die Postsäcke. Paketzusteller und Übernehmer hielten mit rauchender Pfeife eine kurze Betrachtung über die Unsicherheit der Verkehrsverhältnisse. Die Reisenden hatten ihre Füße mühsam wieder in Bewegung gebracht; nun trafen sie sich in der geräumigen Wirtsstube. Dieses Reisen, wo man auf engstem Raume zusammengedrängt saß, hatte auch seine Vorteile; nur mußte man sie zu nutzen wissen! Bei dem Gestoße und Geschüttle war der etwas angekränkelte Kontorbesitzer aus Lübeck in den letzten Stunden der jungen Gattin eines Oberleutnants mehrmals buchstäblich auf den Schoß geschoben worden. Sein »Oh, Pardon Madame!« war schon zur langweiligen Begleitmusik des gelegentlichen Peitschenknalles und des Rumpeln und Knirschens geworden, das von der Straße drang. Die Dame antwortete schon fast nichts mehr. Ihre letzten Beruhigungen, nichts sei geschehen, klangen immer matter, fast schon wie eine müde Aufforderung; doch er verstand nichts. Weder wußte er mit der Situation etwas anzufangen, noch verstand er die ungeschriebenen Spielregeln solch einer Fahrt.

Jetzt saß er neben ihr auf einer breiten Bank hinter dem gehobelten Tisch und trank zu einem Happen Fleisch ein ihm unbekanntes Gebräu. Schon diese Tatsache verdroß ihn. »Wie kann man einen Menschen zwingen, etwas, was er nicht kennt, zu trinken?« Dann fielen ihm die Bilanzzahlen der Firma ein und die vielen Dummheiten, die der unfähige Prokurist schon wieder angerichtet haben mochte. Dabei entging ihm ganz, daß sein Nebenan an dem jungen Studiosus Gefallen gefunden hatte, der in der letzten Station zugestiegen war und sich auf der anderen Seite des Wagens mit einem engen und bescheidenen Plätzchen begnügen mußte. Ein Bursche von Saft und Kraft war er, der sich nur dann um seine Umgebung kümmerte, wenn ihm diese gefiel und ansonsten bemüht war, trotz des kleinen Wechsels, den ihm Papa monatlich anweisen ließ, möglichst viel zu erleben und mitzumachen. So ist es auf der Welt: Jene, die am wenigsten säen, pflegen häufig am meisten zu ernten!

Er war es, der aus dieser verfahrenen Situation seinen Nutzen zog; mit artigen Worten plauderte er zunächst freundliche Belanglosigkeiten. Trotz aller Schwierigkeiten, die man ihm bereitete, gelang es ihm, auf der Weiterfahrt neben der munter lachenden Blondine zu sitzen. »Zu meiner Zeit wäre sowas nicht möglich gewesen«, murmelte die pelzvermummte Frau Kanzleirat ihrem Manne zu, der ihr aber keine Antwort gab. Auch er erinnerte sich an seine Zeit und wollte mit seiner Grimmigen aus diesem Anlaß nicht neuerlichen Streit beginnen. Froh über die jetzt herrschende Ruhe war er; denn noch vor einer Weile hatte es Ärger gegeben. Durch die Erschütterungen hatte sich die etwas krankhafte Galle der Guten sehr unangenehm bemerkbar gemacht. Die Kutsche hatte mehrmals halten müssen; man mußte notdürftige Reinigungsmaßnahmen treffen. Die anderen Reisenden

Letzte Harmonie zwischen Mensch und Pferd vor barocker Kulisse: die Spanische Hofreitschule in Wien

Das Antlitz des edlen Pferdes

machten Gesichter, als ob es ihre Galle gewesen wäre, und - er war an allem schuld, natürlich! Kaum, daß sie wieder soweit bei Kräften war, um sprechen zu können, war diese Anklage dem Gehege ihrer Zähne entflohen: Er habe ihr die falsche Medizin gebracht! Die letzte sei in einem grauen Säckchen verpackt gewesen, und dieses Pulver da sei in einem braunen Papier. »Also . . .«

Die Kleinstadt, damals schien sie groß und mächtig, hatte sie bald wieder!

Ihr Bild aus den Tagen Spitzwegs hat sich erhalten: Der verträumte Marktplatz, die schmalen, dunklen Gäßchen, die in ihn münden, das Hoppelpflaster, auch der Herr Wirt, der mit einem tiefen Bückling die soeben mit der Chaise eingetroffenen Gäste empfängt. Der »Hausel« trägt das schwere Gepäck ins Haus. Aus den Fenstern sehen sich Neugierige die Augen aus dem Kopf und freuen sich an der Sensation des Tages. Da und dort guckt jemand verstohlen hinter Gardinen und Fensterblumen hervor. Kinder nähern sich zaghaft dem Gefährt und sehen zu, wie der Schwager den beiden Rössern einen Sack mit Hafer umbindet, nachdem er schon vorher das Gespannzeug vorsorglich gelockert hatte.

Alle bestaunen sie jetzt die Pferde, an ihnen bleiben die Blicke haften, anerkennend, dankbar, aufmunternd. Einer holt ein Stück Zucker hervor, andere möchten die beiden kräftigen Lieblinge gerne streicheln. Sie lassen sich zunächst nicht stören, denn der Inhalt des Hafersacks ist ihnen derzeit das Wichtigste. Sie wissen - das wiederholt sich seit Jahren: Jedesmal, wenn sie diesen Platz erreichen, bekommen sie ihn von verschiedenen Wohltätern überreicht, das macht einem den Aufenthalt angenehm.

Entsinnen wir uns gar der schnellen Jucker, die die eiligen Stafetten ritten! Das waren jene, die nur einen Reiter zu tragen brauchten, der in seiner Tasche eine wichtige Botschaft, einen Brief, ein Dokument oder sonst ein schwerwiegendes Papier trug. Pferde von schneller Gangart waren dies, die eine bestimmte Zahl von Kilometern zurücklegten, abgesattelt und in einen Stall eingestellt wurden. Zwischenzeitlich fütterte man sie gut, um sie in der Folge wieder für solch einen kurzen Ritt zu beanspruchen, der schnell - das war die Hauptsache - zurückgelegt werden mußte. Auch sie zählten zu jenen Exemplaren, die zwar kräftig ausholen mußten, denen aber weiter nichts Böses pas-

sierte. Sie gehörten zu jener Sorte Lebewesen, die immer gut durchkommen, weil sie keine erkennbaren Großen sind, die - wie bekannt - immer wieder Opfer gewaltsamer Erschütterungen werden, die die Welt heimsuchen.
Ein Gleiches gilt in der Tierwelt: Die Kleinen beachtet man nicht; sie schwimmen im Strom der Ereignisse mit. Man braucht sie in jedem Zeitalter und Regime. Zur Kenntnis nimmt man sie im allgemeinen erst, wenn sie einem fehlen und unerreichbar sind. Dieser Tatsache sollen auch viele Menschen ihren ruhigen Lebenswandel und -abend verdanken!
Doch wir befinden uns noch auf der Empore der Hofreitschule; wer fragt in dieser Umgebung jugendfrischer Ausdruckskraft nach dem Lebensabend? Die Zuschauer, auch die, welche nicht nur aus Sensationslust und gesellschaftlicher Verpflichtung gekommen sind, schauen auf das Treiben unter ihnen so wie jemand, der plötzlich und - gegen seine Erwartungen - vor Dingen steht, die längst der Vergangenheit angehören.

Ähnlich sieht auch Schönfeld diesem Spiel zu: auf das wunderbare Weiß des gepflegten Felles, auf das Naturwunder der tänzelnden, springenden, jagenden und immer wieder raumgreifend ausholenden Füße. Die ersten Passagen kommen ihm noch gar nicht richtig zum Bewußtsein. Er erkennt nur, was in der edlen Körperhaltung und der Krümmung des Halses liegt. Er empfindet die artistische Beherrschung eines Bewegungsspieles, das zeitlos über viele Generationen von Lipizzanern hinweg reichen muß.

Schönfeld war als ganz junger Bursche in die Nähe von Lipizza gekommen, damals, als sie ihn zu den Soldaten holten und seine Einheit zur »Retablierung«, wie man sagte, zu Erholungszwecken und zur Neuformierung, in den Karst verlegt worden war. Geröll, Steine, glühende Sonne und Stürme, die einem den Atem nahmen und Menschen, fremdartig und armselig, fast wie aus einer anderen Welt. Der Ort hatte ihm nichts bedeutet, der Name nichts gesagt. Die Lipizzaner hätte er hier vergeblich gesucht. Vorsorglich hatte man sie aus der Frontnähe nach Kladrub in Böhmen und zum Teil nach Laxenburg bei Wien gebracht. Wer dachte in jenen Zeitläuften schon an schöne

Pferde, höchstens ausgehungerte Soldaten in Zusammenhang mit dem so unbeliebten und hilflos tuenden Kerl, der einem die Menageschale füllen sollte und trotz des allgemeinen Hungers immer fetter wurde. In dieser Gegend aber, wo der Gutenachtgruß der Füchse seit eh und je unbeantwortet geblieben ist, muß inmitten der bedrohlichen Kargheit des Bodens und der allgemeinen Dürftigkeit ein guter Nährboden für Pferde sein. Bei dieser Wasserarmut haben bereits die alten Römer Pferde gezogen; der Name Aquileja ist in diesem Zusammenhang bekannt geblieben. Die Veneter züchteten jene Rösser, deren Nachfahren als Turnierpferde während des ganzen Mittelalters berühmt waren und die man lange Zeit mit dem Sammelbegriff Karstpferde bezeichnete. 1580 begründete der Bruder Kaiser Maximilians II., Erzherzog Karl II. von Innerösterreich, ein Gestüt, als »Karster Hofgestüt« bekannt geworden.
Die Ahnen der sorgsam erzogenen und geradezu wissenschaftlich gekreuzten Lipizzaner von heute stammen aus Spanien, Hochland der damaligen Pferdekulturen, wo sich zum Teil arabisches, berberisches und vilanisches Blut verband: ein starker Einschlag schweren Pferdematerials, das die leichtgängigen und flotten immer mehr zurückdrängte. Das geschah in der Zeit, da die Mauren ihr Schreckensregiment errichtet hatten, über das man auch in unseren Geschichtsbüchern wenig Erfreuliches vernimmt.

Ergebnis jahrhundertelanger Zucht und 350jähriger Pflege, Schulung und Wartung, haben sie eben unter der steinernen Galerie mit ihren Übungen begonnen: Pferde, die besser und einprägsamer das Idealbild des Barock verkörpern, als die schönste Plastik dies vermag.
Von ihren Bereitern ist wenig die Rede. Sie sind Meister ihres Faches. Sporn, Reitpeitsche, Zügel und Schenkeldruck scheinen einer düsteren Vorstellungswelt anzugehören. Mensch und Tier, Tier und Mensch vollführen spielerisch ihre Figuren, einzeln, paarweise und in Gruppen. Nur das Schnauben der Nüstern, das dumpfe Stampfen der Hufe und die ab und zu hörbaren Anrufe begleiten den Rhythmus, der vergessen läßt, wessen Willen wer gehorcht.

Folgt das Roß dem Reiter oder umgekehrt? Bescheiden senkt der Reiter seinen Blick zur Erde, aus dem mächtigen Kopf des Pferdes aber

schauen braune, wissende Augen überall hin, wo es etwas zu sehen gibt. Diese sprechenden Augen können nicht nur zum Sehen da sein, sonst wären Pferde nicht in der Lage, auch im Zustand totaler Blindheit weiter wie bisher ihren Dienst zu leisten. Wenn Schönfeld vor Jahren als junger Mensch durch die abendliche Landschaft ritt und bei anbrechender Dämmerung unsicher wurde, weil die Konturen der Umgebung immer undeutlicher ineinander verschwammen, merkte er, wie das Pferd deutlich an Ruhe gewann und kaum wahrnehmbaren Hindernissen auswich. Auch Dinge, die noch in weiter Ferne lagen und nur zu erahnen waren, nahmen die großen Augen, deren Pupillen sich im Dunkeln weiteten, ausgezeichnet wahr.
Oft hatte er sich geärgert, wenn von einem Menschen die Rede war, der angeblich »die Ohren spitzt«. Solch ein Unsinn! Wie soll der Mensch seine steifen und unbeweglichen Ohren »spitzen«. Die ganze Wachsamkeit und Teilnahme des Pferdes an den Vorgängen seiner Umgebung jedoch liegt in dem lebhaften Spiel der Pferdeohren, deren Muscheln Geräusche aus allen Richtungen aufnehmen können und die sich sogar voneinander selbständig machen können, so daß jedes in eine andere Richtung hin hört. Wir Menschen halten - wie es so schön heißt - »scharf Ausschau«, wenn wir etwas sehen wollen, was uns interessiert. Das Pferd spitzt die Ohren, sie sind fast unaufhörlich in Bewegung. Ihr Spiel offenbart den Grad seiner Aufnahmefähigkeit. Das Gehör dürfte deshalb eines seiner wichtigsten Organe sein. Jeder erfahrene Reiter weiß davon zu berichten, daß das Pferd ein förmliches Tongedächtnis besitzen muß. Es behält Signale, Rufe oder Stimmen, behält die Melodie von Trompeten im Gehör und weiß sogar an der Art und dem Tonfall des Anrufes seines Herrn sehr genau festzustellen, ob er gut oder schlecht gelaunt ist.
Es entsprach durchaus nicht dem Herdentrieb der Pferde, wenn sie, etwa nach einer Reiterattacke oder Schlacht, dem Ruf einer Trompete folgten, sobald wieder »zum Sammeln« geblasen wurde und das Pferd seinen Reiter verloren hatte. Der Klang der Trompete war es, der das Pferd lockte, wenn auch kein anderer Wille mehr vorhanden war, der es hätte lenken können.
Es gibt aber noch einen Sinn, der beim Pferde viel besser als beim Menschen entwickelt ist: den Geruchsinn. Während der Hund mit der Nase auf dem Boden durch unbekanntes Gebiet läuft, geht das Pferd

mit erhobenem Haupt dahin und wittert mit seinen weit geöffneten und immer wieder luftschnaubenden Nüstern, die ständig in Bewegung sind. Ohne menschliche Lenkung wird es bestrebt sein, die Nüstern gegen den Wind zu halten und so Bewegungen anderer Lebewesen, Veränderungen in der Luft und ihrer Strömungen sowie Bodenerschütterungen zu merken. Die Nasengänge sind so feinnervig, daß es sogar den Wassergehalt der Luft wahrnimmt und von sich aus verborgene Wasserstellen und Quellen ausfindig machen kann, von denen der Reiter keine Ahnung hätte. Wieviele Pferde haben auf diese Art und Weise dem Menschen schon das Leben gerettet.

Meilenweit entfernte Brände spürt es zu einer Zeit, da der Mensch von ihnen noch nichts ahnt. Wir wiegen uns in Ruhe und Sicherheit. Auf einmal bemerken wir eine unerklärliche Nervosität, das Pferd wird störrisch; das sonst so folgsame Tier verwandelt sich in ein Bündel von Wut, Angst und Aufsässigkeit. Wir versuchen aus menschlicher Dummheit mit Peitsche, Sporen und Schlägen eine Änderung zu erzwingen, bis wir feststellen, daß eine geheimnisvolle Antenne dem Tier eine drohende Gefahr anzeigte, von der wir noch nicht das Geringste wahrnehmen konnten. Von Tragödien in Stallungen, die begannen, sobald irgendwo einige Halme zu glimmen anfingen, kann so mancher berichten, der längere Zeit dort zu tun hatte.

Von den Urgewalten, die plötzlich aus dem bisher lammfromm dastehenden Pferd ausbrechen, wie es, wild um sich schlagend, alles niedertrampeln will, was ihm den Weg ins Freie verwehrt, diese furchtbare Wildheit und diese hemmungslosen Ausbruchsversuche sind nichts anderes als Angst vor einer dem Wärter oder Betreuer noch unbekannten Gefahr. Besinnen sie sich aus solcher frühzeitig erkannten Todesangst ihrer eigenen Kräfte, kehren Urinstinkte aus den Tagen des Wildpferdes in den Steppen wieder, gegen die Menschenkräfte machtlos sind. Sie lassen dieses sonst so kluge Tier völlig unberechenbar werden.

Alle Sinne zusammen ergeben erst das, was wir am Pferde so bestaunen. In ihrem Zusammenspiel vollbringt das Pferd in der Natur einmalige Leistungen, unerläßliche Voraussetzungen dafür, zum unentbehrlichen Helfer des Menschen zu werden. Neben seinem Orientierungsvermögen, den heimatlichen Stall aus großen Entfernungen wiederzufinden, Gefahren im Dunkeln zu erspüren, Abgründe und Straßenfallen im Finsteren plötzlich zu erkennen, Luftströmungen, Änderungen des Bodens und Veränderung der Windrichtung, kann es Dinge wahrnehmen, die das Leben des Reiters bedrohen könnten. In solchen Augenblicken bedankt sich das Pferd bei seinem Herrn und Meister für die Guttaten, die er ihm zuteil werden ließ, und zeigt ihm Grenzen seiner Entwicklung, die auch er, trotz aller Fortschritte, noch nicht zu überbrücken vermochte.

Im fast lautlosen Spiel, das Pferd und Reiter vollführen, ist kein Platz für solche Gedanken, nur der Blick aus den Augen der Tiere nimmt zunächst gefangen; nicht nur Triumph über das, was sie vermögen, sie, die berühmten weißen Pferde. Nein, Fragen scheinen Schönfeld in diesem stummen und wissenden Schauen zu liegen. Fragen, die erschüttern, weil so wenige Menschen von der Frage berührt werden und die meisten von uns überhaupt nicht begreifen, worum es geht. Von einer Antwort auf die Frage, die ganze Generationen anspricht, gar keine Rede: »Soll wirklich mit uns Schluß sein?«
»Endgültig Schluß nach allem, was uns vereint und was wir für euch getan haben?«
»Werdet ihr uns wirklich nicht mehr brauchen, und wollt ihr uns wirklich nicht mehr?«
»Ist das euer Dank für alles, was Scharen unserer Artgenossen erleiden und erdulden mußten, weil ihr es wolltet?« – –
Als die Zeit der klassischen Reiter in der Traumkulisse der Geschichte versank, ahnte man noch nicht, daß es jemals ein Erwachen geben könnte und daß das klassische Bild von Ebenmaß, Schönheit und Kraft wieder in diesen letzten Reitern in Wien, Symbol einer blühenden Phantasie, aufleben könnte.
... Auch dies hier ist eine Traumkulisse. ... Zeit und Raum fließen ineinander. ... Die steinerne Bühne, die Fischer von Erlach für beglückende Träume schuf, läßt auch Clemens Schönfeld für Minuten versinken.
Wärmende Sonne kommt von oben durch die hohen Fenster, dringt durch das Glas und fährt über das breite Mauerwerk, wo die putzeligen Engel ihre Hüllen zu verlieren scheinen. Die aufregende Frau aus dem Bild des Wiener Kongresses winkt der schönen Nachbarin huldvoll zu, die plötzlich im unbarmherzigen Sonnenlicht müde und fahl

wirkt. Ihre Erlebnisstriche im Gesicht dringen durch Puder und Schminke, und voll Enttäuschung scheint sie von Schönfeld wegzurücken ... Die Augenlider beginnen zu zittern ... Licht und Schatten fließen durcheinander ... Riesige Pferde scheinen über den Beschauer hinwegzureiten ... Gestern und Heute vermengen sich ... Wohlige Wärme durchrinnt die Adern, und widerstandslos läßt er sich in einen Abgrund sinken, bodenlos ...
Clemens Schönfeld träumt –

*

DIE SCHLACHT BEI KOLIN UND WAS DANN FOLGTE

Die Szene hat sich schlagartig geweitet. Brausend jagen die Schwadronen der jungen wallonischen Reiter - die Gelbschnäbel des Prinzen de Ligne - über die weiten böhmischen Ebenen bei Kolin, als es gilt, den Rebellen gegen das Reich, den König von Preußen, zu schlagen oder Böhmen für immer zu verlieren.

Nach seinem Sieg über die Österreicher bei Prag - man schrieb Mai 1757 - hoffte Friedrich der Große, in Böhmen nun für alle Zeiten »Ordnung« machen zu können und hatte seinen General Zieten beauftragt, dem österreichischen Heer, das sich nach der verlorenen Schlacht mühsam wieder formierte, in den Rücken zu fallen. Zunächst mußten sich die Preußen stundenlang mit kroatischen Einheiten herumschlagen, die überall hinhaltenden Widerstand leisteten, scheinbar regellos hin und her operierten, die preußischen Umgehungsmanöver aber geschickt zu vereiteln wußten. Schon fünfmal mußten die preußischen Elitetruppen den gleichen Höhenzug angreifen. Als sie sich endlich dort festgesetzt hatten und aufatmen wollten, wurden sie von sächsischer Kavallerie und den Savoyendragonern so nachhaltig vertrieben, daß sie erst nach Stunden in der Ebene mühsam wieder zum Stehen gebracht werden konnten. Schon jetzt überstiegen die Verluste das bisher gewohnte Maß.

In dieser Phase aber gab es im Raume von Kolin auf der Seite der Österreicher nur noch eine einzige Reserve, das war das Dragoner-Regiment de Ligne, durchwegs aus ungeübten, jungen, wallonischen Bauernburschen bestehend mit einer Kriegserfahrung gleich Null. Sie waren so phantasielos, daß sie vor der Schlacht, deren Furchtbarkeit sie noch gar nicht ahnten, Tannenreiser an ihre Hüte befestigten, so wie sie dies bei ihren älteren Brüdern bemerkt hatten, wenn sie sonntags zum Tanze gingen und Festesfreude ausdrücken wollten. Sie waren so blutjung, daß ihnen der damals - wie heute - zum Erscheinungsbild eines erwachsenen Mannes gehörende Bartwuchs noch nicht sproß. Faltenlose und vom Leben noch nicht gekennzeichnete gute Bubengesichter, das waren die Reiter von Kolin.

Der Druck von der Seite der Preußen wurde immer stärker. Ihre

Kriegserfahrung machte sich nunmehr deutlicher bemerkbar. Die Lage auf österreichischer Seite wurde bedrohlich. Handwerkliches Können, Härte und bewährte Taktik in offener Schlacht schienen wieder einmal einen Sieg für die Preußen zu garantieren. Als die ersten Anzeichen beginnender Auflösung sichtbar wurden, bat der Oberst der Wallonen, ein Graf Thiemes, den mit wachsender Besorgnis um sich blickenden Feldmarschall Daun um den Angriffsbefehl für sein Regiment. So etwas konnte man damals noch tun!

Daun: »Was, mit solchen Gelbschnäbeln wollt ihr die brillanten Reiter des Preußenkönigs werfen? Impossible! Mit denen werdet ihr auch nichts mehr erreichen, mon cher!«

Mehr der Not gehorchend und angesichts einer schon hoffnungslos scheinenden Situation, willigte Österreichs Heerführer dann doch noch ein. Da ritt der Oberst vor die Front seiner Schwadronen und wiederholte seinen Soldaten das Wort von den »Gelbschnäbeln«. Darauf gab er den Befehl zum Angriff.

Was nun geschah, widersprach allen Regeln der Kriegskunst. Die Reiter griffen die erfahrenen preußischen Soldaten einfach frontal an. Ein Großteil von ihnen fiel. Stets griffen die Überlebenden erneut an. In einer Schwadron waren schon alle Offiziere gefallen. Der noch vorhandene Kadett, ein Graf Pforzheim, übernahm das Kommando und führte die gelichteten Reihen selbständig zu einer neuen Attacke. Rasch waren die Gelbschnäbel wieder da und verbissen sich förmlich in ihren Gegner. Sie rissen die anderen Österreicher mit, bis selbst die harten Preußen unter ihrem berühmten General Seydlitz ins Wanken gerieten.

Als es bedrohlich wurde, griff Friedrich selbst in das Geschehen ein. Er sammelte Versprengte und trieb die Fliehenden mit dem Degen in der Hand fluchend wieder zurück. Damals sprach er Worte, die bis heute nicht untergegangen sind: »Ihr Racker, wollt ihr ewig leben?!« In dieser Situation war diese Frage ein psychologischer Fehler und schadete schon im Augenblick. Derartiges darf man als König vielleicht denken, nicht sagen, denn ohne solche Racker gewinnt man keine Schlacht.

Einer der Grenadiere soll ihm auch prompt mit den Worten geantwortet haben:

»Fritze, für acht Jroschen ist's heut jenug.«

Über die böhmischen Felder rasten, wie von Furien der Angst gejagt, herrenlose Pferde, deren Reiter verstümmelt, mit gespaltenen Schädeln und gebrochenem Kreuz zur Erde sanken, jagten mit letzter Kraft und dem grauenvollen Schrei der verletzten und zu Tode geängstigten Kreatur. Ohne Ziel - nur fort, weit weg! Pferde: Von ihnen redete man nicht, wenn man von den Verlusten sprach, die dieser oder jener Krieg, diese oder jene Schlacht verursacht hatten. Undankbare Menschen!

Kaum zu glauben: Als die Türkenkriege zu Ende gegangen waren, der Friede mit Frankreich geschlossen war, begann 1698 die große Reorganisation des österreichischen Heeres. Im Heeresbestand des Reiches mußten 7213 (In Worten Siebentausendzweihundertunddreizehn) Pferde getötet werden, weil sie vollkommen entkräftet oder so schwer erkrankt waren, daß mit einer Heilung nicht mehr zu rechnen war: Pferden, die dem Grauen des Krieges entronnen waren, verweigerte man das Gnadenbrot.

So weit hat es der Mensch mit jenem Tier getrieben, das ihm seit frühester Zeit gedient hatte, ohne das er sein Land nicht hätte urbar machen können und das ihm bei tausend Gelegenheiten in guten und schlimmen Zeiten half, sein Los zu verbessern. Es sollte noch schlimmer kommen.

Der Tag von Kolin hatte übrigens ein mehrfaches Ergebnis. Preußens König hatte den Nimbus der Unbesiegbarkeit verloren. Vor aller Welt stand er als verwundbar da, denn er war zum ersten Male entscheidend geschlagen worden.

Zwei Drittel seiner Fußtruppen hatte er dabei eingebüßt. Als Folge der Schlacht bei Kolin mußte er Böhmen ganz räumen und fortan darauf verzichten: Böhmen wäre nämlich sonst, dem Wunsche der Franzosen und Preußen entsprechend, für Österreich verloren gewesen und dem »Marquis de Brandenbourg« zugefallen, wie sie ihn spöttisch nannten, in Wien wie in Paris. Unter Umständen wäre es in Hubertusburg nicht nur bei Schlesien geblieben, das Preußen erhielt.

Der 18. Juni war für die späteren Windischgrätzdragoner, die aus diesem Reiterregiment hervorgegangen sind, bis zu ihrer Auflösung stets ein festlich begangener Tag. Die Kaiserin in Wien stiftete aus diesem Anlaß den Militär-Maria-Theresia-Orden und dem Regiment eine Standarte, die es auch nach der Heeresreform von 1882, und zwar als einziges Reiterregiment Österreichs, zu führen berechtigt war. Noch 1914 gab es im Feldzug gegen Rußland einen Standartenoffizier, der mit seinem Leben für das Symbol haftete. Die Angehörigen dieses Regimentes - übrigens später eines der feudalsten Adelsregimenter der alten Armee - aber genossen bis zum Schluß noch ein merkwürdiges Privileg: Sie durften keinen Bart tragen! Wenn man weiß, wie es in der Zeit um die Jahrhundertwende zum guten Äußeren eines »echten« Mannes gehörte, einen Bart zu tragen, kann man sich vorstellen, wie vieldeutig dieser Vorzug ausgelegt werden konnte. So gedachte man der Bartlosen von Kolin noch nach mehr als 150 Jahren.

Vieles überlebt sich. Manches, was mit den Pferden zusammenhängt, erscheint später unwirklich. Der Maria-Theresia-Ritter-Orden aber war nur in der alten österreichischen Armee möglich. In seinem Urkundentext, der das Datum der Schlacht bei Kolin trägt, heißt es wörtlich: »Wer aus eigenem und freiwilligem Antrieb (also ohne Auftrag und unter Umständen gegen einen Befehl) eine herzhafte Tat vollbracht, die jeder Offizier von Ehre, ohne den geringsten Vorwurf, hätte unterlassen können, die aber dennoch mit ausgezeichneter Klugheit, Tapferkeit und freiwilligem Antrieb unternommen wurde«, nach dem eigenen Gewissen handelte, erhielt - wenn er Erfolg hatte! - den höchsten Orden und eine Reihe weiterer Auszeichnungen. Welch ein Gegensatz zu anderen Armeen, wo ein Befehl unbedingt eingehalten werden mußte, auch dann, wenn ihm, wie im Falle des Prinzen von Homburg, Erfolg beschieden war.

Man soll sich nicht mit dem Hochmut moderner Überheblichkeit über heute wirklichkeitsferne Vorkommnisse erhaben fühlen. Was heute neu und modern ist, letzter und allerneuesten Schlager, wird vermutlich eines Tages in die Trödelkiste rührseliger Erinnerungen gehören oder sich nur mit Ehrfurcht vor wirklicher Größe mit dem nötigen Abstand messen lassen.

Die Engländerin D. M. Goodall, der wir eine ergreifende Schilderung des Schicksals der Trakehner, der ostpreußischen Pferde mit der Elchschaufel, verdanken, hat uns ein englisches Gedicht zugänglich gemacht, das für alle Pferderassen gilt:

> »Es gibt weder Feindschaft, Neid, Politik,
> noch Krieg unter Pferden.

Freunde tragen sie mit Stolz
und Armut mit Geduld.
Sie dienen den Reichen wie Armen
ohne Unterschied.
Sie leben in jedem Erdteil,
unter allen Völkern
als von Gott dem Menschen geschenkte
Diener und Gefährten.«

*

Pferde halfen einstmals, auch das empfindet Schönfeld in diesen Augenblicken, als die Lipizzaner wieder zu neuen Figuren einsetzten, neue Kulturen zu entwickeln: im Mittelalter, als sich der Reiterstand herausbildete und ein neuer Herrenstand erwuchs, zu dessen untrennbarem Bestandteil das Pferd gehörte, das durch seine Pflege und sein Aussehen Rückschlüsse auf seinen Besitzer zuließ. Das Zeitalter des feudalen Herrn war angebrochen, in dem sich die hohen Schulen der Reitkunst entwickeln konnten; ihre Grundlagen und Erkenntnisse sind heute noch Vorbild. Der Kavalier ist in dem Zeitpunkt vollendet, wenn er reiten kann, nicht nur zum Schein. Er muß in der Lage sein, echte Künste vorzuführen, die zu beherrschen sein höchster Ehrgeiz war. Da wetteiferten Franzosen und Spanier miteinander, die Italiener dürfen nicht vergessen werden und auch nicht die Deutschen, ebensowenig wie die Engländer, in deren Abgeschlossenheit sich diese Entwicklung noch intensiver vollzog.

Bei uns und in den erwähnten anderen Ländern galt das Reiten immer als Angelegenheit einer bevorzugten Klasse. Viele Menschen lernten das Pferd höchstens als Gebrauchspferd kennen; seine sonstigen Erscheinungsformen nahmen sie nur am Rande wahr. Wenn die Masse der Menschen das Pferd auch schätzte und liebte, so wie der Mensch eben alles in der Natur schätzt, das schön und harmonisch ist, richtigen Anteil an ihm konnten nur jene nehmen, die die notwendigen aufwendigen Stallungen, Weideflächen und Hilfskräfte besaßen und bei denen Geld keine Rolle spielte. Das waren verhältnismäßig wenige.

In England lagen die Dinge anders. Dort hatte man in allen Kreisen der Bevölkerung an diesem Tier Anteil genommen und sich mit ihm verbunden gefühlt; oft in einem Maße, daß der »Kontinentalmensch« den Kopf schüttelte. Rennen und sonstige Veranstaltungen, mit dem Pferd im Mittelpunkt waren eine Angelegenheit, an der sich der kleine und bedürfnislose Arbeiter oder Kleinbürger genauso beteiligten wie höhere Gesellschaftsschichten. Bis heute ist dies so geblieben. Drüben mußte man für diese Liebhaberei nicht unbedingt Pferdebesitzer sein.

In früheren Zeiten hielten sich die Menschen Pferde, weil sie glaubten, dies gehöre zum guten Ton, und sie prunkten mit ihnen. Ein Stück Snobismus war zwar dabei, wenn einer dieser Herren herablassend seine neuen Vollblüter vorführen ließ. Andere waren auch aus beruflichen Gründen darauf angewiesen, ihr Leben mit dem Pferde zu verbinden; in solch einer Lage befanden sich viele, nicht nur Kavalleristen und die von dieser großen Gruppe Abhängigen. Dazu gehörten alle, die an Transport und Verkehr beteiligt waren, was jahrhundertelang ohne Pferd völlig undenkbar war. Die breite Gruppe aller jener, die aus gesellschaftlichen Gründen etwas vom Pferd verstehen mußten, zählte noch hinzu. Es gehörte einfach zu deren Allgemeinbildung, über Pferde fachliche Kenntnisse zu besitzen. Man kann sich kaum eine Unterhaltung in einem Salon des vorigen Jahrhunderts vorstellen, in deren Verlauf nicht wenigstens einmal das Thema »Pferd« angeschnitten worden wäre.

Weiter zurück, etwa in der Zeit Maria Theresias, mußte man, um etwas zu gelten, sechsspännig angefahren kommen. Selbst für das kaiserliche Gesinde in Wien gab es das Recht, sich von einem Wagen ziehen zu lassen, dessen Pferdezahl sich nach einer festgelegten Rangordnung bestimmte.

Mag es uns recht sein oder nicht: Zum aristokratischen, das heißt noblen Dasein gehörten die Pferde, aber nur solche Exemplare, die sich von den armseligen Nutzpferden unterschieden. Unter den Pferden sind bis heute die Lipizzaner die Aristokraten geblieben. Dies erweist sich eben wieder, als sie mit geradezu königlicher Grazie ihre Wendungen und Schritte vollführen ...

*

Rennpferd aus Trakehnen, auf Kandare gezäumt, hart, seiner Kraft bewußt, voll Siegeswillen

Der Angloaraber »Cancara«, einer der Hauptbeschäler des Gestüts Trakehnen

PRINZ EUGEN UND JOSEPH II.

Er hatte lange keine Schlachten mehr geschlagen, die Zeit seiner großen Kriege lag weit hinter ihm, als er mit 73 Jahren am 21. April 1736 starb. Von ihm schrieb Fürst Liechtenstein an den preußischen Kronprinzen: »Er war der größte Mensch seines Jahrhunderts, er wird sterben, vielleicht sehr wenig bedauert von seiner Armee, die unter seiner Führung so viele Siege errungen hat«.
Mit ihm, dem Prinzen Eugen, wie er kurz genannt wurde, Generalleutnant und Reichsfeldmarschall sowie Hofkriegsrat seines Kaisers, hatte es eine eigene Bewandtnis. Zwar ungemein angesehen, geachtet und auch gefürchtet, war er offenbar wenig beliebt; geliebt nur von einigen wenigen, etwa von der schon etwas gealterten Gräfin Eleonore Batthyani, einer geborenen Gräfin Strattmann, die auf dem Platz der Freyung in Wien ihr Palais besaß und mehr oder minder zarte Bande mit dem ebenfalls gealterten Prinzen unterhielt. Wer sich an den Tod dieses Mannes erinnert, ist über einiges überrascht.
Schon darüber: Dieses Idol ganzer Reitergenerationen, ein wirklich großartiger Feldherr und Reitersmann, fand man nach jahrelanger schwerer Krankheit im Bett tot auf. Nicht einmal der Kardinal von Wien hatte es für notwendig befunden, am Begräbnis teilzunehmen. Die Schätze dieses Kunstsammlers und Kunstfreundes wurden auf geradezu naive Weise verschleudert und vertan. Seine Universalerbin Anna Victoria von Savoyen, der man Habgier, Geiz und Rachsucht nachsagte, muß bezüglich der Kunst und ihrer Werte von sagenhafter Dummheit gewesen sein: Nicht nur, daß sie von den höchsten staatlichen Stellen die Zustimmung erhalten hatte, alle Dokumente, die hervorragendsten Buchwerke und seine gesamten Aufzeichnungen zu verkaufen; nach dem Tode war niemand da, der diesen Riesennachlaß zu retten und zusammenzuhalten imstande gewesen wäre.
So erinnern heute eigentlich nur noch das Reiterstandbild am Heldenplatz in Wien und das Doppelschloß Belvedere an diesen Mann, in dem die Tradition europäischer Gemeinsamkeit nicht nur militärisch lebte, sondern auch in Kunst und Wissenschaft und auf diplomatischem Gebiet. Als er 1693 die Grundstücke für den Bau des Belve-

deres erwarb, dauerte es noch sieben Jahre, bis er dem großen Baumeister Lukas von Hildebrandt den Auftrag zum Bau dieses prachtvollen und in seiner Architektur heute noch unerhört geschlossen wirkenden Schlosses gab. Stein, Kupfer und Holz schweben über einer von silbernem Wasser gebildeten Fläche und vereinen sich zu einer unwahrscheinlichen Harmonie, die sich früher noch viel stärker einprägte als heute. Durch den Blick aus größerer Ferne, nun durch Häuserfronten behindert, sah man die beiden Schlösser in ihrer künstlerisch aufgelockerten Weise vor sich emporsteigen.

In alten Aufzeichnungen wird berichtet, an Nebeltagen sähe es so aus, als würden dort die riesigen Zelte des Großwesirs aus den Nebelschwaden aufsteigen; vor allem dann, wenn Nebel und Sonnenstrahlen sich miteinander vermengen und ein Flimmern und Leuchten die grauen Schwaden zu durchbrechen beginnt. Hier saß der Prinz, blickte auf die Stadt, die er einst errettet hatte. Mit der letzten Kraft, die ihm ein langes Leben gelassen hatte, hielt er die Fäden eines Riesenreiches zusammen, in dem unausgesetzt Brände neuer Kriege ausbrachen und das Aufbauwerk störten. Doch er hatte - wie gesagt - nicht nur wenig Freunde, sondern sogar viele Feinde, sehr einflußreiche; sie spannen sogar ihre Fäden zum Hofe des Preußenkönigs Friedrich Wilhelms I., dessen erstrebte Machterweiterung nur über eine Schwäche Wiens erfolgen konnte. Sie vereinigten sich vor allem mit den Angehörigen des spanischen Reichsteiles und fanden auch unter dem deutschen Adel großen Anhang. Reichshofrat Graf Johann Nimptsch vornehmlich und eine Reihe weiterer Edelleute verstanden es, zwischen Eugen und den Kaiser Mißtrauen zu säen, einen gegen den anderen auszuspielen und schließlich durch erfundene Gerüchte das Schreckensgespenst eines Wallenstein heraufzubeschwören, dessen überragende Erfolge vor hundert Jahren zugleich sein Ende bedingten.

Was sollte ein Kaiser mehr fürchten als die größere Beliebtheit und die wachsende Verehrung, die das Volk einem Untergebenen entgegenbringt? Mag manches in Teilwahrheiten begründet sein: An der absoluten Treue Kaiser und Reich gegenüber und dem unaustilgbaren Ehrgefühl dieses Mannes konnte kein Zweifel bestehen. So klangen damals schon all die Unterstellungen geradezu lächerlich: Eugen wolle die Pragmatische Sanktion beseitigen, beabsichtige einen Staatsstreich

und wolle anstelle Maria Theresias die Erzherzogin Maria Amalia zur Kaiserin machen.
Trotzdem war man auf dem Kaiserthron vorsichtig geworden, man dachte an Wallenstein und seine Zeit. Alles andere war nur noch eine Frage der Reihenfolge. Die vielen Wühlmäuse hatten ihr Ziel erreicht. Für den nächsten Tag hatte der Kaiser eine geheime Sitzung der Obersten des Reiches und der Krone anberaumt. Durch Mittelsmänner wußte der Prinz, worüber verhandelt würde. Deshalb hatte er ebenfalls alles getan, um die zu erwartenden Anschuldigungen zu entkräften. Er war bereit und entschlossen, von allen Ämtern auszuscheiden, bis er völlig rehabilitiert sei. Tatsächlich legte er am nächsten Tag alle Funktionen nieder und gab sie seinem Kaiser bis zur gänzlichen Rehabilitierung anheim: ein einmaliger Vorgang, bis dahin in der Welt unbekannt.
Am Vorabend dieser Ereignisse, die die gesamte Diplomatie Europas in Bewegung setzten, fuhr der Prinz aus seinem Schloß zur Freyung, um die Dame seines Herzens und Vertrauens zu besuchen. Gräfin Batthyani mußte etwas von seinem Kommen geahnt haben, denn in zartesten, feinen Gefäßen duftete das köstliche schwarze Getränk, das man seit den Tagen der Türkenkriege in Wien zu trinken begonnen hatte. Des Prinzen Wagen fuhr vor: Wie Augenzeugen berichten, einer der prächtigsten und vornehmsten seiner Zeit überhaupt, elegant und nicht so klobig wie die sonstigen Kutschen dieser Zeit, dazu mit Silber beschlagen. Von vier hellen Pferden mit rosa Geschirr gezogen, unterstrich das äußere Erscheinungsbild dieses Fahrzeugs den kleinen, schon etwas in sich zusammengesunkenen Mann, in dessen Gesicht nur noch die großen, strahlenden Augen zu leben schienen. Menschen dieser Art bleiben Menschen, und selbst im Alter gibt es Augenblicke, da sie sich für ein gutes Wort und eine aufrichtige Hilfe dankbar zeigen. Sie saßen nun beisammen, diese beiden im Grunde genommen alten Leute, die mehr verband als Freundschaft; obwohl alles, was außer ihr früher einmal eine Rolle gespielt hatte, nun der Vergangenheit angehörte. Nach Art kluger Frauen ließ sie ihn zunächst erzählen und berichten, denn sie erkannte, etwas Ungeheuerliches müsse das Gemüt dieses Mannes bewegen. Er erzählte ausführlich und lange; darüber, was man mit ihm vorhatte, daß es seinen Feinden nunmehr endgültig gelungen zu sein schien, den Kaiser, trotz aller Gunstbeweise in der

Vergangenheit, mit Mißtrauen und Ablehnung gegen ihn zu erfüllen. Unter allen Umständen sei er willens, aus allen Ämtern auszuscheiden und auf alles zu verzichten, solange diese unerhörten Anschuldigungen gegen ihn weiter im Raume stünden. Morgen müsse sich der Kaiser entscheiden. Fast scheine es, als würde die Entscheidung gegen ihn ausfallen. Allzu lange habe er versäumt, den Kabalen entgegenzutreten und sich einfach nicht um diese Intrigen gekümmert. Bei alternden Menschen in führenden Positionen kommt dies häufig vor. Trotz Genialität und menschlicher Größe lassen sie an bestimmten Stellen die Zügel schleifen und machen es den kleinen Geistern von morgen leicht, ihre Schlingen zu legen.
Einen Mann in dieser Situation und in diesem Alter mit Worten zu trösten, ist schwer, ja, fast unmöglich. Was mag sie, Eleonore, ihm wohl alles gesagt haben, einst eine der schönsten Frauen Wiens? Schon hatte er von Verzichten gesprochen und dabei den Wunsch geäußert, sich mit ihr auf eines seiner Güter zurückzuziehen, wozu ihm immer noch eine Apanage von 10 000 Livres im Jahre zur Verfügung stünde. Wie doch solche Realisten und Machtmenschen in bestimmten Augenblicken zu Phantasten werden können! Sie, die verwitwete und verwöhnte Gräfin, sollte mit ihm Wien verlassen und sich auf irgendeine »Klitsche« zurückziehen, auf ihre alten Tage die adelige Landfrau spielen, nur weil seine Welt zusammenzubrechen schien. Sie fand in dieser Lage die richtigen Worte und die richtige Art. Den müde gewordenen Streiter erfüllten neuer Kampfesmut, neue Energie und jener brennende Ehrgeiz, der Großen zueigen ist. Viele Täßchen mit köstlichem Türkischen hatten sie geleert, als der Prinz sich erhob, ihr galant und gar nicht altväterlich die Hand küßte und sich für diese außerordentliche Stunde bedankte.
Was er darauf tat und sagte, war nicht ohne Symbolgehalt. Er deutete auf den Wagen auf dem Platz vor dem Palais, auf dessen Bock die Heiducken sich bequem räkelten, und erklärte: »Lorl«, so durfte er sie seit altersher nennen, »der Wagen mit den vier Pferden gehört dir, er gehört dir, mit allem, was dazugehört. Ich gehe zu Fuß in mein Schloß. In meiner Situation kann und soll der Mensch nicht mit einem solchen Aufwand daher kommen. Sollte der Kaiser morgen anders über mich entscheiden und meine Ehre wieder hergestellt sein, liegt es an dir, mir die Equipage wieder zurückzugeben oder nicht.

Du kannst dann morgen, wenn es Abend wird, tun, was dir beliebt«. Die Gräfin, die ihn kannte, war gar nicht so überrascht von seinem Wunsche und nahm das Geschenk mit einem reizenden Augenaufschlag dankend an. Dann wurde das Gefährt durch die breite Toreinfahrt in den Hof geleitet, und Prinz Eugen übergab der Frau, ihm Freundin und Geliebte zugleich, Wagen, Pferde, Kutscher und Heiducken und ging langsam, aber aufrecht seinen Weg zu Fuß zurück, in der damaligen Zeit für Menschen dieses Standes etwas Unerhörtes. Schritt für Schritt ging er, nicht schnell, aber doch im Bewußtsein, daß jeder der kommenden Schritte über Abgründe führen könnte.

Von diesem Zeitpunkt an war er mit solcher Kraft und Energie erfüllt, daß er am nächsten Tag, angesichts seiner Gegner, deren unbeweisbare Anschuldigungen Punkt für Punkt zerstörte, das Unehrenhafte ihrer Aussagen und Vorwürfe entkräftete und Kaiser Karl VI. beschämt aufstand und ihn umarmte. Einen seiner größten Gegner, der sich besonders hervorgetan hatte, brachte man auf die Grazer Festung, wo er jahrelang inhaftiert blieb. Vorher mußte er schriftlich Abbitte leisten. Ein anderer wurde einiges später vor der Schranne von Wien auf den Malefizwagen gesetzt, am Pranger zur Schau gestellt und unter schimpflichen Begleiterscheinungen über die Grenze gejagt.

Am gleichen Abend noch stand der Wagen mit den wunderschön dampfenden und schnaubenden vier Rössern vor dem Belvedere; über ihre breiten Rücken trafen sich zwei Augenpaare mit Freude und Triumph im Blick.

*

Immer wieder finden wir Pferde bei großen Ereignissen. Man spricht nur nicht von ihnen, weil sie nicht die Handelnden sind. Daß sie aber das Menschenschicksal auch in solchen Fällen mitentscheiden und ermöglichen, bedenkt man selten. Beispiel dafür sei eine Episode, die in Mähren spielte und in anderem Zusammenhang bekannt geworden ist.

In der Wiener Spanischen Reitschule stellt man fest, daß es hier gar keine Reiter gibt, sondern Bereiter. Den feinen Unterschied, der in diesem Wortspiele liegt, muß man erkennen. Wären es Reiter, ginge es über Stock und Stein und nach anderen Gesetzen; dann würde die

Einheit zwischen Pferd und Mann verloren gehen und das Pferd, trotz aller seiner sichtbaren Bravheit, zum blind gehorchenden, ausübenden und ausführenden Organ des Menschen. Hier aber - das will diese kleine Vorsilbe »Be . . .« ausdrücken, herrscht zwischen beiden ein solches Zusammenspiel, daß man von einer Einheit reden kann. Man empfindet keine Befehle. Irgendwo zwischen den scheinbar untätigen Knien des Mannes schlägt das Herz des Pferdes. In engem Kontakt zwischen seinen Schenkeln sind die empfindsamen Stellen, auf die es im Augenblick reagiert, wenn es nur will. So empfängt es Befehle, ohne daß der Zuschauer dies überhaupt merkt. Sie folgen nicht, die Lipizzaner. Jahrelanges Eingewöhnen hat sie soweit gebracht, daß schon die Andeutung eines bestimmten Hinweises genügt. Keine Peitsche, keine blutritzenden Sporen und kein Brüllen: Sie begreifen, was man will, und sie empfinden Freude an dem Tun, das ihre hohe Gleichgewichtsbeherrschung bestätigen soll. Gleichgewicht halten und Beherrschung bis zur Vollendung, in allen Lagen und Situationen! Sind diese weißen Prachtexemplare von Pferden uns Menschen damit nicht sogar Vorbilder?

Warum nur von Vorbildern reden? Es gibt noch andere unter ihnen, von denen man nicht spricht, die Kleinen, die Armen und die ohne Adel . . .

Wer weiß schon in der Stadt, von der aus sie das Land regieren, wo Slawikowitz liegt? Ist der Boden der kleinen Hanna auch noch so fruchtbar und ergiebig, kein Mensch kümmert sich um einen, wenn man jahraus jahrein rackert und front und den fremden Herren dient. Haben sie nicht noch vor wenigen Jahren die letzte Kuh aus dem Stall geholt, den Sohn zu den Hadikhusaren verschleppt und mit der Tochter ihr übles Spiel getrieben, bis sie mit den Kroaten fortzog und seither verschollen blieb? So haust man mit dem Weibe in der kleinen Kate, schuftet auf dem Acker, plagt sich vier Tage lang für die Obrigkeit und müht sich den Rest der Woche um das Wenige für sich, das abgerackerte Weib und den müden Gaul.

Ja, richtig müde war er geworden, seitdem ihn im letzten Jahre Koliken plagten, die er wochenlang nicht loswerden konnte, weil sie keinen Medicus auftreiben konnten und die häuslichen Allheilmittel lange keine Besserung brachten. Sein Zustand besserte sich jedoch, und er begann wieder zu fressen, der Hanusch, wie sie ihn nannten. Dann wieder wollte die Druckstelle nicht und nicht heilen. Eines der Leitseile mußte ihn aufgerieben haben, bei dem hundertfach geflickten Zeug kein Wunder; dem sonst wachsamen Auge des Bauern war dies im Anfang entgangen. Als er die kleine Wundstelle merkte und sie mit verschiedenem Talg und Fett einzureiben begann, schien es zu spät, immer stärker fraßen sich die unbekannten Krankheitserreger ein. Die Wunde wuchs und wurde schwärig. Wochenlang ließ er das Pferd im Stall stehen, damit es ja gesunde. Besser geworden war die Wunde zwar. Die ganze lange Zeit mußten sich Bauer und Bäuerin allein mit den Fuhren quälen, sie ziehen und schieben, mit vereinter, immer schwächer gewordener Kraft. Nun stand der Hanusch wieder zur Verfügung. Doch er war nicht mehr der alte.

Er konnte stundenlang, wenn man ihn nicht trieb, auf der gleichen Stelle, in der gleichen Haltung stehen, ohne sich zu bewegen, und hob, wenn man sich ihm näherte, nur ganz wenig den Kopf. Von dem Spiel mit den Ohren, das früher die Bäuerin so belustigt hatte, war auch nichts mehr zu merken. Die müden Augen schauten traurig in die Welt, Vorwürfe und Anklage sprachen aus ihnen, begegneten sie einmal denen des Bauern, der auch nicht helfen konnte, da er genauso müde und abgehalftert war wie der alte Klepper. In dieser menschlichen Notlage kam er dem Tier näher, und inmitten dieses elenden Daseins gab es schöne Augenblicke, so wie dieser, wenn die knochige und von Gicht deformierte Hand des Alten über den Hals des Gaules fuhr, ihn streichelte und ihm damit etwas Angenehmes tun wollte. Das geschah wortlos. Wozu bedarf es der Worte? Hätten die beiden einen Spiegel besessen und sich genau besehen, dann hätten sie feststellen müssen, daß ihr Blick sich im Laufe der Zeit zu ähneln begann, nicht nur im Ausdruck der ewigen Müdigkeit, die man überwinden sollte und dabei doch immer müder wurde, nein, die ganze Welt des Entsagens inmitten eines hoffnungslosen Zustandes menschlicher und tierischer Not lag darin.

Am Ende eines längeren Lebens gleichen sich Mensch und Tier einander an, tragen die gleichen Spuren des Lebens. Das war schon, als die armen Fronbauern noch gar keinen Spiegel kannten und ihnen und dem Pferd ihr Gegenbild nur aus dem Wasser des Teiches entgegensah, wenn sie sich voll Verwunderung darüber beugten.

Stumpf geworden, müde und gleichgültig, daß man stumm den Hut zog, wenn einer der Großen vorbei fuhr und gar nicht mehr wagte, aus den demütig gesenkten Augen emporzublicken, wenn einen ein Sonnenstrahl, wie ein Gruß aus einer fernen Welt, traf. Manchmal aber, da floß es noch heiß und rasch durch die Adern, da spürte man das alte Rebellenblut aus den Tagen der Aufstände. Da durchzuckte es einen, wenn man wieder eines dieser gepuderten und nach unbekannten Gerüchen duftenden Weiber sah. Da wollte man der Welt ins Gesicht schreien, daß man auch da war, als Mensch leben, Wärme haben wollte wie das Schaf in seiner weichen dichten Wolle.

Wie er hinter dem Pflug einherging, mit dem mehrmals geflickten Leitseil das Pferd lenkend, ihm ab und zu ein Wort zurufend, fiel sein Blick auf die von Pappeln gesäumte Straße. Dort war eine Chaise stehengeblieben, zahlreiche Bedienstete umstanden sie, und eine hohe, schlanke Gestalt löste sich aus der Gruppe dieser Menschen. Die Perücke umrahmte ein Gesicht, aus dem zwei große blaue Augen blickten. Ein Stern leuchtete auf der Brust des Fremden, der sich mit langen Schritten näherte, indem er mühsam die frischen Furchen und Schollen des Ackers überstieg.

Der Fronbauer, im Dorf nannten sie ihn den alten Janek, sah mißtrauisch den anderen nahen. Er konnte sein Gesicht nicht erkennen, weil die Sonne hinter dem Fremden hell aufleuchtete und die ganze Erscheinung mit ihrem Licht umfloß. Diesem jetzt alles sagen können, diesem fremden Herrn, der sich hier bewegte, als wäre dieser Acker sein Acker; ihm entgegenschreien können, was an ohnmächtiger Wut in einem brannte! Zunächst aber tat Janek gar nichts, tat vielmehr so gleichgültig, als ob er den anderen überhaupt nicht bemerkt hätte und trieb mit gesenktem Kopf das Pferd zu einer schnelleren Gangart an. Jetzt mußte der Fremde bei ihm angelangt sein; seine Stimme klang unmittelbar hinter dem Baum auf, hell und freundlich und doch sicher und bestimmt.

»Bauer! Wie heißt die Stadt dort drüben?«

»Wischau, Herr.«

»Und das Dorf?«

»Slawikowitz.«

»Leih er mir einmal sein Gespann, ich möchte versuchen, eine Furche zu ziehen.«

Überrascht trat der Bauer zurück und überließ dem Unbekannten seinen Platz, während er neben dem Ackernden einher ging. Als sie am Feldrain angelangt waren, bemerkten beide, daß die Furche krumm und ungleichmäßig ausgefallen war. Mit geröteten Wangen sah der Fremde auf, als Janek rauh lachend, aber versöhnlich meinte:
»Damit, Herr, habt Ihr noch nie Euer Brot verdient. Gebt her, das ist kein Geschäft für Euch!«
Wieder hatte der alte Bauer das Leitseil in der Hand. Der Fremde sagte, fast wie zu sich selbst: »Nie hätte ich gedacht, wie schwer es ist, Pflug und Zügel zu regieren. Eine schwere Arbeit, beinahe so schwer wie die meine.«
Jetzt fiel Janek nichts anderes ein, als zu fragen:
»Wie heißt Ihr denn, Herr?«
Der Blick des anderen war über die Furchen der Felder hinweg über das Land gegangen, und wie aus weiter Ferne klang es, als er sich wieder der Straße zuwandte:
»Ach so, wie ich heiße? Josef heiße ich.«
Die Herren des Gefolges waren dem Fremden entgegengekommen und traten scheu zur Seite, als er in den Wagen stieg und die Pferde in flottem Tempo antrabten.
In gemessenem Abstand folgte hinter dem Gefährt ein Offizier zu Pferde, der an der Stelle, wo der Fremde vorher das Feld betreten hatte, abbog und auf den Pflügenden losritt. Den Bauern überkam jenes unbehagliche dumpfe Gefühl wie jedesmal, wenn er etwas mit der Obrigkeit zu tun hatte.
»Weiß er überhaupt, mit wem er da gesprochen hat?« klang es hoheitsvoll auf den Gebückten nieder.
»Nein, Herr Lieutenant, hab den Herrn nit kennt.«
»Das hab ich mir gleich gedacht. Und hat ihm der Herr nicht gesagt, wer er ist?«
»Er sagte, er heiße Josef.«
»Ja, freilich, der dumme Bauer hat keine Ahnung, was das für ein Josef war. Er hat soeben mit unserer allergnädigsten Majestät, dem Kaiser Josephus aus Wien geredet!« - -
Längst war das Gefährt verschwunden. Eine Staubwolke lag über der Straße. Keiner der beiden, weder der flotte Leutnant auf seiner Fuchsstute noch der Bauer ahnten, daß sie ungewollt Zeugen eines ge-

schichtlichen Vorganges geworden waren. Denn in diesem Augenblick hatte sich Joseph II., den sie den Volkskaiser nannten und der monatelang unter dem Namen Graf Josef Falkenstein durch seine Länder fuhr, zu einem Entschluß durchgerungen. Wenn es auch zu seiner Durchführung noch Jahre dauern sollte, am Ende stand doch die Befreiung aller Bauern des Reiches von Leibeigenschaft und Fron und damit der Beginn eines neuen Zeitalters.

Das Ereignis war von geschichtlicher Bedeutung: Es brachte das Sozialgefüge der mitteleuropäischen Staaten und Völker in Bewegung, denn die Bauernbefreiung war der erste Schritt zur Hinwendung aus mittelalterlichen Lebensbedingungen und Formen zu einer neuen Gesellschaftsordnung.

Längst spricht niemand mehr von dem armseligen Bauern aus Slawikowitz, der damals neben der alten Reichsstraße sein Feld bestellte. Von dem müden Gaul, der den Pflug ziehen mußte, als der Kaiser vergeblich versuchte eine gerade Furche zu ziehen, weiß kaum noch einer etwas.

Er hat sicher noch einige Zeit, so gut es eben ging, brav und geduldig seinen Dienst getan und ist dann irgendwann einmal nicht mehr von seinem kümmerlichen Strohlager aufgestanden, alles gute Zureden, Drängen und Schelten hat nichts mehr genützt. Hand aufs Herz: War das bei dem alten Bauern nicht ebenso? Auch bei ihm trat der Zeitpunkt ein, da kein gutes Zureden mehr etwas half und von den vielen Schnaufern, die er tat, einer der letzte, der allerletzte war.

*

KLADRUB UND DIE LIPIZZANER

Dieses plötzliche Sich-Aufbäumen der Pferde, glich das nicht einem Naturwunder? Ist es nicht unbeschreiblich, wie sie jetzt wieder aus einem Tempo in das andere fallen und mit den Hufen Spuren in den weichen Sand eindrücken, die wie Zeichnungen und Zeichen einer geheimnisvollen Welt erscheinen?

Clemens Schönfeld erinnerte sich an die fröstelnden Stunden im Morgengrauen, wenn die Remonten in der gedeckten Reitschule eingeritten wurden und die Reiter ihre ungebändigte Naturkraft nach und nach zügelten; wenn Übermut sich in Zucht verwandelte und aus einem nach allen Seiten hin ausschlagenden, bockigen Tier das Pferd wurde, das nicht einmal mehr hochging, wenn neben ihm die Karabiner feuerten oder mit unheimlichem Zischen hunderte Säbel auf Kommando in der gleichen Sekunde aus der Scheide flogen. Das erinnerte an das pausenlose und schon monoton wirkende Schulreiten, an die flotten Geländeritte über weiche, saftige Wiesen, die gewaltigen Übungsmärsche und die immer fremder wirkenden Manöver, die von Jahr zu Jahr nach immer neueren Gesichtspunkten abgewickelt wurden. An die sommerlichen Reiterspiele dachte Schönfeld, Preisreiten, Distanzritte und den blutige Reiterernst, der dann kam.
Vom Kirchturm schlug die Uhr, rostig und frostig erklangen die Schläge. Das Wasser im Fluße floß träge, es wußte nicht, ob es zufrieren sollte oder nicht. Der graue Himmel überlegte es sich noch einige Stunden, den lang vermißten Schnee endlich herunterrieseln zu lassen, der mit seinem Leichentuch das weite, vom Kriege zerfurchte Land zudeckte. Seit Wochen war der Krieg zu Ende. Das alte Reich mitten in Europa mit seinen 50 Millionen Bewohnern war zerfallen. Millionen Männer hockten irgendwo in der Ferne hinter Stacheldraht, hungerten und sehnten sich nach Hause.
Das Gespenst des Hungers ging durch das Land, schlimme Grippeepidemien rafften die widerstandslos gewordenen und ausgemergelten Körper zum ewigen Schlafe hinweg. Überall fröstelten unterernährte Menschen und sehnten sich nach Ruhe, ohne zu wissen, wo-

her sie kommen sollte. Die einen waren starr und stumm angesichts der Tatsache dieses weltgeschichtlichen Zerfalls einer alten Ordnung. Die anderen frohlockten und wähnten sich plötzlich frei und unternahmen die ersten tastenden Schritte in ein neues Zeitalter, das neue Formen, neue Ideale und eine neue und bessere Welt versprach.
Ganz glücklich aber war niemand.
Kladrub, ein kleiner Ort in Böhmen, so wie es viele gab, ist gekennzeichnet von jahrhundertelangem Soldatenwesen, dem sich das ganze örtliche Geschehen einordnete, vom Dienst am Pferd schlechthin. Dieses Gestüt bestand schon im 16. Jahrhundert und war lange Zeit mit dem kaiserlichen Hof verbunden. Uraltes Kavalleristentum, Pferdezucht, anstrengendes - und angeblich so frohes - Reiterleben, Betreuung und Schulung in ständigem Wechsel und doch in gleichem Einerlei, das alles bedeutet das Leben in diesem kleinen, mitten in Böhmen gelegenen Ort, der ohne seine Pferde kaum über die Bezirksgrenzen hinaus bekannt geworden wäre.
Die früher einmal hier gezüchteten Rappen waren eine Berühmtheit: gewaltige Tiere mit einer Schulterhöhe von mehr als 190 Zentimeter und eigenartig geformten Nasen, sogenannte Ramsnasen, die ihnen aus der andalusischen Ahnenreihe mitgegeben worden waren. Der spanische Tritt in seiner schönsten Vollendung war ein weiteres Erbe der hier gezogenen Rassen. Jedes Jahr erregten die Kladruber Pferde bei den großen Paraden, an denen die Vertreter aller Staaten der Welt als Zuschauer teilnahmen, Bewunderung und Aufsehen. Die hohen Schritte der Vorderbeine und das gleichzeitige stolz-elegante Bewegen des Kopfes machte sie bei jeder Parade zu einem vielbejubelten Mittelpunkt neidloser Anerkennung. Zwei Arten dieser Pferde wurden bis zum Ersten Weltkrieg hier gezogen: ein Schimmel mit einem geradezu glanzerfüllten Fell, etwas kleiner als die anderen Artgenossen, und die sogenannten Spiegelrappen, Pferde von einmaliger Schönheit. Mit einer einzigen Geste wischte der Krieg dieses Bild einer Märchenwelt fort.
Was Wunder, daß in den Tagen, als Karst und istrische Halbinsel zum Aufmarsch- und Etappengebiet der österreichischen Armee wurden und man Lipizza räumte, ein Teil der Lipizzaner nach Laxenburg bei Wien gelangte, der Rest aber nach Böhmen verfrachtet wurde und in Kladrub Aufnahme und Pflege fand.

Zwar hatten sich die Haferbestände gelichtet, und alles, was dazu gehört, einen Pferdemagen zu füllen, mußte scharf eingeteilt werden. Es gab Kompetenzschwierigkeiten verschiedener Art; die herrlichen saftigen Wiesen, die großen Anlagen des Gestüts jedoch entschädigten die vierbeinigen Gäste aus dem Süden. Sie gediehen prächtig und kümmerten sich ansonsten wenig um Politik, Staatsgeheimnisse und Heeresberichte sowie kommende und vergehende Reiche.

Selbst böse dreinschauende und verhärmte Menschen mit grauen Notstandsgesichtern bekamen schwärmerische Augen und vergaßen Lebensmittelkarten, Polizeiverordnungen und Verlustmeldungen, wenn die weißen Leiber an ihnen vorbeizogen, heim oder auf die Koppel. Mit mühsam verhaltener Energie den breiten Schädel unerwartet aus der scheinbar unterwürfigen Haltung hochreißend, herrliches Weiß der Pferdeleiber mit dem gepflegten Roßhaar, so zogen sie äußerlich geduldig ihres Weges und beschleunigten nach Pferdeart ihren Schritt ganz von selbst, wenn sie merkten, daß der Stall nicht mehr weit war. Ein heimliches Streicheln oder gönnerhaft vom Stallburschen geduldetes Kraulen am Kopf und als Höhepunkt der Freude das Hinhalten eines so selten gewordenen Stück Kuchens auf der hohlen Hand, das gehörte zum sonst so schrecklich traurigen und düsteren Alltag des Spätherbstes 1918 in Kladrub. Sie, die Lipizzaner, hatten sich die Sympathien der Bewohner geradezu im Sturm erobert. Wenn sie auftauchten - am Klappern und Klopfen der Hufe auf den unregelmäßigen Pflastersteinen erkannte man sie lange vor dem Erscheinen - schwanden die Sorgenfalten, atmete groß und klein auf:

»Sie kommen - unsere Schimmel . . .«

Welch ein Lichtblick und Trostspender nach vier Jahren Trostlosigkeit eines fürchterlichen Krieges.

Vom alten Dorfanger sah man hinüber, wo sich Wiesen und Koppeln ausdehnten, wo jetzt Nebel und Dunst geisterten und die Vegetation zunehmend kümmerlicher wurde. Tauchten sie aber aus dem Hohlweg auf, über den kleinen Sattel, vorbei an der halbverfallenen Kapelle, dann war es, als zöge eine weiße Wolke über den Hang, die sich vom Novemberhimmel abhob und nun schon seit Jahr und Tag zum Bild der sonst so öden böhmischen Provinz gehörte.

Als unlängst die große und majestätische Dame unter den Stuten, die so erhaben und hoheitsvoll tat, daß sie nicht einmal bei einem Anruf mit den Ohren zuckte, ein Fohlen bekam, war das ein Stadtereignis, gerade, als ob die Menschen auf solch einen Gefühlsausbruch gewartet hätten, das den kalten und von Mißgunst erfüllten Alltag endlich aufhellte. Wildfremde Menschen näherten sich den Pferden des Gestüts und hofften, einen Blick aus den samtbraunen Augen zu erhaschen. Der Rittmeister, der schon lange hier wirkte und seinen Beinstumpf (»Liegt bei Rawa Ruska!«) so meisterhaft zu tarnen wußte, daß Unkundige mit Anzeichen des Abscheus gefragt hatten, wieso solch ein stattlicher Mann sich so weit hinter der Front herumtreibe, stand plötzlich im Mittelpunkt des Interesses, wenn er über den Marktplatz stelzte.

Wo er hinkam, wollte man von ihm wissen, wie es dem jüngsten Fohlen ginge, warum man die sonst so stolze »Rodaun« in den letzten Tagen nicht zu sehen bekam und ob die schon vor Tagen angesagt gewesene Fuhre mit Stroh endlich eingetroffen sei. Rittmeister Szökely war ein Ungar von echtem Schrot und Korn, den irgendein Schicksal, wie dies bei der alten Armee oft passierte, zu den Dragonern nach Neuhaus verschlagen hatte, wo er, der Stockmadjar, und die vielen Deutschen und Tschechen oft hart aneinandergeraten waren, bis sich auch hier im Casino das Deutsche als das ausgleichende Element zwischen den Nationen erwiesen hatte.

Glänzender Reiter, hatte er Preise und Auszeichnungen erritten und ersprungen, erteilte Reitunterricht, was bei seinen höchst problematischen Sprachkenntnissen zu häufigen Mißverständnissen führte. In der Garnison der Liechtensteindragoner, die zeitlebens sehr stolz auf ihren Reichsherrn von Illo waren und Südböhmens Reiterelite bildeten, wirkte der baumlange Ungar mit der nie vorschriftsmäßig sitzenden Mütze wie ein Fremdkörper. Durch einen Ausspruch, den er einem wißbegierigen Reiteraspiranten gab, um ihn auf die kommenden Gefahren aufmerksam zu machen, wurde er bekannt: »Bittäh schön, Ferd ise merkwürdige Tier. Vorne beißt, hinten schlagt aus und in Mitte ise unbequäm.«

Als sie ihm 1915 das Bein abnehmen mußten, kam er nach Kladrub und wurde hier so etwas wie ein Evidenzoffizier seligen Angedenkens, der sich als anerkannter Fachmann um das Wohl und Wehe der Pferde kümmerte, soweit die Gestütsverwaltung mit all ihren Instanzen dafür nicht zuständig war. Tschechische, deutsche und ungarische

Idiome flossen ineinander. Hier hätte eine neue Mischsprache entstehen können, eine Art Vorläufer des Esperantos.
Anfang November - man schrieb, was nicht vergessen werden darf, das Jahr 1918 - geschah dann einiges, worüber die verschiedenen Zeitungen, je nach ihrer Einstellung, entsprechend verschieden berichtet haben.
»Pane Podplukovniku«, Herr Oberstleutnant, sagte der Stallmeister, deutsche und tschechische Worte miteinander vermengend, was bisher nichts Schlimmes bedeutete. Jetzt, da der neue Staat ein tschechischer Nationalstaat sein wollte, galt das schon in den ersten Wochen als Stilbruch, den man oben nicht gerne hörte. So begann der Verwaltungsmeister, dem Range nach ebenfalls Rittmeister, nun allerdings mit der neuen tschechischen Rosette an der Mütze, »kann ich - bittä schen - ohne Narodny Vybor nichts machen. Weiß ich Ferde, schöne brave Schimmel gehören Österreich. Krieg ise vorbei. Werden wir sein gute Sou - wie sagt man ... Nachborn, aber Ferde sein jetzt da und kann ich ohne Auftrag nicht eine davon herausgäben«.
Der eben aus Wien angereiste Oberstleutnant gehörte mit drei anderen Offizieren mit sehr niedergedrückten, ausdruckslosen Gesichtern einer Gruppe von Personen an, die von ihrer vorgesetzten Dienststelle den Auftrag hatten, die im Kriege nach Kladrub verlegten Lipizzaner zurückzuführen. Mit dem Rittmeister, den er noch aus guten Tagen von Neuhaus her kannte, kam er rasch ins Reine.
»Bittä schööööön, Ferde gehören Hofreitschule, und Hofreitschule ise in Wien. Krieg ise aus. Muß neue Regierung für brave Lipizzaner in Wien sorgen«. Szökely war gleich Feuer und Flamme gewesen:
»Gott sei Dank, Baczi, dann kommt wieder zusammen große Familie in Laxenburg. Sollen wieder beisammen sein. Hier werdens höchstens Bauernpferde und verlieren Roß!«
Was Rasse heißen sollte.
Mit den Leuten vom Nationalausschuß war das schon anders. Zuerst zeigten sie hoheitsvolle Mienen, denn dieser Offizier kam ja aus Österreich, von dem man sich jetzt für heute und alle Zukunft getrennt hatte. Sie trugen zwar noch dessen Uniformen, jetzt ohne die verhaßten Orden und Rosetten, aber sie gaben sich noch in Art und Haltung so wie bisher, diese Vertreter einer untergegangenen Welt. Ihre Kokarden zeigten die Farben rot-weiß-rot. Was das bedeuten

sollte, konnte man noch nicht wissen, hatte jedoch das Gefühl, irgendeiner unbekannten Provokation ausgeliefert zu sein. Auf der Hut zu sein, das war jetzt alles. Trotz aller Höflichkeit, die man bis zu einer bestimmten Grenze wahren wollte, wollte man gleichzeitig zeigen, wie froh man darüber war, diesem Völkerkerker entronnen zu sein. In solchen Stunden überlegt man wenig und denkt sehr kurzräumig; denn wenige Jahre später wurde dieser einstmalige »Völkerkerker« zu einem Traumbild. Oberstes Gebot wie in allen ähnlichen Situationen: »Warten lassen«. Man vertagte das Gespräch bis zu einem Ferngespräch mit Prag, von wo die neue Regierung ihre ersten Weisungen geben sollte.

»Also, warten wir, meine Herren« - und nach einer betont gedehnten Weile: »Wollen Sie mit uns kommen?«

Die Offiziere der Wiener Gruppe antworteten frostig. Mehrere Stunden verbrachten sie im Gestüt, prüften mit fachmännischen Blicken den Zustand der Tiere, streichelten da, gaben dort einen sanften Schlag auf die Rückhand eines der Altgedienten, den man wiedererkannte und spielte nach Reiterart mit einem der Fohlen, die neugierig und scheu näher gekommen waren. Gesprochen wurde möglichst wenig.

Man konnte ja nicht wissen, welchen Auftrag die Stallburschen, die ihre Aufsässigkeit nur mühsam hinter ihren primitiven Gesichtern verbargen und jedem Wort lauschten, hatten. Mit dem langen Rittmeister herrschte von der ersten Begegnung an Einverständnis. Der Zustand der Pferde, das stellte man mit allem Nachdruck fest, war ausgezeichnet. Sie würden sogar von denen in Laxenburg abstechen, wo sie wesentlich schlechtere Lebensbedingungen gehabt hatten als diese hier. Daß man sie zurückbringen mußte, stand für die Offiziere ja fest, gehörten sie doch zum gleichen Gestüt und waren hier in der Fremde nur aus Kriegsgründen vorübergehend in ein Ausweichlager gekommen, etwa so, wie ein kroatischer Soldat, der in ein Lazarett nach Troppau eingeliefert worden war, ja auch kein Schlesier wurde.

Die Zeit verging langsam.

Zunächst hatte der Rittmeister einige seiner Anekdoten und Erinnerungen zum Besten gegeben, als die Gruppe steif in einem der Dienstzimmer der Verwaltung Platz genommen hatte. Die Reaktion war eher matt als lebhaft. Für Witze war man derzeit nicht in der rich-

tigen Laune. Ehrlich gesagt, man hatte Hunger; Übermüdung und Kälte taten ein übriges. Spät abends kam jemand mit einer Stallaterne - das elektrische Licht war wieder einmal ausgefallen - und richtete den Herren aus, man möge sich bis zum Morgen gedulden. Die Herren der Regierung würden morgen vormittag hier sein.
In einem Gasthof fanden sie schlecht und recht Unterkunft. Der Wirt gab den Vertretern des verflossenen Regimes deutlich zu verstehen, daß ihre Zeit endgültig zu Ende gegangen und eine neue und bessere angebrochen sei. Als er jedoch erfuhr, daß sie aus Wien kamen, änderte sich allerdings sein Wesen schlagartig: »Jeschisch, natirlich kenn' ich Wien. In Floridsdorf is doch Bruder von mir. Geht ihm gut, is Schuster und hat vorm Krieg sechs Gesellen ghobt. Jetzt ise allein. Schreibt, daß hams nix zu essen. Jetzt konn ich ihm nicht einmal Packel mit Speck und Zucker schicken ... Verfluchte Zeit!«
Bald besann er sich, daß gerade solche Bemerkungen gar nicht zu dem paßten, was er vorher gemeint hatte, setzte wieder seine strenge Miene auf und meinte: »Andere Bruder is auch in Wien, bitt schön, Brandmeister bei die Berufsfeierwehr.«
Ob die Herren Hunger hätten? Na ja, viel habe er auch nicht; wenn die Herren Kartoffelsuppe wollten mit Brot: »Is noch do, aber natirlich, wenn nicht wollen, die Herren, dann ne«.
»So also Moment, bring ich bissel, Bier hots auch noch da.« Das machte den traurigen Abend doch noch etwas erträglicher. Eine Uhr tickte gleichmäßig. Ungleichmäßig erklang das Geräusch der Löffel, bald waren die Teller wieder leer. Ein Kater schnurrte behaglich, in einer anderen Ecke schnarchte ein alter zahnloser Dorfköter gleichmäßig im tiefen Schlaf. Als sie ihr Mahl beendet hatten, wurden sie in ein eiskaltes Zimmer verfrachtet, wo Betten standen, in denen monatelang niemand mehr geschlafen haben mochte.
Sie schliefen aber doch überraschend schnell ein und dem neuen Tag entgegen.
Was keiner der Offiziere in seiner Auffassung von Recht und Gerechtigkeit glauben mochte, trat ein. Einige Leute mit nichtssagenden Gesichtern, voll Eifer und Wichtigkeit plusternd, überbrachten den »höchsten Auftrag«, daß die Pferde da zu bleiben hätten und daß man nicht daran dächte, sie fortbringen zu lassen.
»Sagens das denen in Wien!«

So wurde das einseitige Gespräch beendet, zu dem man auch zwei Hüter der neuen Ordnungsmacht herangezogen hatte, zwei altgediente Gendarme, die nicht recht wußten, vor wem sie Front machen sollten, vor den Offizieren aus Wien oder den Prager Funktionären, bei denen sie sich nicht auskannten, ob sie Fleischbeschauer oder Häusermakler wären.

Wer Kriege verliert, darf nicht zart besaitet sein und muß sich eine dicke Haut zulegen; empfindsam darf er schon gar nicht sein. Von interalliierten Kommissionen war die Rede, von noch ganz anderen Rechnungen, die es zu begleichen gelte, vom schon erwähnten Völkerkerker, dem man für alle Zeiten entronnen sei. Schließlich das kategorische »Nein!«: Keine Herausgabe der 37 Lipizzaner.

Es blieb den Wienern - von denen nur ein einziger wirklicher Wiener war - nichts anderes übrig, als dies zur Kenntnis zu nehmen und ein diesbezügliches Sprüchlein zu sagen, aus dem Hilflosigkeit, aber auch innere Haltung sprachen.

»Eine Bitte werden Sie mir hoffentlich erfüllen!« sagte der Sprecher der Wiener Gruppe.

»...?«

»Darf ich mich von den Pferden verabschieden und sie noch einmal sehen?«

»Abr bitt' schön -, selbstverständlich in Gegenwart des Stallmeisters!«

Wieder umfing ihn die satte und samtweiche Wärme eines Stalles in ihrer unnachahmlichen Behaglichkeit. Pferdeschweiß, Leder, Stroh, Mist, alles das zusammen ergibt eine Mischung, die in allen Ländern die Welt des Stalles kennzeichnet. Ein unvermutetes Poltern der Hufe, ein lauter Zuruf des Pferdewächters, dann wieder das Rascheln von Stroh, das umgeschlichtet und ausgebreitet wird und das behagliche und weltvergessene Mahlen und Schnauben der großen und breiten Kiefer, die köstlichen und damals so rar gewordenen Hafer zerkleinern.

Er ging von Boxe zu Boxe, schob behutsam, aber zielsicher die schweren Pferdeleiber zur Seite, bis er an die Krippe herankonnte, schaute den Tieren noch einmal in die Augen, fuhr ihnen zwischen die Ohren, klatschte ihnen auf Schenkel und Hals und sagte jedem noch ein gutes Wort. Die »Hiacinta« fuhr milde und behutsam mit dem schweren Kopf in die Höhe und schnaubte, als ob irgendein bisher unbekann-

ter Schmerz sie bedrücke. Die »Isolde«, das trächtige Muttertier, hatte andere Abschiedssorgen und kratzte nachdenklich mit dem Vorderhuf im Stroh. Die junge »Lizzi« wieherte geradezu fröhlich beim Streicheln auf. Sie dachte gerade in diesem Moment an ihr ganz großes Erlebnis, das vor nicht allzulanger Zeit erfolgt war, geheimnisvolle Schauder durchrannen das gesegnete Ebenmaß ihres Körpers. Ihre Augen schienen zu sagen:
»Was weiß man in meinen Jahren schon von den Sorgen der dummen Menschen«?
Und »Nautika«, »Pluto«, »Conversano« und »Pongracz« schauten schweigend mit anscheinend unergründlichen Blicken auf Bleyleben zurück, zuckten kaum mit den Lidern, als wollten sie sagen:
»Schicksal, mein Freund, alles Schicksal«.
»Zertiena«, sonst die Aufsässigste unter ihnen, ein gefährlicher Nachbar für alle, die mit ihr zu tun hatten, von den Stallburschen aus sprachlichen und phonetischen Gründen »Tschertina«, das heißt Teufelin, gerufen, duckte geradezu demütig den Kopf und strich immer wieder mit weitausholenden Bewegungen zur Gruppe der Besucher hin.
»Na, komm doch jetzt her, wenn schon geschieden sein muß, vergessen wir alles, was schlecht und bös war. Gar so schlimm war das alles nicht.«
Eisenbeschlagene Hufe klopften gegen eine Holzwand, nur das Dröhnen kündete vom vergeblichen Versuch, diese zu zersplittern und sprach von Gewalten, gegen die man sich zwar aufbäumen, die man aber nicht zwingen kann.
Im Fohlenstall, wo wieder drei neue Junge herumhoppelten mit schlacksigen und unbeholfenen Bewegungen, die steifen Beinchen nicht immer korrekt und richtig setzend, da gab es nur fröhliche Mienen. Doch lag über allem ein Hauch von Abschiednehmen, von der großen Wehmut, die jeder kennt, der einmal lange in die Augen eines Pferdes gesehen hat. Sie kennen keine Begrüßung, beim Kommen scheinen sie unbeteiligt und ohne Ausdruck. Nach einem kurzen Augenblick aber scheint es, als lägen Angst, beklemmende Sorge vor dem ewigen Abschiednehmen darin, welches Schicksal ist und jedem Kommen und Entstehen einmal folgt. Selbst bei den Kleinen, die nichts vom strengen Regiment an der Longe wissen, ist dies nicht anders.
Zum Abschied gab es noch eine Episode. Der Stallmeister, die bestellte

Aufsichtsperson, hatte vorher die Szenen beobachtet, dieses Ineinanderfließen von Gefühlsempfindungen zwischen Mensch und Kreatur. Auch er stammte noch aus der im Sterben begriffenen Welt der Pferdebetreuer. Plötzlich mußte er die Gemeinsamkeit empfunden haben, die alle Menschen verbindet, die Pferde lieben und die bereit sind, dieser Liebe auch etwas zu opfern.
Tatsächlich! Abschiednehmend stellte er sich stramm, wie in allen Reiterkasernen der Welt üblich, vor die Tür, hob vorschriftsmäßig die Hand zum zerbeulten Hut, als ob er noch schnell alles nachholen wollte, was er seinerzeit hätte lernen sollen. Mit merkwürdig weicher Stimme, die gar nichts mit der Feindschaft zu tun hatte, die jetzt zwischen den durch eine neue Grenze getrennten Menschen entstanden war, sagte er:
»Herr Oberstleutnant, werden wir auf die Ferde gut aufpassen. Wird ihnen immer gut gehen, unseren schönen weißen Freunden.«
Eine Vision hätte jetzt 27 Jahre überbrücken müssen, um im Jahre 1945 Ähnliches beobachten zu können. Visionen solcher Art aber gibt es nicht. Gäbe es die, dann sähe es in der Welt anders aus. Keiner im großen Stall von Kladrub hatte natürlich solch eine Vision, wie hätte dies auch sein sollen? Die Offiziere fuhren wieder nach Wien zurück, wo riesige Hungerdemonstrationen die Stadt erschütterten und in den Auslagen gewisser Fleischhauer Zettel mit der Inschrift hingen: »Kein Verkauf. Ware gänzlich ausverkauft«.

*

GARNISONEN, DRAGONER, HUSAREN UND ULANEN

Aus der Nähe ist an den Gesichtszügen der beiden Reiter vor der Estrade erkennbar, daß das offensichtlich Mühelose und Spielerische, das Schönfeld festzustellen glaubte, Lohn ungeheuerer Anstrengungen sein muß. Das Tier wurde hier keinesfalls zur Maschine, die berühmten Schimmel waren ungeachtet aller Dressur geblieben, was sie immer waren: die hellhörigsten und eigenwilligsten unter allen Gattungen der Tierwelt, ausgestattet mit einer unglaublichen Portion Klugheit und einem Willen, den man mit sturer Gewalt allein nie brechen kann und gegen den bloße Härte niemals aufkommt. Da liegen die unsichtbaren Grenzen, die der Reiter kennen und beachten muß und niemals überschreiten und verletzen darf.

Es ist eine uralte Weisheit: Zu Pferde ist man ein anderer Mensch, das Glück auf Erden liegt auf ihrem Rücken; nicht nur, weil ein Reim uns dies nahebringt, sondern weil ungezählte Menschen dies bestätigen können. Schönheit, Kraft und Harmonie der Bewegungen eines Pferdes können den Menschen begeistern; will er aber das Pferd gewinnen, muß er vieles tun und beachten. Zunächst muß er ihm Scheu und Angst nehmen, die ihm seit urdenklichen Zeiten anhaften, und muß sich mit unendlicher Geduld und im Wechselspiel von Kraft und sanfter Beharrlichkeit auf das Pferd einrichten. Erst dann folgt als Vorstufe des restlosen Verstehens ein Zustand der Gelöstheit, der Pferd und Mensch langsam zu einer Einheit werden läßt. Unter keinen Umständen läßt sich mit Schlägen und Gebrüll jener Gehorsam erzwingen, der das Pferd zum Gefährten des Menschen macht und seine bewundernswerten Leistungen erzielen läßt. Nur so können die sogenannten Schenkel-, Zügel- und Gewichtshilfen, wie es in der Reitersprache heißt, beim Pferde ein dauerndes und erfolgreiches Ergebnis haben.

Wenn etwas den Zirkus in seiner wechselnden Bedeutung für die heutige Zeit attraktiv gemacht hat, dann sind es die Pferde, die Dressurakte in verschiedenen Variationen, die großartigen Pferdenummern, deren Ausgewogenheit und exakte Darbietungen als Wertmesser für

das ganze Zirkusunternehmen gelten. Zirkusluft ist für den größten Teil der Menschen gleichbedeutend mit Pferdeluft. Wenn sich die Manegen mit kreisenden Pferden zu füllen beginnen, Federbüsche nicken, die lange Peitsche knallt und gleißendes Licht aus der Zirkuskuppel über weiße Pferdeleiber zu fließen beginnt, erwacht die alte zirzensische Romantik wieder, die sich in den großen und bekannten Unternehmungen von Weltrang genau so offenbart wie in einem unbekannten Dorfzirkus. Der ganze Glanz einer Pferdenummer beginnt zu leben, wenn das leichte Traben und Wenden langsam in ein Tänzeln übergeht und über dem Sägemehl der Manege die Rasse vieler Pferdegenerationen sichtbar wird.
Was schlang sich nicht alles als Mythos durch die Jahrtausende um das Pferd. Es wurde vor urdenklichen Zeiten zum Seelenträger der Geister der Verstorbenen und galt bei anderen Völkern als die Amme der Menschen. Man tötete es sogar zum Zeichen der höchsten Ehre und gab es als wertvollsten Besitz, den man hatte, den Verstorbenen als Grabgabe mit. Es gab schon in der Nomadenzeit Völker, die sich der Zucht des Pferdes hingaben, und es bedeutete einen Kulturfortschritt sondergleichen, als diese Nomadenvölker der eurasischen Steppen das Tier als Reittier zu benützen begannen. Dementsprechende Bedeutung nahm es in den Religionen der verschiedenen Kulturepochen ein. Manche Götter wurden in Pferdegestalt dargestellt, andere waren beritten. Wer denkt da nicht auch an die römischen Rosselenker, die schon den Schulkindern imponierten, wenn sie das Lesebuch aufschlugen und diese kühnen Gestalten bewundern konnten.
Die Zentauren, jene halb mensch- und halb pferdegestaltigen Fabelwesen, sind mehr als Monstren der Fantasie, sie verkörpern vor allem in der Gestalt eines Chiron die Idealfigur dessen, was man glaubte, der menschlichen Vorstellungswelt zumuten zu können. Von Pferdeopfern, mit denen der Mensch die Gunst der Götter wiederzugewinnen trachtete, könnten Germanen ebenso berichten wie Griechen und Römer, wie Perser und Inder.
Die christliche Religion räumte mit all diesen Vorstellungen auf, die sich noch lange nach Beginn der Zeitrechnung den verschiedenen Arten des Pferdekultes hingaben, als die Menschen sogar im Zuge der Pferdeverehrung nach einem ganz bestimmten Ritus Pferdefleisch

aßen. Die christlichen Mönche verstanden den Menschen den Geschmack am Pferdefleisch so zu verderben, daß noch nach Jahrhunderten bei vielen Menschen und in ganzen Ländern ein regelrechter Widerwillen gegen den Genuß von Pferdefleisch besteht. Was doch Propaganda im Guten und Bösen, sogar über Jahrhunderte hinweg, alles vermag! Noch heute gibt es Gegenden, vor allem im Norden, wo Pferdeschädel an den Giebeln aufgehängt, ihre Nachbildungen auf den Firsten der Dächer angebracht werden, während der Volksmund die Überzeugung vertritt, so blieben Seuchen und Unwetter fern und die bösen Dämonen wagten sich erst gar nicht zu nähern.

Verhältnismäßig lange hat es gedauert, bis der Mensch das Pferd botmäßig machte und es seinen Diensten nutzbar wurde. Was aus der Kulturgeschichte ohne Pferde in friedlichen und kriegerischen Zeiten geworden wäre, kann man sich gar nicht vorstellen. Bis heute weiß man nicht, in welcher Epoche es gelungen ist, das wilde Pferd, trotz der auskeilenden Hinterbeine, der gefährlichen Bisse mit seinen starken Zähnen und der ausholenden Vorderhufe zu zähmen. Man nimmt an, daß es ost- und mittelasiatische Völker gewesen sind, die noch in ihrer Nomadenzeit anfingen, das schnelle Pferd ihren Zwecken dienstbar zu machen. Wahrscheinlich ist der immer wieder unternommene Versuch zuerst über Fohlen erfolgreich verlaufen, die man nach und nach an den Menschen gewöhnte und deren Lebensgewohnheiten man mit den eigenen verband.

Die frühzeitlichen Reitervölker haben die Kunst des Reitens bereits bis zur Vollendung beherrscht. Sie lebten und starben im Sattel und verstanden unter ganz primitiven, aber damals unwiderstehlichen Vorzeichen jeden Gegner niederzutrampeln und aus dem Wege zu räumen. Die Waffe in der Hand war da nicht einmal das Gefahrvollste. Das in Massen anstürmende Pferd, sein wildes Gehabe und seine alles zermalmenden Hufe bedrohten das Abendland ernsthaft; dem Ansturm der Hunnen und Mongolen hatte es zunächst nichts Gleichwertiges entgegenzusetzen.

Wieder versinkt das Bild im Traum, der sich nun mit der beginnenden tempogeladenen Kavalkade vermengt ... Mehrfacher Hufschlag, der sich vervielfacht, klingt auf. Schönfeld glaubt mit dabei gewesen zu sein an einem Tage ... irgendwann einmal ...

Wenn sie ausritten, die Trompeten schmetterten und der Hufschlag wie Gewehrfeuer über die Katzenköpfe klang, wußten die an der Spitze hinter sich die enggeschlossenen Reihen der derben Bauernburschen, die gleich ihnen mit den Pferden verwachsen waren, die Soldaten und ihre Wachtmeister in den schmucken und farbenfreudigen Uniformen, deren bunter Glanz sie für den besonders schweren Dienst der Kavalleristen entschädigte. Stahl und Leder schlugen aufeinander. Der Schweiß des Menschen und der Ruch der Tiere mischten sich in der Hitze des Tages, der wieder einmal eigens zum Reiten geschaffen zu sein schien.

Ein Jauchzen erklang plötzlich trotz aller Mühe und Schinderei, die den Tag erfüllten, wenn die Zügel zum letzten und schnellsten Galopp freigegeben wurden, der alle Regeln und Gesetze der Gleichförmigkeit sprengte; wenn sie, den breiten Säbel in der derben Faust hochgeschwungen, zu zeigen hatten, was sie im jahrelangen Einerlei des schweren Dienstes in der Garnison gelernt hatten, holten Mann und Roß das Letzte aus sich heraus.

Ein unübersehbares Fließen und Wogen von blitzenden Helmen und Säbeln, darin das Rot der Hosen und das Blau der Waffenröcke schwimmen, überflutet vom Farbenspiel der unterschiedlichsten Egalisierungen, in die das Gold der Verschnürungen leuchtete. Die Dragoner, den lichtblauen Pelzrock - die Ulanka - übergeworfen, kommen aus Brüx und Theresienstadt, aus Dobrzan, Wels und Enns, aus Brünn und Marburg, aus Stanislau und Pardubitz, aus Altbunzlau und Jaroslau, von Kolomea und Brody, aus Stockerau und Neuhaus, von Klattau, Wiener Neustadt, Brandeis, Olmütz und Laun.

Die Savoyen-Dragoner, das waren die von Laun in Böhmen, und Prinz Eugen war ihr Inhaber, dessen Name sie »für immerwährende Zeiten« zu führen hatten. Ihre bewegte Vergangenheit verband sich mit allen kriegerischen Ereignissen seit ihrer 1682 erfolgten Aufstellung. Sie fochten gegen Türken und Franzosen, in Italien, Spanien und den Niederlanden. Als sie zu Beginn des 18. Jahrhunderts einmal keine kriegerischen Aufgaben zu erfüllen hatten, ereignete sich ein bezeichnender Vorfall, der alle jene Lügen straft, die glauben, früher herrschte eitel Willkür und erst mit uns sei Sitte und Recht unter die Menschen gekommen.

Gar so vorsintflutlich und willkürlich, wie man uns oft vormachen möchte, waren die Zustände damals auch nicht. Ein Beispiel: Zu Beginn des 18. Jahrhunderts wurde eine Abteilung der Savoyen-Dragoner unter ihrem Obristwachtmeister von Ußler an die schlesisch-polnische Grenze versetzt, um einen sogenannten Sanitätskordon zu übernehmen. Im polnischen Raum war nämlich die Pest ausgebrochen. Da hieß es, die Grenze bis zum Erlöschen der Epidemie hermetisch abzuriegeln. Bei ihrer Tätigkeit verschuldeten Soldaten des Regimentes eine Feuersbrunst im schlesischen Dorf Guhlau. Die Bauern klagten in Wien auf Ersatz, denn Schlesien gehörte damals noch zu Österreich, und Wien war der Sitz aller zentralen Behörden des Reiches. Der Hofkriegsrat verurteilte das Regiment zur Zahlung von 1500 Talern mit folgender Begründung: »Das Regiment haftet für den Schaden, den es anrichtet, auch dann, wenn er nicht durch Absicht, sondern durch Fahrlässigkeit entstanden ist.«

In dieser Zeit war das Dienstreglement entstanden, die sogenannten »Observationspuncte« des Grafen Ludwig Andreas Khevenhüller. Es brachte eine Reihe wesentlicher Fortschritte für Pferd und Reiter und hatte in Einzelheiten bis zum Ersten Weltkrieg Bestand. Man begann jetzt, mehr als noch im Dreißigjährigen Krieg, auf Roß und Reiter Rücksicht zu nehmen. Die »Observationspuncte« enthalten einige köstliche Einzelheiten. Der Mannschaft wurde streng aufgetragen: »Keinen Tobak auf den Gassen zu rauchen und ... wenn das Gewehr präsentiert wird, die Pfeiffen aus dem Maule zu nehmen«. Ferner: »Die öfters mitlaufenden Weiber und Menscher, die in die Quartiere nachlaufen, abzuschaffen.« Man beachte den feinen Unterschied zwischen Weib und Mensch; diesen Begriff für eine bestimmte Gattung.

Schaum spielt um die Zähne der Pferde, sie zeigen ihre Pirouetten und Kapriolen, eine wundervoll vollendete Piaffe. Sie führen mit leichter Eleganz die so selten gesehene Crompade vor, der spanische Tritt geht in die Courbette über, Passagen führen zum Travers und als Krönung zur Levade. All das geschieht mit spielerischer Anmut und, wie es scheint, ohne jegliche Kraftentfaltung. Und doch, was liegt darin an verhaltenem Kräftespiel, an Beherrschung als Ergebnis ungezählter Lehrstunden! Was hier geschieht, erweckt durchaus nichts Neues im Pferde, holt höchstens aus seinem Unterbewußtsein längst

Untergegangenes und scheinbar Vergessenes wieder an das Tageslicht. Schon als Halbwilde bei den Nomaden auf den Weiden des Ostens und im Süden, bei den Germanen, den Römern, den Spaniern und den Kosakenvölkern, dienten diese Bewegungen, dieses wilde Ausschlagen und Hochreißen, dieses scheinbar Gekünstelte als Schutz vor anderen, als Mittel der Abwehr gegen Feinde und Gefahr und als Hilfeleistung im Angriff.

Überlegen wir die weiteren Beweggründe, die zur klassischen ›Hohen Schule‹ führten, deren Entstehen hauptsächlich mit der ... Reiterpistole zusammenhängt. Das war zu einer Zeit also, als die Menschheit mit den Segnungen des Schießpulvers vertraut gemacht wurde. Das Faustrohr, wie die guten Rauhbeine ihr recht unförmiges Schießeisen nannten, konnte im Gefecht oder bei sonstigen Zusammenstößen nicht neu geladen werden, so daß der Reiter sein Pferd aus dem Gewühl herausbringen mußte, um seinen Vorderlader wieder gebrauchsfertig zu machen. Auch das war nicht ganz einfach.

Regnete es etwa, hatte er sein Kreuz mit der Lunte, herrschte Wind, war die Sache auch recht schwierig. Noch als die Dragoner in der Zeit des Dreißigjährigen Krieges ausrückten, trugen sie neben der Pistole und dem Seitengewehr eine Muskete mit diesem berüchtigten Luntenschloß. Der arme Reiter mußte zwischen den Fingern der linken Hand nicht nur die Zügel halten und bedienen, sondern hatte auch die Lunte zu halten. Man versuche das einmal; dann erst kann man erkennen, was es einstens geheißen haben mochte, den Rock des jeweiligen Fürsten zu tragen.

Damals schätzte und brauchte man Pferde, die durch die sogenannte Levade ihren Reiter mit ihrem Leib deckten und dort, wo es verlangt wurde, rasch wenden konnten. So entstanden die heute so zierlich anmutenden Pirouetten, die sich auf der Hinterhand vollziehen. Auch die kühnen Kapriolen und Courbetten waren nichts anderes als ein wuchtiges Eingreifen des Rosses ins Schlachtgetümmel: Sprünge, mit denen das Pferd dem Reiter seinen Gegner vom Leibe hielt. Heute Spiel, war es einmal bitterer Ernst, und klassische Schulreiterei der Lipizzaner ist eine Verfeinerung der verschiedenen Gang- und Sprungarten, der sich französische und spanische Reitmeister, aber auch österreichische Lehrer zuwandten und der heutigen Reitertradition lebendige Formen gaben.

Wenn Clemens Schönfeld an die Stallungen von früher dachte, das mahlende Geräusch der mächtigen Rösser, wenn sie zufrieden ihre Haferportionen verspeisten, so erwachte in ihm eine längst verklungene Zeit. War er doch einer der letzten, die das Ende der militärischen Reiterzeit noch wissend miterlebt hatten, gleichzeitig das Finale des alten Reiches, als Sohn eines Reiteroffiziers, der mit Pferden und Hunden groß geworden, vom Leben an andere Ufer gerissen und jetzt nach vielen Jahren plötzlich wieder all dem nahe gebracht worden war, was ihm in den Jahren seiner Kindheit und Geborgenheit Lebensinhalt bedeutete. Damals hielt der kleine Knirps die Pferde für überirdische und riesige Fabeltiere. Ihr Schnauben und Mahlen, das Hochreißen der Schädel, das ungeduldige Ausschlagen, wenn die Fliegenschwärme wieder allzu lästig wurden und das scheinbar unberechtigte laute Wiehern, in dem Fröhlichkeit und Sehnsucht gleichzeitig lagen, bildeten eine Welt für sich. Erst recht diese Geruchssymphonie in einem Pferdestall, beißend und scharf, ein Gemisch, das ihn sein Leben lang nicht mehr losließ.

So dürfte es jedem Menschen ergehen, wenn er diese Mischung einmal richtig eingeatmet hat. Atmet er nach Jahren zufällig wieder einmal einen solchen Geruch ein - nur eine Nasenlänge - ist die Illusion gleich wieder da: Irgendeine Garnison ersteht vor seinem geistigen Auge, meist in einem Dorfe gelegen, und die alte Zeit, die kurz darauf zu Ende ging und nie mehr wiederkehren wird.
Schon als Kind, wenn er gegen den Willen seiner Eltern in eine der Stallungen der großen Reiterkaserne geschlüpft war und sich hinter Stroh versteckte und gegen eine staubige Wand gedrückt, dem Geschehen um sich herum zusah, erging es ihm so. Der dauernd fluchende Ruthene schüttelte das Stroh durcheinander und sah mit furchterregenden schwarzen Teufelsaugen auf die Pferde in den Boxen, die er entsetzlich anbrüllte und sie anschließend doch mit einer merkwürdig sanften Handbewegung zur Seite schob. Auch der Wachtmeister brüllte dauernd herum, daß dem Jungen der kalte Schauer über den Rücken lief, trotzdem hob die braune Lisa willig den Hinterhuf und ließ

Der Hengst »Wieland«, eines der wertvollsten Haflinger-Zuchtpferde

Das Herdenleben im Gebirge hat auch für die Pferde seine eigenen Gesetze

genießerisch das Hufeisen überprüfen, das man ihr vorher in der Schmiede mit schauerlichem Gepolter, Stampfen und Schreien und einem entsetzlichen Gestank eingebrannt und angenagelt hatte.

Die Überprüfung durch den kleinen Herrgott der Stallanlage ergab keine Beanstandungen, was Jakob sichtlich befriedigte, der den Buben als eine Art Kollegen behandelte, weil er manchmal bei seinen Eltern Teppiche klopfen »durfte« und sich dadurch sozusagen als Familienmitglied betrachtete. Mit fröhlichem Pfeifen schleppte er einige Kübel Wasser herbei; das nannte man »Wasser absaufen«. Das Versteck, in dem der Bursche manchmal stundenlang schlief, eine kleine Kuhle, mit Stroh ausgefüllt und mit Brettern zugedeckt, kannten nur zwei: der Junge, der wie ein Grab schwieg, und Jakob, der auch wunderschöne Pfeifen schnitzen konnte und dem Buben ab und zu aus der Menageschüssel etwas zum Kosten gab.

Schmeckte nicht schlecht; zumal wenn man nach dem Mittagessen daheim einige Löffel aus dem Blechkanister kostet, merkt man die Grenzen nicht, die zwischen einer normalen Mahlzeit und einer »gefaßten Menage« gezogen sind.

Kinder beobachten sehr scharf. Genau so, wie er damals den kräftigen Bauernburschen Jakob im Stall genau beobachtet und sein geheimnisvolles Versteck entdeckt hatte, so entging ihm an den Pferden nichts.

»Bitte, Jakob, heb mich wieder hoch, ich möcht die Lisa streicheln!«

Da entdeckte er das Wunder der Natur, die Haut des Pferdes. Er merkte, daß es keinen Hautfleck am ganzen Körper der Pferde gab, der nicht selbständig reagieren konnte, der zuckte und sich merkwürdig bewegte, sobald man mit der Hand darüber streichelte oder wenn eine Fliege darüber gekrochen kam. Wie wohl es einem Pferde tut, wenn es gestreichelt oder gestriegelt wird, das beobachtete er im Stall, wenn die lange Reihe der Betreuer mit dem bürstenähnlichen Gebilde im Takt über das Fell strich und wie sich die Pferde mit Wohlbehagen und Genüßlichkeit dagegen stemmten. Auch das gegenseitige Reiben der Pferde mit dem Kopf am Hals und Rücken oder das wiederholte Streifen des Pferdes mit dem Kopf über den Ärmel des Betreuers zeigten dem Jungen, was dem Pferde Wohlbehagen bereitete.

Immer wieder, wenn er an seine Kindheit dachte, glaubte er Schnauben und Wiehern zu hören. Ihm war, als klänge der Hufschlag unzähliger Pferde über das unebene Kopfsteinpflaster irgend eines Ortes und ein Nachhall der Retraite schien immer noch zwischen alten Giebeln, Mauerbogen und Toreinfahrten widerzuhallen. Das Reiben von Stahl auf Leder und der Rhythmus der Hufe, die über saftige Wiesen und sanfte Hügelketten hinwegfegen, schien hörbar über der Landschaft zu liegen. Das Wiehern der Pferde und Wortfetzen, Rufe und Befehle von Menschen verwuchsen zu einer Einheit und formten sich zur Symphonie. Die heimatliche Welt, die in ungezählten Farb- und Tonunterschieden in jedem Menschen lebt, blieb auch da der Grundakkord dieses Musikspektrums.

Von seinem Vater wußte er - und fand dies von Aussagen zahlreicher Erwachsener bestätigt, alles Reiteroffiziere -, daß die Dragoner in früheren Zeiten als eine Art Hilfsreiterei auftraten, viel weniger angesehen als etwa die Kürassiere; berittene Fußtruppen waren sie sozusagen, die man auf Pferden rasch von einem Ort zum anderen transportieren konnte, so daß in diesem Falle das Pferd lediglich als Transportmittel diente. In Österreich sind sie im Jahre 1602 zum ersten Male urkundlich erwähnt, ihre große Zeit liegt im 17., 18. und 19. Jahrhundert. Bei Jaroslau - am 21. August 1914 - ritten sie die letzte Attacke der Weltgeschichte, obwohl noch nachher einiges passierte; so in Polen, als man 1939 Ulanen gegen deutsche Panzer reiten ließ, weil man ihnen eingeredet hatte, diese Panzer wären aus Pappe. Das Verschwinden des Pferdes aus unserem Leben schien unaufhaltsam. Der Mensch machte sich gar nicht mehr die Mühe, die immer größer werdenden Lücken zu füllen, seine »moderne« Einstellung sagte ihm, daß Motoren und ihre Kräfte mechanisch das vollbringen konnten, was ein Lebewesen bisher tausende Jahre lang geleistet hatte. Es hatte sogar den Anschein - und das einige Jahrzehnte lang -, die Pferde seien im Aussterben begriffen. Sie standen im Wege herum, sie benötigten zu viel Wartung und Pflege, und sie waren vor allem zu langsam. Was bedeuteten schon die lumpigen paar Kilometer, die solch ein Pferd in der Stunde zurücklegen konnte, gemessen an dem, was Motorenkräfte auf der Erde, in der Luft und im Wasser leisteten?

*

Und dann die Husaren!

Das waren Reiter, von denen immer eine Aura des Abenteuers, des Draufgängertums und eines Lebens jenseits der Legalität ausging. Wenn sie vor dem Ersten Weltkrieg in einem festlich beleuchteten Salon erschienen, mit reichen Verschnürungen auf der Uniformbrust und bewußt den feschen und unwiderstehlichen Draufgänger hervorkehrten, waren sie selbst davon überzeugt, ein Bild herber Männlichkeit zu verkörpern. Früher war tatsächlich etwas Wahres an diesem Ruf. Eng mit der ungarischen Geschichte verbunden, spielten sie zum ersten Male als paramilitärische Einheiten eine Rolle, als sie, nicht immer mit ganz legalen Mitteln, der Wiener Kaiserin halfen: gegen Bayern, Preußen, Franzosen und Italiener zu Felde zu ziehen, Schrecken der Bevölkerung, die sie mit ihrer Anwesenheit beglückten. Ihnen war es einerlei, ob im Feindesland oder daheim: Was sie brauchten, holten sie sich, ob es sich um Speise oder Trank oder ein schreiendes Wesen weiblichen Geschlechts handelte.
Die Szekler-Husaren waren eine gemischte, von Ungarn und Deutschen gebildete Truppe, die immer auftauchte, wenn es irgendwo zwischen Rhein und Donau zu brennen begonnen hatte. Sie waren gefürchtet, wohin sie kamen. So klang das Lied von den ungarischen Husaren:

»Es reiten itzt die ungrischen Husaren
Vom Ungarnland herauf bis an den Rhein.
Sie haben all so zündelrote Hosen, blutrote Hosen,
und hintenauf grasgrüne Mäntelein.«

Von Speck, Schnaps und anderen scharfen Sachen ist in dem Liede noch die Rede, vom lichten Schimmelein, vom langzopfeten Mädle und davon, daß der Husar allsogleich in den Himmel reitet, falls ihm das zustößt, was auch der beste Feldscher nicht verhindern kann.
Man brauchte sie, aber ein Aufatmen ging durch das Land, wenn sie wieder fort waren. Der Schreckensruf »Die Husaren kommen« war von gleicher Art, wie später etwa in Ostpreußen der Ruf »Die Kosaken sind da!«

Jetzt entfernen sich die Pferde vom spanischen Tritt und seinen zierlichen Aktionen und Attributen, die sie bisher zeigten, und vollführen Sprünge, die an die Zeit gemahnen, da die wilden Hadikhusaren durch die Ortschaften sprengten und Freund und Feind erzittern ließen, wobei sie zum Spaß und aus wilder Reiterlust die Pferde zu Levandeuren und Kaprioleuren werden ließen, die sich auf dem weichen Boden produzieren.

Wieder liegt eine lange Kette von Jahren dazwischen.
... Arm geworden das Land, in dem der Krieg seit Jahren unbarmherzig wütete. Die eigenen Heere waren durchgezogen. Der Gegner und Marodeure hatten geplündert. Rauch lag über den Dörfern, wo geschändete Weiber sich in den Strohschobern verbargen, wo die letzten jungen Männer in den Wäldern ein Nomadendasein führten und sich vor den Rekrutierungskommissionen verbargen, die brutal und raffiniert die wehrhaften Männer zusammenfingen. Rudelweise wurde das Vieh davongetrieben. Invaliden bettelten vor den Häusern, während unter Trommelschlag die letzten Befehle des Preußenkönigs verkündet oder affichiert wurden. Friedrich, den sie bald den Großen von Preußen nennen sollten, hatte erneut Winterlager bezogen, holte seine letzten Reserven aus der Provinz zusammen. Die Pulvermühlen wurden erbarmungslos zu letzten Kraftanstrengungen getrieben.
Invalidenkompanien und kleine Formationen unausgebildeter, in aller Welt ausgehobener, widerwillig gehorchender Soldaten stellten das Gros der Besatzung von Berlin, wo immer noch nicht die Spuren der letzten blutigen Bataillen im Stadtbild getilgt worden waren. Da geschah etwas, was damals als Sensation ersten Ranges gelten mußte und was Gegenstand für Sondermeldungen in Presse und Funk gewesen wäre, hätte man sie schon damals als Informationsquelle gekannt.
Die Husaren der Kaiserin waren aufgebrochen und hatten - einem Ansturm der Awaren gleich - einen Krieg im Rücken des Gegners begonnen, wie ihn die Geschichte der bewegten Zeiten des Siebenjährigen Krieges bisher nicht kannte. Mit gellendem Urrah!, mit Eljen! und Zivio! kamen sie angebraust. Das Vivat! verklang im Nachhall des Sturmwinds, den sie erzeugten, rücksichtslos jeden niederschlagend, der sich ihnen in den Weg stellte. Ein Wirbelwind, der strecken-

weise zum Orkan wurde, unheildrohend, todbringend und bald allgemein gefürchtet und immer neue Schrecken verbreitend.
Exekutionskommandos der Preußen kamen zu spät. Widerstand zertrampelten sie mit den Hufen und schlugen ihn mit dem Säbel zusammen und überrannten ihn nach kurzer Gegenwehr unter gellendem Signal.
Auf zum Bürgermeister ... Rasch wurde er herbeigeholt, seine Räte umstanden ihn frierend. Er wurde nicht zimperlich angefaßt und auf der Stelle zu einer übermäßigen Geldbuße gezwungen. Warum? Das wußte keiner, das war eben so üblich. Unterdessen riegelten sie die Stadt hermetisch nach allen Seiten hin ab. Keiner kam durch, keiner entkam ...
Zuhauf türmten sich erbeutete Waffen, Kriegsgerät und Provianttaschen, Vieh wurde zusammengetrieben und schnell geschlachtet. Leistete die Bevölkerung dem Willen der Besetzer nicht umgehend Folge, so verschwanden die Husaren möglichst geräuschvoll und einzeln in den umliegenden Häusern. Was das bedeutete, verstand man sofort. Wer es nicht verstand, begriff es rasch an den Entsetzensschreien, am Wutgeheul, an den Todesschreien und nach und nach am Prasseln der qualmenden und knisternden Balken und Hauswände.
Ein bewaffneter Konvoi nach dem anderen zog südwärts, von flinken Beutepferden gezogen, Wagen hinter Wagen, beschirmt von den grimmig dreinschauenden Reitern, die keinen Spaß verstanden und unter deren dunkelblauen Attilas wilde Rauflust kochte. Zwischen ihnen ihr Anführer, der tollkühne Andreas Hadik von Futo, dem seine Kroaten und Ungarn begeistert folgten, als wäre es eine Lust, so zu leben. Stets befanden sie sich an der Schwelle zwischen Töten und Getötetwerden, zwischen Überfällen, Erbeuten, dem Gegner entfliehen und jenem scheußlichen, kurzen Moment, da zwischen Todesangst, Schmerz und unbegreiflicher Selbstanklage das bißchen Leben zerfloß wie der breite Blutstrom, der langsam aus dem Hals und durch das Hemd quoll und irgendwo an einem Wegrand verrann: ein Leben im Sattel, auf losbrechenden Pferden, deren struppige Mähnen flatterten, fortwährend in wahnsinniger Eile und Hast, im Tempo, das den Tod herausforderte, der eine Weile gewähren ließ, aber auf die Dauer keinen Spaß verstand. Was übrig blieb, war ein geknurrter und verbissener Abschiedsgruß der anderen, die nachher, wenn

alles vorbei war, die Taschen durchstöberten und die noch warmen Stiefel befühlten, ob sie noch brauchbar waren.

Sogar vor den Toren Berlins machen sie nicht halt. Sie reiten ohne jegliche Rücken- oder Flankendeckung in die Stadt ein, zerschlagen die sich langsam formierende Front der Verteidiger und verbreiten Entsetzen und Furcht; fordern Kontributionen; erhalten sie; zerstören an Feindesgut, was sie nicht mitnehmen können; vollführen einen tollen Reigen von Blut und Jammer. Sie erhalten, was sie erzwingen. Scheinbar regellos und doch ganz systematisch wird in wenigen Minuten den Berlinern beigebracht, wer in diesen Augenblicken der Herr ist; mögen sie sonst noch so stark und mächtig sein, jetzt sind sie zitternde und jammernde Zwerge, die vor den dampfenden und wippenden Pferden stehen. Sie bedrohen rücksichtslos jeden, der nicht willens ist, ihnen zu gehorchen, um dann wie mittelalterliche Raubritter wieder aufzubrechen und gleich einem Gewittersturm davonzubrausen.

Doch vor dem allgemeinen Aufbruch noch eine kleine Szene. Auch sie ist nicht untergegangen. Mit dem Handrücken streicht sich Hadik über den dichten Schnurrbart und verlangt polternd noch einmal energisch nach dem Bürgermeister, der rasch zur Stelle ist, wie der Vertreter einer anderen Welt, in der es noch Ordnung und Recht gab, das hier unter den breiten Rädern der Wagenburgen niedergewalzt wurde.

Da steht er, der korrekte, ordnungsliebende Herr einer Stadt, erzogen im Stil seines Königs; steht einem gegenüber, für den er keine Maßstäbe findet. Der Anführer der Husaren, möge seine Rauflust noch so groß sein, seine Beutegier und Vernichtungswut alles überbieten, eines lebt noch in ihm: Eine unfaßbare, demütige Verehrung für seine Kaiserin in Wien; jener Frau, die so gerne nur Mutter ihrer vielen Kinder gewesen wäre und nun ein ganzes Reich lenken soll, inmitten wachsender Gefahren und Bedrohungen. Diese Verehrung ist ihm erhalten geblieben und hat sich an den Lagerfeuern und wüsten Gelagen, an den Tafeln pokulierender Krieger und inmitten der verfallenden Sitten in unwahrscheinlicher Reinheit erhalten, ein Kontrast wie Tag und Nacht; ein Wechselspiel, in dem Teufel und Engel miteinander ringen. Von dieser Verehrung lebt er, sie ist ihm Lebensinhalt und triumphiert über ein Tun, dessen Zwecklosigkeit ihm

manchmal in einsamen Stunden mit fürchterlicher Deutlichkeit offenbar wird.
Er meidet diese Stunden der Einsamkeit so gut es geht und verhöhnt sich ihretwegen, aber dieses merkwürdige Gefühl des Dienstes für eine weitentfernte Frau, einer grenzenlosen Achtung, die er für sie empfindet, überbrückt die vielfache Sinnlosigkeit eines zwecklosen Daseins und vermag das Grauen zu überdecken, das ihn schon seit Jahren umgibt und das er selbst zu befehlen gelernt hat.
Für sie - die Kaiserin in Wien - verlangt er jetzt noch etwas. Er verzögert den Abmarsch seiner Reiter, bringt sich und die Seinen in ernste Gefahr und setzt nochmals alles aufs Spiel. Der Bürgermeister soll ihm vom besten Handschuhmacher der Stadt sechs Paar Handschuhe, nicht mehr und nicht weniger, anfertigen lassen.
Jawohl! Verflucht noch einmal: sechs Paar! Aus festem, weißem Leder müssen sie sein! Doch aus dem besten und feinsten Leder zugleich, das es gibt. Hohe Handschuhe ... Damenhandschuhe natürlich!
Die Geiseln im Hintergrund, einhundertfünfzig kümmerliche Zivilisten, drängen sich wie zitternde Schafe vor einem Gewitter zusammen. Ungeduldig scharren die Hufe der Husarenpferde. Röhrende Befehle kommen vom Feld, wo die Kolonnen der Fuhrwerke zum Abmarsch bereitstehen und wo man weiß, daß jede Minute, die man verliert, in einigen Stunden fehlen kann. Für die österreichische Kaiserin soll der preußische Bürgermeister sofort die Handschuhe anfertigen lassen. Keine Widerrede und auch keine Verzögerung! Mit einer Bewegung der Handpeitsche in die Richtung der Geiseln gibt Hadik seinem Befehl nochmals Nachdruck.
Sofort umschleichen mehrere seiner Husaren den Block der Unglücklichen, befühlen die Kleider, treten ihnen absichtlich mit den klobigen Stiefeln auf die dünnen Stadtschuhe, stoßen ihnen roh bei einer scheinbar unbewußten raschen Bewegung mit Ellenbogen oder Peitsche in die Hüfte, daß sie wehklagend von ihren Nachbarn gestützt werden müssen.
Einige der wüsten Gesellen umschleichen die nächsten Häuser, als wollten sie sich jetzt schon die besten Brocken einer unmittelbar bevorstehenden Plünderung heraussuchen. Zittern liegt über dem niedrigen Buschwerk, klein und hilflos dünn erscheinen die Haustore und Türen, trotz aller Riegel, Schlösser und Pfosten.

Die Meister - nicht nur einer, wie befohlen - arbeiten um ihr Leben, um das Leben der Bürger ihrer Stadt, damit sie die ungebetenen Gäste wieder loswerden. Die Stunden verrinnen. Dann und wann hört man ein Stöhnen, einen Fluch oder ein Aufwiehern, dort wo die Reiter lagern. Ein Priester war gekommen und wollte trösten, bitten und beten. Sie haben ihn schnell wieder verjagt. Wie doch Minuten lange dauern, bevor sie sich zu Stunden bündeln. Jetzt werden auch die Pferde unruhig; niemand soll sagen, daß sie keine Nerven besäßen.

Unaufhörlich geht Hadik auf und ab, dreihundert Schritte aufwärts und wieder zurück. Kommt er an dem Haufen der Geiseln vorbei und sieht grimmig auf die Leute, kriechen sie förmlich in sich zusammen und sehen an dem fürchterlichen Gewaltmenschen, als der er ihnen erscheint, vorbei. Ihn und seine Soldaten jetzt ja nicht reizen! Da hocken sich zwei dieser Kerle nieder und beginnen in aller Gemütsruhe, ihren Rock nach Ungeziefer zu durchforschen. Knips macht mal der eine und knips der andere; das in Minuten, wo jeden Augenblick die schon verständigten eigenen Soldaten kommen müßten, die in Eilmärschen der Stadt zustreben, um dem fürchterlichen Spuk ein Ende zu bereiten. Wieder nähern sich zwei, offenbar Chargen, und deuten auf einzelne der Geiseln und unterhalten sich dabei. Niemand weiß, daß dies ein Spaß sein soll, daß sie eigentlich gar nichts sagen und meinen, sondern die Armen nur quälen wollen. Sie verstehen die fremden Wortfetzen nicht und atmen befreit auf, wenn die fremden Quälgeister weitergehen. Der aber, vor dem sie stehen bleiben, und auf dessen Kopf sie zeigen, vermeint einem Herzschlag zu erliegen, weil er denkt, ausgezählt worden zu sein zur Hinrichtung, zur Erschießung ... Dabei reden die Burschen belangloses Zeug und wollen nur Angst verbreiten. Wie leicht man doch Menschen in Todesangst versetzen kann!

Irgendwo fällt ein Haustor zu. .. In Sekunden tödlicher Stille hört man sogar die Vögel vom Wall her zwitschern ... Eine Patrouille kommt vom Tor und macht dem kroatischen Obristen eine Meldung ... Rasch wird irgendwo noch einer der großen Wagen umgepackt ... Hadik geht auf und ab und ab und auf ... Eine der Geiseln sinkt zusammen, ein armseliger Wicht, blaß und mager ... »Nicht hinlegen lassen«, brüllt der mit der kaum verkrusteten Wunde auf der Wange. »Verflucht noch einmal! Nehmt ihn und haltet ihn!« So müssen zwei, die selbst am Umfallen sind, den Dritten, dessen Arme schlenkern und dessen Kopf einmal nach vorne und dann zur Seite hängt, aufrecht halten wie eine Puppe ... Von irgendwo her hört man eine Glocke läuten. Sind das Todesglocken oder solche der Befreiung? Einige holen sich vom Sattelsack etwas zu essen und verschlingen schmatzend Riesenstücke kaum gekochten Fleisches.. Die Schatten werden länger, jetzt reicht der Schatten des Giebels schon bis zu dem rassigen Pferd des Hadik, das von einem orientalisch gekleideten Soldaten gehalten wird ... Wie lange dauert es, bis man sechs Paar Handschuhe angefertigt hat? ... Sicher sehr lange. In der Zwischenzeit können ganze Häuserzeilen niedergebrannt sein, kann man hunderte Geiseln erschießen ...

Und doch: Der Augenblick war da. Sie erlebten ihn. Männer bringen schweißgebadet die Handschuhe ... Feine, herrliche, weiche, lange und weiße Handschuhe, wie solche in diesen Jahren der Not schon lange nicht mehr zu sehen waren ... Prüfend vergleicht Hadik, mustert, und nicht die kleinste Unkorrektheit wäre ihm entgangen. Seine braunen Finger streifen behutsam über das zarte Leder, dann geht ein Lächeln des Triumphes über seine von Wind und Wetter gegerbten Züge ... Er gibt dem Fahnenjunker neben sich ein Zeichen ... Aufschmettern der Trompeten ...

Über das ungleiche Pflaster der Stadt traben und rumpeln sie davon, rollen die schweren Wagen mit der Beute. Die Reiter entkommen dem Zugriff der rasch herangeführten, aber doch verspätet eingetroffenen preußischen Einheit. Sie durchbrechen mit allen Beutewagen die Linien des Feindes und entkommen nochmals und zum letzten Male einem überlegenen Gegner.

Ein Häuflein ungarischer Husaren überbringt etwas später der Kaiserin in Wien die Handschuhe als Beute aus der Hauptstadt des Gegners: eine Geste nur, denn die Kunde vom erhofften und bitter notwendigen Sieg kann der Kaiserin keiner bringen.

Ein förmlicher Legendenkranz hat sich damals um Andreas Hadik geschlungen, der als ganz Junger dabei war, als bei Olbersdorf, einem Städtchen in der Nähe von Jägerndorf in Schlesien, im Jahre 1751 das neu aufgestellte Pester Husarenregiment der Kaiserin auf höchst merkwürdige Weise eine Einheit preußischer Husaren und Ulanen unter der Führung eines gewissen Joachim von Zieten, von dem man später noch hören sollte, angriff und zwang, das Feld zu räumen. Übertroffen wurden die Husaren nur von noch fremdländischer wirkenden Soldaten, den Panduren, hinter deren Kaisertreue sich ein ganzer Abgrund von Grausamkeit verbarg. Der war so tief, daß man es verstehen konnte, wenn die Bauern, so sie einen von ihnen fingen, kurzen Prozeß machten und ihn unbarmherzig an den nächsten Baum knüpften. Doch zurück zu den Husaren.

Von einem Pater, Gabriel Forintos, sollte noch berichtet werden, einstmals Regimentskaplan der Nádasdy-Husaren. Die kaiserlichen Reiter kamen im Mai 1743 von Passau her angerückt und schlugen die Bayern bei Simbach vernichtend, wobei ihnen mehr als hundert Gefangene in die Hände fielen. Auch besagter Regimentskaplan brachte, als er von einem Erkundungsritt heimkehrte, einen Gefangenen mit. Das aber war eine sehr peinliche Geschichte: Denn der Gefangene, der sich ergeben hatte, war ein bayerischer General und hieß Preising, und der gute Kaplan sah zwar sehr wild aus, war aber - unbewaffnet! Das, was er mit grimmiger Miene aus der linken Pistolentasche gezogen hatte, war eine Flasche mit Slibowitz, wie die Offiziere des Regiments nachher feststellten. Die immer durstigen Husaren tranken sie dann jubelnd vor den Toren von Simbach leer. Wo hätte ein frommer Feldkaplan auch eine Schußwaffe hernehmen sollen?

Bei den Nádasdy-Husaren Nr. 9 gab es auch einmal eine ganz tolle Frauengeschichte. Der richtige Name der Dame wurde mehrfach geändert und die Tatsache wiederholt bestritten. Im Jahre 1763 nahm bei diesem Regiment ein sowohl als kühner Reiter, als auch guter Offizier hochgeachteter Oberlieutenant, Plazenzi, seinen Abschied. Dabei stellte sich heraus, daß er in Wahrheit eine Frau war.

Ganz genau konnte man die Einzelheiten nie erfahren, doch wenn man Legende und Fabel sowie das übliche Geschwätz abzieht, die sich in solchen Fällen von selber zu bilden pflegen, dann kommt zu Tage, daß es sich um die enttäuschte Frau eines Zollbeamten handelte, die vor ihrem Mann geflüchtet war und Schutz bei ihrem Onkel, dem österreichischen General Breton fand, der das Amt des Festungskommandanten von Olmütz innehatte. Er soll sie mit den besten Empfehlungen an den Grafen Nádasdy weitergereicht haben, den sie so lange bestürmte, bis er sie beim Regiment ›dienen‹ ließ. Zunächst versah sie bei diesem Regiment den Posten einer Ordonanz und brachte es im Siebenjährigen Krieg, wiederholt durch Tapferkeit ausgezeichnet, bis zum Oberlieutenant. In einem Reitergefecht am Arme schwer verwundet, wurde sie - der Herr Oberlieutenant - genötigt, den Abschied zu nehmen. Damals war vieles möglich. Gnadenhalber erhielt sie von der kaiserlichen Regierung den Rang eines Rittmeisters und die dazu gehörige Pension verliehen nebst der Erlaubnis, zu ihren Frauenkleidern, die sie nun im vorgerückten Alter aus begreiflichen Gründen bevorzugte, ihre Orden zu tragen.

Immer, wenn in der Zeit vor 1914 Husaren Feste und Feiern begingen, ob in Großwardein, Hermannstadt, Arad, Lugos, in Preßburg, Gyögyös, Budapest, Mariatheresiopel, Ödenburg, Debreczin oder sonst wo in ihren Garnisonen, wo weite Ebenen die Voraussetzung für die Pflege der Reitertradition bildeten, führte man nach schneidigen Ritten und Paraden, Preisreiten und ähnlichen anstrengenden Veranstaltungen als Abschluß und Höhepunkt ein festliches Theaterspiel auf. Die mutige, von der Göttin Liebe so stiefmütterlich behandelte Frau Rittmeister stand dabei im Mittelpunkt der Handlung. Rührend, wie sich die »Damen der Offiziere« und die »Frauen der Unteroffiziere« - man beachte den bis in unsere Zeit erhalten gebliebenen feinen Unterschied! - und einige männliche Hauptakteure um das Geschehen auf einer improvisierten Bühne bemühten.

Die Husaren waren und sind zeitlebens ein Stück Ungarn in Österreich gewesen, deren Stolz sich darin gefiel, daß sie, einmal zu Hilfe gerufen, den Staat Österreich vor dem Zerfall gerettet hatten. Solange es diese ausgezeichneten Reiter auf den österreichischen Rennplätzen gab, bestand noch die Hoffnung auf den Fortbestand des gemeinsamen Reiches. Sie bestand in der Armee länger als in den Hirnen mancher Politiker. Und wenn auch viel Ungerechtes und Unschönes auf dem gemeinsamen Lebensweg nachzuweisen ist und vor allem das Jahr 1848 bis zum bitteren Ende der Monarchie in den Herzen vieler Ungarn brannte, in dieser Armee gab es mehr an Gemeinschaftsgeist, als der zeitweilige Untertitel des Staates vermuten läßt: »Die im Reichsrate verbündeten Königreiche und Länder«.

Als die ungarischen Regimenter im Herbst 1918 die gemeinsame Front in Italien frühzeitig verließen, erkannte man, diese Bindungen waren für immer verloren und das Ende unausbleiblich.

Zum wiederholten Male ertappte sich Clemens Schönfeld, daß er minutenlang nicht mehr zu seiner Nachbarin geblickt hatte. So ist der Mensch und vor allem der Mann, er glaubt, etwas Schönes entdeckt zu haben, und dann kommt etwas, was er noch schöner findet. Die Rangordnung ist wieder verändert. Er ertappte sich sogar dabei, daß er bewußt in den Augenblicken, da sich die Pferde etwas entfernt hatten, hinüber zum lichten Elfenbein der mit Stuck verzierten Wände sah, seinen Blick hob und sich darüber zu wundern begann, wie man eigentlich damals, als man dieses Bauwerk schuf, solch eine freihängende Decke schaffen konnte. »Müssen doch ganz außergewöhnlich tüchtige Leute gewesen sein!«

Jetzt aber vergißt er seinen Lobgesang auf die Baumeister vergangener Zeiten. »Alle Gänge und Touren der Hohen Schule«, heißt es jetzt. Erneut beginnen die Aktionen. Wieder wird ihm etwas bewußt: Man hat die Menschen dieser Generation mehrmals umerzogen. Schlecht war das, was es vorher gab. Er dachte noch an die Jahre nach 1918, als grundsätzlich alles, was damals beseitigt wurde, als schlecht, überholt und dekadent bezeichnet zu werden pflegte. Solch ein Rest der allerfrühesten Zeit hat sich hier bis in unsere Tage erhalten: Siehe da, nichts Verkalktes, Abgestandenes oder Überholtes ist an dem zu merken, was sich hier dem Auge bietet. Im Gegenteil, Kraft und Grazie werden zu einer Manifestation der Harmonie, die in sich selbst den Ausdruck einer Kunst gefunden hat.

Den alten Ulanen erweisen die Schimmel jetzt ihre Reverenz, wenn sie in zügigem Tempo vortraben und im Lauf, voll sichtlichen Wohlbehagens, die langen Schritte vollführen, die zu dieser Passage gehören. Die artistischen Bewegungen der Vorderbeine beweisen, daß auch in dieser Phase, die wie zur Erholung eingeschaltet ist, Bewegungsstudien möglich sind.

Dreizehn solcher Regimenter gab es, die in ihrem Aussehen die Weite des Ostens verkörperten. Sie stammten zum Großteil aus den galizischen Ebenen, aus dem Buchenland, der Bukowina und dem östlichen Ungarn. Ihre Tschapka, rot, grün, blau oder gelb, auch weiß bildete eine der vielfältigen Eigenarten in einer der besten und farbenfreudigsten Armeen, die ihre Buntheit noch aus der Zeit des Barock bewahrt hatte und pflegte, noch aus den Tagen, da der Besitzer eines

Regimentes - das Wort Inhaber und Besitzer war in diesem Zusammenhang einmal wirklich zutreffend - die Uniformfarbe bestimmen durfte. Lange Zeit durfte man in unseren Breitegraden jede Farbe nehmen, nur die grüne nicht, denn die Türken machten jeden Gegner erbarmungslos nieder, der die heilige Farbe des Propheten, die keinem Irdischen zustand, auf solche Weise mißbrauchte. So ist es geschehen, daß man nach einem Siege um die Lagerfeuer herumlag und um ein neues Erinnerungsstück der Uniform würfelte. Man erkannte sich von weitem an diesen Merkmalen und Farbunterschieden: Das war ja der eigentliche Zweck dieser Buntheit.

So ritten die Ulanen daher, neben ihnen die anderen Reiterformationen der alten Armee, deren sogenannte »Egalisierungen«, zu deutsch »Farbaufschläge«, an den Monturen als die letzten Merkmale dieses selbstbewußten Barockzeitalters verblieben waren. Unterschiede dieser farbigen Aufschläge und Farbe der Knöpfe an den Uniformen ersetzten die Regimentsnummer anderer Heere. Sie zu erkennen und richtig zu deuten, war eine Wissenschaft für sich. Jeder Zögling einer k.u.k.Militärschule lernte diese geheimnisvollen Dinge; die Herren der Kadettenschulen (Knaben etwas älterer Jahrgänge) beherrschten sie natürlich schon aus dem ff.

Ulanen von Tarnow, Grodek, Lemberg und Przemysl, Brzesany und Stanislau brachten den Ruch der geheimnisumwitterten russischen Grenze mit, wenn sie zu Übungen in eines der anderen Kronländer kamen oder in den 11er Ulanen von Theresienstadt in Böhmen (deren Regimentsinhaber - auch für ewige Zeiten - der russische Zar war) einen Besuch abstatteten. Das alles ist vergessen und untergegangen. Und doch waren die großen Regimentsfeste und Preisreiten gesellschaftliche Ereignisse, die alles, was Rang und Namen hatte und zur guten Gesellschaft gehörte, aus dem In- und Ausland zusammenführten. Welch glanzvolle Ereignisse, an denen teilzunehmen eine Ehre für jeden war! Vergessen ist eine merkwürdige Ulanengeschichte, die aus der Zeit Kaiser Josephs II. stammt.

Die russische Zarin hatte den Wiener Kaiser zu einem Staatsbesuch eingeladen, und 1787 besuchte er das Riesenreich Katharinas. Ein gewisser Potemkin machte die Führung. Man kann sich vorstellen, was dem sonst so mißtrauischen und aufmerksamen Volkskaiser alles entgangen sein mag. Auf der Krim fand eine der üblichen Revuen statt.

Dabei imponierten dem Kaiser ganz besonders die Kosaken auf ihren kleinen und wendigen Pferden. Immer wieder fesselten ihn diese, mit asiatischer Wildheit vorgeführten Glanzstücke ihrer Reitkunst. Joseph verstand es, mit dem Kosakenhetman ein vertrauliches Gespräch zu führen, indem er ihn, scheinbar unbeobachtet von den berufenen und unberufenen Aufpassern der Russen, zunächst begeisterte Anerkennung zollte, um ihm dann das Angebot zu machen, in österreichische Dienste zu treten.

Tatsächlich sickerten - wie man so schön sagt - in der Folge nach und nach etwa 300 russische Reiter über die grüne Grenze. Sie wurden zunächst in Temesvar zusammengefaßt und sollten eine eigene Reiterformation bilden. Immer mehr abenteuerliche Gestalten trafen mit ihren Rössern ein. Manche brachten ihr Sippen mit. Nach und nach setzte aus dem östlichen Niemandsland eine kleine Völkerwanderung ein, denn drüben muß man sich, weiß Gott was, von den herrlichen Zuständen bei uns erzählt haben. Das Auftauchen dieser wenig an Disziplin gewöhnten Leute schuf ernsthafte Probleme. Sie benahmen sich so, wie man sich in einem vermeintlichen Schlaraffenland benehmen würde und verübten darüber hinaus Taten, die erkennen ließen, daß sie die bei uns üblichen Gesetze von Mein und Dein nicht begreifen wollten. Überfälle und ähnliche Unerfreulichkeiten nahmen überhand.

Was blieb anderes übrig, als den Großteil wieder zurückzuschicken, was diese Naturburschen, die sich ein Leben voll Sorglosigkeit und Ungebundenheit erwartet hatten, als schnöden Undank empfunden haben mochten. Trotzdem kamen noch jahrelang einzelne aus den russischen Steppen und beriefen sich auf einen geheimnisvollen Zaren aus Wien, der sie gerufen hätte und dem sie dienen wollten.

Um die Person Josephs II. bildete sich in dieser Zeit ein Legendenkranz, der sich bis in unser Jahrhundert in den Weiten des Ostens erhalten hat und der ihn zu einer Sehnsuchtsgestalt dieser Menschen werden ließ, die an seine Person Hoffnungen geknüpft hatten, die sich nicht erfüllten und in einer Enttäuschung sondergleichen endeten. Die erwähnten ersten 300 Mann aus dem Osten, die bleiben durften, wurden in eines der bekanntesten Ulanenregimenter eingegliedert, nach und nach auf andere ungarische Einheiten aufgeteilt und so im Wege

einer wohlwollenden Assimilation an die normalen Sitten und Gebräuche in Mitteleuropa gewöhnt.
Versuchen wir auch nicht alles auf die Vergangenheit und die früheren Generationen abzuwälzen. Der letzte Krieg - so sagt jeder, und jeder Krieg war ja bekanntlich jederzeit der letzte - bietet Beispiele genug, daß sich im Grunde nichts geändert hat. So ging der Reigen von urdenklichen Zeiten bis in unsere Tage. Es gehört schon viel Optimismus dazu, anzunehmen, daß wir wirklich das allerletzte Glied in einer unendlich langen Kette sein sollen. Vergessen wir niemals, daß - wir nennen ihn eben aus Gewohnheit so - dieser letzte Krieg nach internationalen Untersuchungen das Leben von anderthalb Millionen Pferden aller Rassen und Gattungen gefordert hat. Trotz solcher und ähnlicher Verluste hat sich das Pferd erhalten. Die Natur sorgte immer wieder dafür, daß sie zu ihrem Recht kam. Mit dem Schwinden der gewappneten Männer aus der Ritterzeit nahm vor allem in den damaligen Hauptzuchtgebieten die Zahl der Pferde naturgemäß ab, denn sie wurden als Streitrösser zunächst nicht mehr so häufig gebraucht wie bisher. Sobald die Reitkünstler unter den Kriegern wieder das Kommando »Aufsitzen« übten, fand das Pferd seinen Einzug in die Heere, die der Zeit Maximilians, des letzten Ritters, folgten.
In all den Zeiten, da es schien, das Pferd wäre im Aussterben, erwies es sich als Gehilfe und Mitarbeiter des Bauern und als Zugtier unentbehrlich, so daß seine Existenzberechtigung auf diese Weise immer wieder neu betont werden konnte. Sie paßten sich jeweils den Gegebenheiten und Notwendigkeiten besser an als die meisten Tiere, mit denen der Mensch zu tun hatte. Trotz kleinster Futterrationen, unter den ungünstigsten klimatischen Bedingungen und schwerster körperlicher Beanspruchung erhielten sie sich, ihr Aussehen änderte sich oft von einer Generation zur anderen erkennbar, doch ihr allgemeiner Gesundheitszustand und ihre Arbeitslust blieben.
Ob in den Steppen des Ostens, den Knüppeldämmen der Rodungsjahre, ob als Stafettenpferde der königlichen Posten oder Zugtiere der Schwerfuhrwerke: Sie halfen unverdrossen dem Menschen, sie rackerten sich, zogen, trugen und fuhren als seine verläßlichsten Partner. Durch oft unwahrscheinlich wirkende Bedürfnislosigkeit wurden sie vor allem für den Bauernstand durch Jahrhunderte hindurch die

zuverlässigsten Gehilfen. Das Pferd hat nicht seit Anbeginn so ausgesehen wie heute. Dieses Wesen der Natur hat einen weiten Entwicklungsgang vom wilden Roß, das scheinbar ohne Gesetz und Auftrag durch die Steppen streift, bis zum heutigen Pferd zurücklegen müssen. Es hat sein Schicksal im Laufe vieler Jahrhunderte immer enger mit dem Menschen verbunden, der seine Eigenschaften entdeckte und sie eigensüchtig für sich nutzbar machte ... Wäre es nur bei diesem Egoismus geblieben, der sich auf das Nutzen der Pferdekraft beschränkte, dann brauchte sich das Menschengeschlecht nicht so viele Vorwürfe zu machen. So aber - - die Zahlen sind erschütternd, und für das alles gibt es keine Wiedergutmachung ...

Wieder schwenken die Lipizzaner ein, Schaumflocken um ihre Nüstern. Das energiegeladene Zurückwerfen der prächtigen Schädel zeigt, daß sie Freude an dem empfinden, was sie tun, daß diese Reiterspiele, die den nun andächtig und still gewordenen Zuschauern vorgeführt werden, keinesfalls bloße Dressur sind. Alles drängt in Bewegung und Haltung, in Tempo und Rhythmus einem Höhepunkt zu.

Was doch Pferde für einen Blick haben! Wie sie einen ansehen, das kann dem Menschen durch Mark und Bein gehen. Eine ganze Welt liegt in dem Blick eines Pferdes, nur nicht so erkennbar wie bei einem Menschen, der uns ansieht. Dem Pferd fehlt das Lachen und Weinen, das man dem Menschen an den Augen ablesen kann. Immer ist etwas Geheimnisumwittertes dabei, wenn der Mensch in das Blickfeld des Pferdes gerät. Seine Freude muß man erst deuten können, wenn es wiehernd den Kopf hochwirft, die schweren und doch so geschmeidigen und flinken Beine in die Höhe reißt, seine Mähne flattern läßt wie das Feldzeichen eines germanischen Stammesfürsten. Äußerungen der Freude sind leicht zu erkennen; aber die Trauer? Der Schmerz? Nicht das müde Senken des Kopfes und die immer bewegungsloser werdende Haltung drücken diese Gefühle aus, sondern etwas anderes, Geheimnisvolles, das aus den Augen kommt, ein Flimmern, zunächst oberflächlich nur und wie ein Aufzucken, das von einem Schleier überdeckt wird, der sich über die Pupillen legt, wie ein Vorhang aus Samt, hinter dem die geheimnisvollen Welten des Leids und Scheidens versinken.

Auch heute noch ist die ungarische Tiefebene ein Pferdeparadies

Bei Gefahr drängen die Pferde ihre Köpfe zur Mitte, die Hufe abwehrbereit nach außen

Schon im jüngsten Fohlenalter weisen Haltung, Kraft und Ausdruck auf die Rasse hin

Eine nicht alltägliche Vertrautheit zwischen Pony und Katze

Es gibt einen in der Reihe der deutschen Dichter, der Reiter, Offizier und echter Poet war: Detlev von Liliencron. In seinem Gedicht ›Zwei Meilen Trab‹ kommen Stimmung und Rhythmus des langsamen, aber unaufhaltsamen Trabens richtig zur Geltung:

»Es sät der Huf, der Sattel knarrt,
Der Bügel jankt, es wippt mein Bart
In immer gleichem Trabe ...
Auf stillen Wegen wiegt mich längst
Mein alter Mecklenburger Hengst
Im Trab, im Trab, im Trabe ...
Bisweilen hätschelt meine Hand
Und liebkost Hals und Mähnenwand
Dem guten Tier im Trabe ...
Und immerfort, der Fackel zu,
Dem Torfahrtlicht der ew'gen Ruh,
Im Trabe, Trabe, Trabe. -«

Der Mensch hätte schon längst seinen Massenmord an den Pferden einstellen, als fluchwürdiges Verbrechen ahnden müssen, hätte er die stille Angst erkannt, die aus dem Blick eines Pferdes sprechen kann, wenn plötzlich die ganze geballte Kraft dieses Wesens versinkt und sich in Hilflosigkeit verwandelt, die nur noch von einem leichten Empfinden überspielt wird, daß doch der Mensch - dieses für die Kreatur immer unfaßbare Wesen, das so viel vermag - auch die Kraft haben müßte, helfen zu können. Den Blick muß man verstehen, wenn dieses edle Tier vor unbekannte Situationen gestellt, dann doch gehorcht, nachgibt, obwohl es seinen sogenannten Herrn mit einem einzigen kraftvollen Schwung beseitigen könnte; wenn sein Vertrauen zum zweibeinigen Bruder stets von neuem durch Handlungen in Frage gestellt wird, die Schlimmes ahnen lassen und sein Verstand ihm klarmachen muß, daß es Höllenpforten sind, durch die es jetzt gehen soll.

Glaubt nicht, das Pferd sei nicht in der Lage, Kommendes zu fühlen und voraus zu empfinden. Fragt die alten Kavalleristen, wie sich die Unruhe auf alle Pferde der Schwadron übertragen hat, wenn sie unmittelbar vor einer ›großen Sache‹ stand. Fragt einen Bauern, der noch Pferde und nicht nur Traktoren besitzt, wie frühzeitig das Pferd herannahendes Gewitter ahnt, wie es darauf reagiert, wenn sich im Gehölz eine Schlange regt, die das Auge noch nicht wahrgenommen haben kann oder was es aufführt, wenn irgendwo im Stall ein winziges Feuer zu glimmen begonnen hat, das der Mensch noch nicht gesehen oder gerochen hat. Die Unruhe der Pferde, über die sich Wärter und Reiter so ärgern können, weil sie ihnen unerklärlich ist, bedeutet stets mehr als Nervosität, es ist kreatürliche Angst in ihrem Urzustand, erstes Warnzeichen, bevor überhaupt die Gefahr entsteht oder keimt.

Hier gleicht das Pferd gewissen Menschen mit einer geheimnisvollen Antenne, die ganz ähnlich und unerklärlich für die Mitmenschen Dinge empfinden, von denen die anderen nichts spüren und die dann eintreten - erfürchtet und vorausgeahnt. Hier berühren sich Urinstinkte, Urbegreifliches, wie es der hochgezüchtete und durch Gift und Drogen allmählich unempfindlich gewordene Mensch nicht mehr spürt; Instinkte, die im Pferd noch vorhanden sind, weil es ein Stück der Natur geblieben ist, die wir langsam in uns verdrängen.

Der Mensch, der seit den Tagen der großen Wanderbewegungen und der Seßhaftmachung mit seinem Pferd schicksalhaft verbunden ist und niemals seine grundlegenden Kulturleistungen ohne Pferd hätte vollbringen können, wurde oft zu seinem Feind. Nie hätte sich die Erschließung der Erde ohne Pferd vollziehen lassen, das erste Umbrechen der Erde, das Urbarmachen der Einöde, das Roden der Wälder und all das, was zum Ausgangspunkt unseres kulturellen Daseins zählt und was wir heute vor lauter Mechanisierung gar nicht mehr wissen. Überall stand unser vierbeiniger Weggefährte mit am Beginn. Als die ersten Briefe und Postsachen befördert wurden, trug sie das Pferd. Als die ersten Wagen befördert werden mußten, zog das Pferd die Karren, die Wagen und Kutschen. Herrschte Not, mußte Hilfe geholt werden, versagte die Kraft der Menschenbeine, waren es die harten Hufe, die viele Meilen hinter sich brachten, den Arzt, den Befreier oder Helfer zu holen. Pferde sind aus dem Leben unserer Ahnen nicht fortzudenken, was wir anerkennen sollten, auch dann, wenn uns die ganze Geschichte der Menschheit einerlei geworden ist.

Mit dem Hund kann man reden, der Hund weiß uns zu behandeln, kennt uns viel intensiver als alle anderen Tiere, denn er ist das per-

sönlichste Haustier, das es gibt. Er liegt unter unserem Tisch, oft sogar im Bett mit uns, er begleitet uns auf Schritt und Tritt und nimmt viel Gutes und Schlechtes im Laufe der Generationen von uns Menschen an. Er ist, wenn es sein muß, unterwürfig, weil er weiß, daß wir die stärkeren sind und etwas wie Diplomatie auch im Tierreich bekannt ist. Zum Pferd aber *muß* man sprechen - das ist der Unterschied. Die Zwiesprache ist die Voraussetzung des Verstehens mit ihm. Während der Hund bei solch einer Zwiesprache aktiv mittut, wedelt, vor Freude jault, sich auf den Rücken legt und zum Zeichen seines Vertrauens seinen empfindlichsten und stets gefährdetesten Körperteil, nämlich den Bauch hinreckt, bleibt das Pferd scheinbar zurückhaltend und kühl. Wo solche Grenzen liegen, muß man ebenso beachten, wie alles, was zur Abrichtung gehört, die man überspitzt Dressur nennt. In Bergwerken, Steinbrüchen und Mühlen drehten Pferde stundenlang ein Rad, brachten primitive Mechanismen durch unausgesetztes Hin- und Herziehen in Bewegung. Hinter sich eine Lore mit Gesteinsbrocken oder Kohlenstücken, jahraus, jahrein im finsteren und feuchten Erdinneren bis zur Erblindung zu ziehen, war das Los anderer, weil es noch im kranken Zustand und Alter mehr Kraft hergab, als man bei Sklaven oder Sträflingen erwarten konnte. - Doch das war nicht das Schlimmste.
Der Mensch ist mit dem Pferd oft verantwortungslos umgegangen; er hat es zum Werkzeug des Tötens gemacht, zum Glied einer Todesmaschine, die selbst sterben mußte. Sterben? Wird das Pferd nach so viel tausend Jahren sterben? Seine Blütezeit war gleichzeitig die Zeit seines Massentodes. Unmerklich zerstörte der Mensch die Substanz trotz ihrer großen Fruchtbarkeit, er hat jahrhundertelang daran gearbeitet, bis sie zu verkümmern begann. Aber nicht damit hat man das Pferd, wie es den Anschein hat, endgültig bezwungen. Nein, der moderne Menschen brauchte es nicht mehr. Es war einfach überflüssig und, wie es uns schien, zwecklos geworden. Der Fortschritt, auf den der Mensch so stolz ist, der mit dem Zeitalter der Präzisionsmaschinen, der Hochhäuser und der Atomenergie begonnen hatte, benötigte das Pferd nicht mehr und undankbar, wie wir nun einmal sind, haben wir von diesem Augenblick an dem Pferd keine Lebens- und Betätigungsmöglichkeiten mehr gegeben. Soll das so bleiben?
Wer zeichnete jemals die vierbeinigen Gefährten der Reiter aus, die

den Menschen zum Siege führten? Niemand. Keiner denkt heute mehr an die furchtbaren Todesschreie eines Pferdes, wenn es, vom Stahl getroffen, mit aufgerissenem Körper und wie von Furien gepeinigt, davonjagt, um sich dann im Kreise zu drehen und zusammenzubrechen. Zehnmal vorwurfsvoller der Aufschrei eines zu Tode getroffenen Pferdes als die Schmerzensschreie der Menschen, die alleinschuldig am Tode ihres Freundes, des Pferdes sind, eines Freundes, der ihnen, trotz allem, was geschah, immer wieder vertraut hat, bis zum Ende.

*

»TIROLER LAND, DU BIST SO SCHÖN ...«

Doch wer redet jetzt vom Schluß, vom Tode?

In diesem Augenblick, wenn diese herrlichen Schimmel gerade dabei sind, Bewegungsstudien zu zeigen, die diagonalen Beinpaare vom Boden abstoßen und einem die Erdenschwere vergessen lassen, bestimmt kein Mensch. Man glaubt, daß die gewaltigen Pferdeleiber in der Luft schweben könnten. Fast überkommt den Beschauer der Eindruck, einem großartigen Ballett zuzusehen, das mit tänzerischer Grazie und großartiger Körperbeherrschung das Schwerste leicht werden läßt.

Schon immer stand für Schönfeld fest, daß er die Heimat jener Pferderassen kennenlernen wollte, die aus Südtirol stammen: Die Haflinger.
Um es gleich vorwegzunehmen: Das Unternehmen endete als Enttäuschung. Während des letzten Krieges hatte er Gelegenheit, aus nächster Nähe das Aufblühen der Haflingerzucht zu beobachten, das von der deutschen Wehrmacht ermöglicht wurde. Die Wehrmacht hatte weitgehende Möglichkeiten geschaffen, als Abnehmerin für sogenannte fertige Pferde aufzutreten, zeigte sich aber auch bereit, zur Sicherung des Ersatzes alle verkäuflichen Fohlen abzunehmen und sie unter sehr günstigen Bedingungen in zahlreichen neugegründeten Fohlenhöfen aufzuziehen. Nicht nur das: Dreijährige Stuten wurden wieder an die Züchter abgegeben und den Zuchtvereinigungen - wie dies heißt - »körwürdige Hengste« zu günstigen Preisen überlassen.
In solch einem Fohlenhof hatte Schönfeld die Haflinger kennengelernt, die Lausbuben unter den Pferden, diese munteren Hopser und Kletterer, mit den besten Eigenarten eines Tragtieres und Bergsteigers. Sie stammen aus dem Haflingerboden, einem Hochplateau über Meran, wo sich die Dörfer Jenesien, Möten, Vöran, Flaas, Glaning und - Hafling befinden. Heute ist dieses Plateau bequem mit einer Seilbahn zu erreichen; auch Lasten kommen auf diese Weise hoch. Damals mußte man steigen, mühsam und beschwerlich, bis man eine

Höhe von fast 1300 Metern erreicht hatte. Lange schon lag das Katharinenkirchlein mit seinem spitzen Turm, diesem einzigartigen Wegweiser, zum Greifen nahe vor ihm, bis er nach einer weiteren durchschwitzten Stunde die Scharte erreichte.

Nach dem Süden und Südwesten fiel die Hochebene zur Etsch und Talfer ab, im Norden stieg drohend der Iffinger auf; der Kesselberg ließ die Sartaler Alpen ahnen. Es waren beschwerliche Stunden. Das einmalig schöne Talpanorama bot sich dem überwältigten Auge, der historische Talkessel mit der Stadt Meran im Mittelpunkt, das Dorf Tirol mit seiner berühmten Burg von unsagbarer Schönheit, die einen nicht losließ; dazu ein Klima, in dem sich Süden und Norden zu vereinen schienen, die hier - an der Nahtstelle ihrer Welten - zeigen wollen, was sie vermögen, weich und doch, wenn es sein muß, von rauhem Sturm erfüllt, dabei warm und mild in einer Weise, wie sie so bergnah sonst kaum irgendwo anzutreffen ist.

Über die Höhen zogen sich die Weinberge, Felder und Gärten voll seliger Fruchtbarkeit mit ihren Winzerhäusern hin, weiße Flecken in einer Landschaft mit allen Schattierungen der Farbenskala. Eine üppige Blumenwelt tat sich auf, mit Zypressen, Oleander und Palmen, ein unendlicher Teppich über hügelige Streifen in tiefstem und sattem Grün, dazwischen das Dottergelb und Tiefrot von Blumensprengeln, ineinandergewoben zu einem großen Werk eines geheimnisvollen Meisters.

Da prunkten die Obstgärten und Felder, die zarten Rebstöcke in langen Reihen, und über allem der weite und satte Himmel, von einem seltsamen Blau, in das Silber und Rotlicht flossen; etwas Lila flimmerte darein, und das leuchtende Gold der Sonne setzte seine Schlaglichter von oben her auf alle Ecken und Kanten, die wie Goldbrokat eines Barockaltars aufleuchteten. Zum Greifen nahe die Gesteinfelsen, in denen sich das Weiß des Winters noch lange verborgen hielt, wenn unten schon der Hochsommer sein Spiel begonnen hatte. Die Bauernhöfe, jeder eine Burg für sich, lagen abgeschlossen und fast drohend da, ihren Anspruch auf Alleinsein und Abwehr betonend. Von Regen und Sturm gebildete Rinnsale und ausgebuchtete Höhenwege bildeten keine Verbindung vom Menschen zum Menschen, denn sie wollten gar nicht zueinander, weil sie wußten, daß in dieser majestätischen Bergwelt nur der bestehen kann, der sich allein, breitspurig und ver-

wurzelt erhob, oder, um zu überstehen, sich in die Erde krallen und in den kantigen Boden verkriechen müsse.
Eine solche Welt prägt ihre Bewohner, macht sie nicht zu Herdenmenschen, sondern zu Individualisten, die standfest sind, was in diesem Boden hoch oben, der das Wurzelschlagen schwer zuläßt, nur den Härtesten gelingt.
Hier waren sie daheim, die Haflinger, in diesem Südtiroler Zuchtgebiet konnten sich diese harten, wettersicheren Steiger und Träger entwickeln. In einsamen Weilern und Einöden, die man nur auf schmalen Pfaden erreichen konnte, waren sie die einzigen Beförderungsmittel zwischen den Menschen und zwischen Berg und Tal. Als Arbeitspferde dienten sie, wenn es galt, die karge und harte Scholle zu bestellen, und als Reitpferde bedeuteten sie für die Menschen dieser Berglandschaft Hilfe, Stütze und Gefährten, nicht nur als Tragtiere. Man kann nicht bestreiten, daß es hoch oben, in mehr als zweitausend Metern Höhe, rauh zugeht. Was in diesem Klima gedeiht und groß wird, hat einen gesunden Kern.
Das sogenannte Saltener Kleinpferd, wie man es früher nannte, soll in seinem Ursprung auf Burgunder Pferde zurückgehen, die zur Zeit, als Markgraf Ludwig von Brandenburg sich mit Margarethe Maultasch vermählte, immerhin im 15. Jahrhundert, hier angesiedelt wurden. Manche behaupteten, daß früher norische Pferde hier gezüchtet wurden, andere wieder sprechen von orientalischen Beutepferden, die eine Rolle gespielt hätten. Wie es auch gewesen sein mag, über Jahrhunderte hinweg ist das Ergebnis dieser Zucht der kleine Bergsteiger mit seinem immer freundlichen Wesen und einer erstaunlichen Kraftreserve. Sind alle anderen schon müde, abgekämpft und erschöpft und dem Zusammenbruch nahe, steigt er weiter, leichtfüßig wie ein Seiltänzer, über die größten Steinbrocken hinweg und zwängt sich durch die schmalsten Durchstiche. In der rauhen Hochalm fühlt er sich zu Hause. Neben seiner Arbeitswilligkeit und Gesundheit ist er außergewöhnlich fruchtbar, Geburten auf der Hochweide irgendwo weit draußen, mitten im Unwetter, sind keine Seltenheit.
Wenn die Tiere auf der Hochalm, scheinbar ohne von der Umwelt die geringste Notiz zu nehmen, jeden Meter Boden absuchen und beschnuppern, das kleinste Blättchen oder Gräslein finden und rupfen, passiert es plötzlich, daß wie auf Kommando die ganze Gruppe los-

springt, wie toll gewordene Böcke, die Hufe drohend in die Luft, die Mähne flatternd, die gedrungenen Körper durchbiegend und voll Lebenslust aufwiehernd. Mit ihren Mähnen, die oft über die Augen fallen, sehen sie wie Lausbuben im Garten Gottes aus und benehmen sich entsprechend, so daß man glauben könnte, der Übermut hätte in dieser Bergruhe ein Zeichen setzen wollen. Freuen sie sich vielleicht darüber, daß der Rückgang der Wirtschaftspferdezucht ihre Rasse fast unberührt gelassen hat, man sie weiter braucht und schätzt, heute, wie eh und je, weil man in diesen Höhen und Breiten auf ein solches Allzweckpferd einfach nicht verzichten kann? Keiner hat etwas dagegen, wenn man von den possierlichen Spaßmachern spricht, die sich selbst darüber lustig zu machen scheinen, wenn man sie mit schwerem Zeug aller Art vollpackt und auf die Höhen hinauftreibt, wo sie von alt und jung auf einsamer Höhe freudig in Empfang genommen und begrüßt werden.

Clemens Schönfeld stand eines schönen Tages in Hafling und suchte. Er sah in einen Hof hinein, ließ die Augen über alle Wiesen und Almen schweifen. Über die Weiden und Hochflächen guckte er ebenso wie in eine Wirtschaft. Er sprach mit Bauern, alten und jungen. In Hafling schien es manches zu geben, nur kein Zuchtgestüt der Tiere, die dem Ort den Namen gegeben haben. Da und dort war zwar einer anzutreffen, kam einer angestrampelt, wurde einer angeschirrt. Das ist in diesen Bergen nichts Außergewöhnliches. Das allerdings, was er zu finden erwartet hatte, war weit und breit nicht anzutreffen.

Wie er sich auch bemühte, den Grund zu erfahren, alle Versuche schlugen fehl. Fast schien das zu stimmen, was ein frecher Feriengast mit nördlichem Akzent orakelt hatte: »Sie heißen Haflinger, weil es in Hafling keene jiebt!«

In einer Weinschänke, wie sie hier anzutreffen sind, einfach und behaglich zugleich, der Weinkrug auf dem Tisch, einige Bauernburschen und ältere Männer ohne allzu großes Unterhaltungsbedürfnis im Hintergrund, traf er einen alten Freund, von dem er eine Menge Wissenswertes über Land und Leute und Pferde erfuhr. Macht einer den Anfang, hören die Schweigsamen zunächst zu. Sie tun so, als ginge sie das gar nichts an und alles, was geredet wird, wäre ihnen völlig einerlei. Allmählich rücken sie unmerklich näher und schieben den Hut um eine Handbreit höher aus der Stirn und zuzzeln etwas lebhafter an der Pfeife. Nach einer Weile nicken sie bisweilen mit dem Kopf oder machen auch eine ärgerliche Bewegung der Verneinung, je nachdem. Ja, und nach mehreren Schlucken aus dem Glas, einem Nachstopfen der Pfeife ein tiefes Atemholen, und die Hände liegen breit auf dem Tisch.

Dies ist das Zeichen: Sie sind bereit, sich am Gespräch zu beteiligen. Natürlich kommt es darauf an, wie sich die anderen verhalten; die Hände können ja rasch wieder unten sein. Also ... Dazu gehört natürlich viel Zeit, Zeit, die der heutige Mensch so selten hat und sich noch seltener nimmt. Man darf in diesem Kreise nicht so tun, als fühle man sich ihm und der Umgebung überlegen. Man rümpfe nicht die Nase, wenn es vom Gang her, wo die gewissen Örtlichkeiten sind, noch so riecht, der Hund einem immer wieder an den Schuhbändern zerrt. Man säubere auch nicht das Glas noch einmal, bevor man den Wein eingegossen erhält. Alles wird beobachtet und gilt als Wertmesser. Man ziere sich nicht beim Trinken. Wer stundenlang hinter einem halbleer getrunkenen Glas hockt, dessen Inhalt schon warm geworden ist und bei bestem Willen nicht schmecken kann, der wird auch nicht das Vertrauen dieser Menschen gewinnen. Fängt einer schon nach dem dritten Glas an herumzufuchteln, um sich mit lauter Stimme in dem zu wiederholen, was er vorher sagte, der wird nichts erreichen.

Dann kann es sogar geschehen, daß sie sich einzeln, ohne viele Worte, verlieren und ihren heimatlichen Stuben zustreben. Vermag man aber mit diesen Menschen umzugehen, nicht mit Hochmut und Belehrung, nicht mit nachgeäffter und falscher Mundart des Dorfes, sondern gibt sich so, wie man ist, und hat solch ein Prachtexemplar neben sich sitzen wie Schönfeld damals, beginnt leicht ein zünftiger Diskurs.

Land an der Etsch. Schicksal der Teilung. Opfer uralter Volkstumsgrenzen und der Machtpolitik der Großen. Bis 1918 gehörte es zu Österreich; dann wurde es geteilt. Von Salurn bis zur Franzensfeste trennte man es von Tirol; es fiel an Italien. Menschenschicksal. Auf den einzelnen nimmt es keine Rücksicht, und macht ihn zum Spielball fremder Interessen. Will er sich auflehnen, beruft er sich auf Natur- oder Völkerrecht oder spricht von Selbstbestimmung, verwandelt sich das schönste Stück Land in eine Welt des Hasses, wird zum Kriegsschauplatz der Politik, die sich anderer Mittel bedient als die Soldaten, die aus den Kasernen angerückt kommen, wenn es schon gar

nicht mehr anders geht. Sie haben hier vieles erduldet, diese Menschen, bis hinunter zur Klause von Salurn.
Hoffen wir, daß die Zukunft besser wird. Das kam in plumpen und unbeholfenen Worten aus dem Munde des Alten in der Ecke, der gleichermaßen als Entschuldigung davon erzählte, daß er einmal - »S ischt scho lang her« - bei den berittenen Kaiserschützen in Bozen gedient habe. Hoffen wir ...
Aber auch die Pferde hatten durch die Entwicklung zu leiden. Das erzählten die einfachen Bauern in der Schenke, als schon die ersten Schatten über die Zinnen des Rosengartens fielen.
Als nach dem ersten Krieg Tirol geteilt wurde, fiel Südtirol mit seinen Haflingerzuchtgebieten an Italien. Die dem Staat gehörenden Hengste aber waren wie stets in dieser Zeit im Staatsdepot Stadl, also in Österreich, während die Stuten jenseits der Grenze in Südtirol, also in Italien, verblieben, auf einmal im feindlichen Ausland; zwischen den Stuten und den Hengsten der Haflinger verlief plötzlich eine Grenze, eine sehr strenge sogar; an der Menschen verbluteten und die hermetisch abgeriegelt war. So geschehen 1918. Etwa 1920, als wieder einigermaßen normale Zustände eintraten und die Stuten wieder zu den Hengsten und umgekehrt die Hengste zu den Stuten durften, begann auch da ein normales Leben.
So weit also geht der Mensch: Er verliert Länder und gewinnt Provinzen und denkt dabei immer nur an sich. Wer dachte damals an die armen Hengste, die nur voll Sehnsucht über die Grenze nach dem Süden sehen durften, während die armen Stuten immer unruhiger durcheinandertrabten, weil ihnen irgend etwas fehlte, was zu ihrem Leben ebenso gehörte wie die saftigen Wiesen mit den bunten Blumenköpfen.
Es wurde noch ein recht interessanter und munterer Abend. Ein jeder muß zugeben, daß dieses Thema einige Vergleichsmöglichkeiten mit dem Menschen und sehr viele Variationsmöglichkeiten zuläßt.

*

ÜBER WEITE STRECKEN DER ZEIT

Von »bebenden Trommeln, stammelnden Hörnern und der brausenden Reiterei«, die sich sammelt, schreibt Rainer Maria Rilke in seiner »Weise von Liebe und Tod des Cornets Christoph«, der mit seiner Fahne beim Sammeln nicht mehr dabei ist. Doch vorher heißt es:

»Reiten, reiten, reiten
durch den Tag,
durch die Nacht,
durch den Tag.
Reiten, reiten, reiten.
Und der Mut ist so müde geworden
und die Sehnsucht groß«.

Hoch reckt sich eine breite Gestalt in den Steigbügeln. Ihre Augen gehen über die langen Reihen der Armada, die vor dem Angriff Aufstellung genommen hat, um eine Entscheidung so oder so zu erzwingen. Man schreibt wieder einmal ein Schicksalsjahr. 1664. Die Türken sind erneut eingebrochen, die letzten Reste der abendländischen Streitmacht haben sich zur Abwehr zusammengefunden. Auseinandergerissen die Streitkräfte des Heiligen Reiches, uneinig dessen Diplomaten und zutiefst erschöpft die Völker, die sich in endlosen Kriegen ausgeblutet und armgeopfert hatten: diese kleinen Leute in ihren Katen und Einöden, in den Bürgersiedlungen, deren Mauern immer öfter überrannt und erobert worden waren; Menschen, die sich nach nichts anderem sehnten als nach Ruhe und dem so bescheidenen Glück eines warmen Geborgenseins. Das war immer so und wird immer so bleiben.

Doch diese waffenklirrenden Männer und vor allem die, die ihnen befehlen, denken anders. Die Türken greifen erneut an, siegen und stoßen weiter vor, tiefe Einbruchschneisen zeigen den Weg ihrer Kriegszüge an, lassen erkennen, was dem ganzen Lande droht. Blut, Mord, Schändung, Feuer, Seuchen und Leid, für das die verzweifelten

Menschen keine Tränen mehr zum Weinen haben, weil das größte Leid keine Tränen kennt.

Da stehen die Schwadronen, in langen Reihen und großen Blöcken ausgerichtet, Pferd und Reiter. Dumpfe Töne der Kesselpauken dröhnen und vermengen sich mit den hellen Klängen der Fanfaren. Trotz harter Griffe der Reiterfäuste in die Zügel schlagen die unruhigen Pferde nach hinten, treten und wollen in die Höhe, wenn sie schon nicht nach vorne dürfen. Manches Pferd ist, trotz des Stehens, schweißgebadet und vor innerer Erregung und verhaltener Leidenschaft in ständiger Bewegung. Seine Vorderhufe scharren abwechselnd in der Erde. Schnaubende Nüstern ziehen die heiße Luft ein, die den Lungen keine Kühlung zu bringen vermag.

Wiehern und Schnauben, Stampfen und unbestimmbare Geräusche, die vom Waffenklirren stammen, vermischen sich zu einer Melodie: aufgestaute Energien und mühsam unterdrücktes Temperament verratend. In all dem Treiben, gefahrvoll und unheildrohend - es ist wirklich so, wenn auch von wenigen nur vernommen - der Lockruf der großen, braunen Stute und das antwortende Wiehern eines Hengstes von gewaltigem Umfang. Im Hintergrund findet ein ungewollter, aber harter Zweikampf zwischen einem hühnenhaften Reiter - derbknochiger Bauernbursche mit gebräuntem Bubengesicht - und einem aufsteigenden Hengst statt, dessen Mähne wild flattert und vor dessen Nüstern die Schaumflocken wirbeln.

Da reckt sich der spätere Reichsgraf und Fürst noch einmal, stößt den Säbel wieder in die Scheide und befiehlt das Kommando »Zum Gebet!« Aus dieser Stunde kommt von St. Gotthard wohl das merkwürdigste Reitergebet, das in die Geschichte eingegangen ist und das in seiner Art ganz dem Wesen dieser Menschen entspricht, die ganze Kerle sind, hart und imponierend, möge man auch noch so viel gegen sie vorbringen.

»Herrgott«, so ruft er mit schallender Stimme, das »R« rollend über die weite, ausgedörrte Hochfläche, »ich komme nicht oft zu Dir, aber heute bitte ich Dich um etwas: Wenn Du uns schon nicht helfen willst, dann hilf auch nicht ... diesen Türkenhunden!« Und auf ging die blutige Jagd, brausten die Reiter gegen den Feind. Der über den Wolken aber half nach seinem Ratschluß zur Zufriedenheit des Grafen Mon-

tecuccoli und seiner 8er Dragoner, die seit 1619 zur Elite der kaiserlichen Reiterei zählten.
Die Szene hat sich zwar geändert, doch es ist noch lange nicht alles in Ordnung »beim feigen Menschgeschlechte«; »Falschheit und Hinterlist« sind immer noch ein Stück Schicksal, dem es keck zu begegnen gilt, wie uns Friedrich von Schiller in seinem Reiterliede lehrt. Text und Melodie reißen auch unter längst veränderten Vorzeichen mit und treiben vorwärts, dieses »Frisch auf, Kameraden, aufs Pferd, aufs Pferd, ins Feld, in die Freiheit gezogen« mit seiner zeitlosen Feststellung:

»Aus der Welt die Freiheit verschwunden ist,
Man sieht nur Herren und Knechte,
Die Falschheit herrschet, die Hinterlist
Bei dem feigen Menschengeschlechte!«

Und immer wird auch in der Zukunft bei gesunden Völkern etwas davon lebendig sein, was damals von der Jugend galt: »Die Jugend brauset, das Leben schäumt, frisch auf, eh der Geist noch verdüftet«. Keiner von uns wird so einfältig sein zu glauben, daß das etwas mit Politik oder Parolen parteipolitischer Art zu tun hat.
1619. Der Krieg, den sie dann später den Dreißigjährigen nannten, hatte kaum begonnen, hatte erst eine Vorahnung dessen geboten, was über die Menschen kommen sollte, da waren die Protestanten, damals unsere Gegner, bis Wien gedrungen und wollten vom Kaiser eine Unterschrift unter eine Erklärung erzwingen, die dem ganzen Kriege eine andere Wendung gegeben hätte.
Trubel und Aufregung in der kaiserlichen Burg. »Unterschreibe, Ferdinand!« tobten die Herren der Gegenpartei im Vollbesitz ihrer Macht und Stärke. Stühle fielen um, das kaiserliche Gesinde versuchte, so gut es ging, aus den Augen dieser bösen Leute zu kommen, die jetzt offenbar die Mächtigeren waren. Einer lehnte seinen Spieß gegen einen Schrank und schlich die Treppe hinunter. Das Volk, wie stets in solchen Fällen, ballte sich zusammen und wollte ein Stück der Sensation erhaschen. Jubelnd fielen sich die Angehörigen der neuen Konfession, über die man sich so viel Unschönes erzählte, in die Arme. Man ließ sie gewähren, denn: Man kann nie wissen. Oben vor dem breiten Tisch am Fenster ging der Ansturm weiter.

Sie taten ihm nichts, noch nicht. Noch war er für sie des Heiligen Reiches höchste Repräsentanz. Er verkörperte zwar das Bestehende, das es nach dem neuen Gesetz zu tilgen galt; aber ihn umgab eine Aura, durch die man nicht ohne weiteres hindurch konnte. Sie kamen näher und näher; fast schien es, als ob sie ihn schon bedrängten, den Kaiser. »Was is, Nandel, unterschreib' scho«, klang es gedämpft aus dem Hintergrund, aus dem Munde eines der niederösterreichischen Herren, der sich da schon wie zu Hause fühlte. Sekunden können über das Leben von Reichen und Staaten entscheiden. Fieberhafte Stimmung, Aufregung, Gepolter, Schreien und Stoßen trieben in dieser Sekunde an.

Er, der jetzt allein dastand, reckte sich hoch, es gab nicht mehr viel zu denken, die Sekunden verrannen. Er streckte die Hand wie zum Zeichen der Ablehnung nochmals von sich. Sein hochmütiger Blick ging über die Gestalten vor sich, die immer näher rückten und zusehends die Schranken der Unterwerfung vergaßen, die man ihm, dem Kaiser und König, schuldig war. »Auch du bist dabei, Graf Loisach, und gerade auf dich hoffte ich vertrauen zu können.« Solche Gedanken waren jetzt in Bruchstücken von Augenblicken zusammengedrängt, denn es ging eben um Sekunden ...

Jeder Sturm erreicht seinen Höhepunkt; ist dieser da, so ist das Schlimmste überstanden, oder es brechen die Dämme vom Nachhall der Gewalt, die noch wirksam ist. Der Augenblick, in dem sich alles entscheiden mußte, war eigentlich da. Wo stand der gedungene Mörder? Wo wurde eine Partisane gezückt? In welcher Hand lag der Dolch?

Die grollenden und beschwörenden Rufe, das Durcheinander verloren sich plötzlich, hart neben dem Tisch stand einer der protestantischen Herren und sah über den allgemeinen Trubel hinweg zum breiten Fenster hinunter in den Hof der Burg. Da fuhr er sich wie im Traum über die Augen und taumelte zurück. Mit dem Arm deutete er voll Entsetzen hinunter. Andere sahen hinaus, fuhren zurück, sie schienen ihren Augen nicht zu trauen. Schreie blieben im Hals stekken. Wo vor Augenblicken noch Triumph herrschte, trat mit einem einzigen Schlag Jammer und bodenlose Enttäuschung an seine Stelle. Unwillkürlich sanken sie in sich zusammen, die Herren, die noch vor Sekunden meinten, das Rad des Schicksals drehen zu können; sie wurden klein und ärmlich. Aus aufrechten Männern wurden Gebeugte und von Enttäuschung Gebrochene.

Was war geschehen? Gerade in dem Augenblick, als das »Ferdinandule, non subscribes?« am lautesten durch den Raum drang, ritt unter Trompetenschall und in »völligem Sporenstreich und mit aufgezogenen Röhren«, wie es in einem zeitgenössischem Bericht heißt, ein Zug der Dampierre-Kürassiere, die man weiß Gott wo, nur nicht hier vermutet hatte, in die Hofburg ein und machte durch ihr bloßes Erscheinen der ganzen Szene ein Ende. Die Herren, die versucht hatten, die Macht an sich zu reißen, konnten nicht ahnen, daß besagter Graf Dampierre, um die Pferde zu schonen, Roß und Reiter auf Schiffe verladen hatte und sie so die Donau hinunter fahren ließ. Dadurch ersparten sie sich nicht nur kostbare Stunden, sondern kamen, völlig ausgeruht, unweit der Stadt Wien ans Ufer und hätten unter Umständen noch mit ganz anderen Gegnern fertig werden können als mit jenen Herren, die sehr schnell kleinlaut geworden waren, als sie von den Fenstern in die »Röhren« blicken mußten.

So kämpften die Reiter - diesmal unblutig - den Kaiser frei; dessen Position war von nun an und für Lebzeiten gefestigt. Von dieser Stunde an durfte das Regiment (die späteren scharlachroten Pardubitzer Dragoner) seine Werbetische in der kaiserlichen Hofburg aufstellen und unter Trompetenschall - wie damals - und, wie es in der Urkunde hieß, mit »fliegenden Estandarten« durch die Hofburg marschieren, während ihr Kommandant jederzeit das Recht hatte, unangemeldet vor dem Kaiser zu erscheinen.

Noch etwas stand in der Urkunde, die diesem Regiment als Dank und Richtlinie - für alle Zukunft und immerwährende Zeiten - übergeben wurde als Ausdruck kaiserlicher Huld. In diesem Dragonerregiment durfte keiner, ob Offizier, Unteroffizier oder »gemeiner Mann« jemals, »welch Übeltat er auch begangen haben sollte«, zum Tode verurteilt werden. Das war ein strenges Gebot; es betraf jeden, den Mörder ebenso wie den Deserteur. Man hat sich tatsächlich bis 1918 eisern an diesen kaiserlichen Auftrag gehalten und daran erinnert, daß in diesem Regiment niemand zum Tode verurteilt werden durfte. Was tat man? Man versetzte solch einen Übeltäter einfach zu einem anderen Regiment. Dort durfte man ...

Längst denkt kein Mensch mehr, der durch die weiten Höfe der Burg

in Wien geht, an diese Vorkommnisse und Privilegien, die einmal mehr waren als eine Befriedigung menschlicher Eitelkeit.
Hier in der ›Burg‹, wie die alte Residenz der Kaiser und Könige bezeichnenderweise bis heute heißt, werden dem Fremden Attraktionen gezeigt und Einzelheiten nahegebracht, die eben Fremde von heute interessant finden. Auf dem der Burg vorgelagerten Heldenplatz, dessen Ausgestaltung und Anlage noch etwas von der alten Reichsidee ahnen lassen, stehen zwei Standbilder. Bei jedem ist es das Pferd, das den Besucher am meisten interessiert. Vom Prinzen Eugen hat man zwar mancherlei gehört, auch davon, daß er seinem Kaiser die Stadt und Festung Belgerad bringen wollte und zu diesem Zwecke eine Brücke schlagen ließ; sonst aber läßt einen das Schicksal dieses Mannes heute kühl. Vom zweiten, einem Erzherzog, der angeblich Napoleon geschlagen hat, liest man schon weniger in den Geschichts- und Lesebüchern; seine Fahne hält er ja imponierend in der Hand ... aber sein Pferd und das des Prinzen, an denen kann man sich nicht sattsehen! Man behält zwar den Namen des Bildhauers nicht, aber an diese prachtvoll hochgehenden barocken Rösser muß man denken, wenn man schon lange vergessen hat, wo sie eigentlich stehen.
Wir dürfen uns über derlei nicht wundern, man muß alles als Ausdruck seiner Zeit betrachten. Lange vor dem erwähnten Ferdinand und all dem, was sich damals hier abspielte, da hieß es über diese, heute täglich von Tausenden besuchte Burg in einer Urkunde Leopold des Glorreichen aus dem Jahre 1221: »Wer innerhalb der Mauern ein langes Messer, das Stechmesser heißt, am Gürtel hängen hat, soll dem Richter ein Talent und dieses Messer geben. Wer es aber im Stiefel oder anderswo an sich verborgen und heimlich trägt, der soll dem Richter zehn Talente geben oder die Hand verlieren. Ebenso befehlen wir, daß kein Auswärtiger die Stadt mit gespanntem Bogen betrete, sondern er soll die Sehne des Bogens ablassen, und hat er etwas in der Stadt zu tun, so soll er den Bogen in der Herberge zurücklassen und nach Erledigung seiner Geschäfte aus der Stadt ebenfalls mit ungespanntem Bogen gehen. Auch keinem Bürger soll es erlaubt sein, die Stadt mit gespanntem Bogen zu verlassen oder zu betreten ...«

Weil die Schimmel gerade jetzt in der Arena der Reitschule zu einer neuen Bewegung ansetzten und die begierig Staunenden auf der Ga-

lerie nach einer kurzen Unterbrechung wieder unter dem Zwang der Vorführungen schwiegen, fiel Schönfelds Blick auf den ersten Reiter, der die Bewegungen seines Pferdes besonders gekonnt und vorausplanend ausführte. An wen erinnerten ihn diese Augen?

Noch jahrelang nach dem Zusammenbruch von 1918 kamen die Soldaten in zuerst umgeschneiderten Uniformstücken und darauf im Zivil der Normalbürger daher. Die alten Reiter erkannte man an Gang und Haltung und auch an ihrer sonstigen Art, sich zu geben, leicht wieder. Sie unterschieden sich von ihrer Umwelt, was sie auch tun mochten und wo sie sich auch befanden: Ob Rittmeister, Leutnant oder Oberst von einst. Straffe, gestählte, schlanke Reitergestalten waren sie, mit braungebrannten, hageren Gesichtern, mit der typischen weißen Stirne, die durch die Mützenschirme von der Sonne unberührt bleibt; Menschen mit einem hellen und klaren Blick, in dem die ganze Welt eines Raumes lag, der ihnen einmal unwidersprochen und freiwillig Heimat bot.

In diesen Augen, lebensfroh, etwas leichtsinnig und doch an alle Härten und Entbehrungen des Lebens gewohnt, lag das Wissen um die Weiten und Gefahren der Ebenen von Galizien und Böhmen, der dunklen und bedrohlichen Karpatenwälder, der Hügelketten, der gefahrvollen, alten Militärgrenze und des Sumpflandes und der Schilfufer an der Leitha. Diese Augen hatten in die brutheiße Sonne des Südens an der Bocce von Catarro geblinzelt und den eisigen Sturmwind kennen gelernt, der über die Dolomitenpässe und die karstigen Hochebenen hinwegbrauste.

In diesen Augen leuchtete noch etwas vom Glanz der Tage Radetzkys, dessen Feldzüge durch die Lombardei und Venetien nur dank seiner schnellen Reiterformationen zum Erfolg führten. Es lebte etwas vom Glanz des Siegers von Aspern und Leipzig darin, von den Streifzügen des Pappenheimers und den Fürsten Montecuccoli, von den wilden Angriffen des Grafen Schlick und des alten Strategen Khevenhüller oder von den Waffentaten Dauns, des Herzogs von Lothringen oder Laudons und des Stadtkommandanten Starhemberg.

Es war etwas zu spüren von der sieghaften Aura, die sich um die kleine Gestalt des Prinzen Eugen legte, bevor er sich in seinem Schloß

zur Ruhe gesetzt hatte; auf einem Hügel übrigens, wo vor langer Zeit die römischen Legionen Wache gehalten hatten.
Tot waren die meisten heute: gestorben; im neuen Kriege gefallen; verschollen; einfach fort waren sie. Ganz wenige nur waren übrig geblieben. Man erkannte sie noch oder wieder. Bescheiden und zurückhaltend waren sie geworden. Höflich - vieleicht um eine Schattierung zu höflich - dankten und grüßten sie nach allen Seiten, froh darüber, noch da zu sein, übrig geblieben zu sein nach einem Meer von Tränen und einer unwahrscheinlichen Fülle von Erinnerungen. Sie waren schweigsam geworden, als hüteten sie sich, ihre Erinnerungen preiszugeben. Man würde sie ihnen ohnedies nicht glauben. Was sie erlebten, haben vorher viele Generationen zusammengenommen nicht erlebt. Wer fragt heute schon einen längst abgesessenen Reiter nach all dem, was er auf dem Rücken der Pferde erlebt hat?
Nur, wenn sie zufällig und selten genug ein Pferd sahen, einen alten, längst vergessenen Fiaker etwa, ein Gespann der Brauerei oder sonst ein von Pferden gezogenes Fuhrwerk, war es, als ginge elektrischer Strom durch die von Arthrose und Gicht heimgesuchten Knochen. Eine Hand fuhr über das Buch von Erinnerungen. Dann schien es, als glänzten ihre Augen wieder wie damals und nicht so müde und schicksalsergeben wie gestern und heute.
Ja, diese Augen lebten in solcher Stunde wieder auf; diese blauen, wissenden und fragenden Augen der Reiter, in denen auch etwas von dem zwingenden Mitreißen lag, wenn der Regimentstrompeter das Signal blies und der Oberst mit hochgeschwungenem Säbel den letzten und folgenschwersten Befehl gab, auf den sie so lange gewartet hatten...
Ob Kroaten oder Ungarn, Polen, Tschechen, Deutsche oder Slowaken: Es gab in jener Zeit noch keine Unterschiede. Träger uralter, oft legendärer Namen beherrschten die Szene, nur ab und zu ergänzt von einzelnen, die als Vertreter einer neuen Zeit die Phalanx eines nach außen hin abgeschlossenen Standes durch ihre Leistung sprengten. Sie alle hielt die eiserne Klammer eines weit über alle sonstigen Gegensätze und Unterschiedlichkeiten hinausgehenden, geradezu religiös-dynastischen Vaterlandsbegriffes zusammen. Einer Idee waren sie unterworfen, die unmerklich, doch stetig ihren Inhalt verlor. In einer Kameradschaft vereint, die seitdem ebenfalls verloren ging, wußten

sie auch zu sterben, so daß man heute noch an die Heldensagen der Vorzeit, an das Rittertum des Mittelalters erinnert wird.
Es war ein Finale, das letzte Aufbäumen einer Zeit, die sich noch mühte, im Sattel zu bleiben und doch dem Neuen weichen mußte, wie dies dem Lauf der Welt entspricht. 1914 stießen die letzten Reiterregimenter der Donaumonarchie in tadellos ausgerichteten Formationen tief in den Gegner. In Bündnistreue entlasteten sie den Waffenbruder und gaben dem Reich damit die Möglichkeit, im Westen den erhofften Sieg zu erringen, der auch der ihre gewesen wäre. Der Sieg konnte nicht errungen werden; der Feldzug endete in den Schlammfeldern Nordfrankreichs. Im Osten verbluteten die Reiter und sanken für immer in die Erde.
... Tausendfältig zerfetzte dröhnender Hufschlag die weiche Erde ... Trompeter schmetterten noch einmal für Österreichs Reiterei ... Helme und Schulterriemen, Koppel, Karabiner und Sattelkanten drückten plötzlich nicht mehr ... Rasch näherte sich die Front der blitzenden Front des Gegners ... Asiens entfesselte Kraft wogte heran ... schon vernehmbar ... schon inmitten von Staub und Rauch die Gesichter unter Mützen und Helmen erkennbar ... mitreißend von zentrifugaler Gewalt gejagt, Roß und Reiter zu einer Einheit geworden ... Das Wissen um das Unheildrohende, die Todesgewißheit mitten unter ihnen.

»Drüben am Wegesrand
Hocken zwei Raben,
Werd' ich der nächste sein,
Den sie begraben?«

Reiterblut, verwegen, wild, unbarmherzig, wie vor Generationen, gewärtig des kommenden Kampfes Mann gegen Mann, Säbel gegen Säbel, Kraft der Arme gegen einander, Schnelligkeit und Wendemöglichkeiten der Pferde und tausendmal im Frieden eingeübte Bewegungsmanöver mußten jetzt wie in den Tagen Wallensteins oder Radetzkys, Starhembergs oder Wrangels, Laudons oder Dauns, Zietens oder Lützows, wie bei Trautenau, Königgrätz, Solferino, Aspern, Roßbach oder Hochkirch über Sieg oder Niederlage entscheiden.
Sie entscheiden in grausamer Konsequenz in den letzten Reitergefech-

ten der Weltgeschichte, als die Angriffe im Jahre 1914 noch nach den alten klassischen Formen längst vergangener Zeiten geritten wurden und als im Wehgeschrei der Sterbenden über die Schlachtfelder der weiten Ebenen Polens, Galiziens und Rußlands das große Finale einer Epoche einsetzte. Sie machte einer Zeit Platz, die Jahrzehnte und vielleicht noch länger benötigen wird, um endgültig etwas Bleibendes und Neues folgen zu lassen. Ganz kann auch der Mensch unserer Tage von dieser verklungenen Zeit noch immer nicht lassen; das endgültige »Ade« ist auch der Geschichte noch immer nicht über die Lippen gekommen.

Ein neues Rittertum fiel dem Furioso einer Zeit zum Opfer, da es keinen Trompeter mehr gab, der zur Tagwache blies; keine Retraite, mit weichen Klängen, wehmütig und begütigend, voll Andacht und Demut, daß du sie heute noch, nach so vielen Jahren, zu hören vermeinst, wenn der Wind leise durch die rauschenden Baumkronen an einem Hochsommerabend fährt . . .

*

EIN ZEITALTER STIRBT

Wie sich doch die Zeiten gleichen und man oft das Gefühl hat, alles wäre schon da gewesen. In den Wochen nach dem Zusammenbruch 1945, als Massen von Flüchtlingen, Vertriebenen, In- und Ausländern, entwaffneter Soldaten und der ganze Troß eines verlorenen Krieges durcheinander wogten, traf Clemens Schönfeld irgendwo in einer zerbombten Stadt einen Mann. Sie freundeten sich, wie das damals üblich war, schnell an. Man rauchte gemeinsam eine Zigarette und war froh darüber, daß man für die kommende Nacht eine Unterkunft in einem Übernachtungsbunker gefunden hatte. Dieser Fremde begann zu erzählen:

»Die Verwandten hatten mehrmals geschrieben, unsere Familie sollte sie in der Hauptstadt Wien besuchen. Tante wäre krank, auch die übrigen hätten schon lange Sehnsucht nach uns, vor allem jetzt, da man nie wissen könne, was die Zukunft bringe. Das mit dem Verreisen war leichter gesagt als getan, schließlich stand Vater im Feld, und Mutter mit den beiden Kindern war allein zu Hause. Wir hatten bisher ausweichend geantwortet. Als der Herbst den Beginn eines neuen Kriegsjahres anzeigte und Vater nach einer schweren Erkrankung einige Wochen Genesungsurlaub erhalten hatte, schien die Gelegenheit günstig. Nach einigem Hin und Her und weiterer Verzögerung fuhren wir los und landeten glücklich in Wien.

Das sagt sich heute einfacher als es damals war; man schrieb den Spätherbst 1916; da klappte es mit den Lebensmitteln, der Beheizung und den sonstigen Bedarfsgütern schon lange nicht mehr so wie noch zu Beginn des Krieges. Die Menschen waren müde geworden; in den ersten Wochen hatten sie angenommen, daß zu Weihnachten längst alles vorüber sein würde. Unterdessen war man an Erfahrungen reicher geworden. Die dritten Kriegsweihnachten standen vor der Tür. Lassen wir diese Begleiterscheinungen; es ist merkwürdig, wie schnell sich der Mensch mit allem abfindet. Auch wir genossen die kurzen Tage des Wiedersehens in Wien, drängten uns in einem geheizten Raum mit der ganzen Familie zusammen, klagten nicht über das nicht eben üppige Essen und ahnten nicht, was uns noch alles bevorstand.

Vater, in Uniform damals bereits feldgrau und nicht mehr im ›bunten Tuch des Kaisers‹ und längst schon ›abgesessen‹, meldete sich bei seiner zuständigen militärischen Stelle. Er kam sehr schweigsam und ernst zurück. Die Großen wurden auch bald traurig und schweigsam, irgendeine Nachricht, die Vater mitgebracht hatte, beunruhigte sie. Kinder lassen sich in ihren Spielen durch äußere Einflüsse wenig beeindrucken; uns war es viel wichtiger zu erfahren, daß wir am kommenden Tag den Tierpark in Schönbrunn besuchen durften, der trotz der Kriegszeit noch dem Publikum zum Besuche offen stand.

Später klingelte es an der Wohnungstür, eine Dame aus dem Haus flüsterte mit der Tante; ich hörte nur die bestürzte Frage:

›Haben Sie schon gehört, es soll ihm sehr schlecht gehen?‹

Vielleicht ist jemand krank, dachte ich mir und begann in einer Ecke das Kindertheater aufzubauen, das unser Cousin noch aus seinen Kindheitstagen bei seinen Eltern aufbewahrt hielt. Morgen wollte ich eine Extra- und Galavorstellung geben, zu der ich kurz vorher schon alle Familienmitglieder feierlich eingeladen hatte. Sie dankten zerstreut, schienen in Gedanken weiß Gott wo zu sein, und Vater winkte fast mürrisch ab. ›Theater . . .?!‹

Knapp bevor wir schlafen gehen mußten und uns in vorschriftsmäßiger Weise von allen Familienmitgliedern verabschiedeten, hatte noch jemand an die Eingangstür geklopft, anscheinend die Hausmeisterin, die mit ihrem Geflüster die allgemeine Ratlosigkeit noch vergrößerte. Meine langsam erwachende Neugierde wurde nach der Art autoritärer Eltern dadurch beseitigt, daß man mich und die Schwester schlafen schickte. An das alles hätte ich am anderen Morgen nicht mehr gedacht. In der Nacht gab es jedoch noch reichlich Unruhe, Türen wurden geöffnet und geschlossen. Irgend jemand ging fort. Im Halbschlaf kam es mir so vor, als ob jemand laut weinte. Kinder haben einen gesunden Schlaf. Am nächsten Morgen war das Ganze fast wieder untergegangen. Ich erwachte, als wir nach dem Waschen und Ankleiden beim Frühstückstisch saßen und Vater mit versteinertem Gesicht in der Zeitung las, die einen breiten schwarzen Trauerrand hatte. Mühsam buchstabierte ich:

›Unser Kaiser gestern gestorben‹.

Es ist merkwürdig, wie das Erinnerungsvermögen des Menschen ungleichmäßig arbeitet und wie bestimmte Einzelheiten noch nach Jahren glasklar und mit ganz scharfem Profil erhalten bleiben. Im Laufe dieser Tage beobachtete ich einiges, was mir bis heute in Erinnerung geblieben ist. Meine Mutter weinte mehrfach am Tag, wie wenn ein naher Verwandter gestorben wäre. Man sprach auch in der Wohnung nur halblaut miteinander und schien überflüssige Worte vollkommen zu meiden. Vater legte eine schwarze Trauerbinde an. Es war so, als ob ein guter Freund oder engster Familienangehöriger uns verlassen hätte.

Onkel meinte sinngemäß in die allgemeine Stille hinein, dies wäre das Ende, denn ER - diese beiden Buchstaben wurden fast mit Andacht in der Stimme gesagt - wäre der letzte Zusammenhalt gewesen. Im Laufe des Tages besuchten uns noch andere Bekannte und Verwandte, die alle einen verschreckten und entsetzten Eindruck machten, so wie ich dies viel später bei Menschen während oder nach einer Katastrophe beobachtet habe. Auf der Straße sahen sich die Menschen scheu um und eilten viel schneller ihres Weges als sonst. Schwarze Verkleidungen wurden in Auslagen und an Fensterfronten angebracht, die Laternen umflort und breite Pylonen errichtet, auf denen riesige Flammen zuckten.

Kaiser Franz Joseph war gestorben: jener Kaiser, der 1848, inmitten blutiger Revolutionen, den Thron bestiegen hatte und mitten im Kriege seine Augen für immer schloß. Während an den Grenzen des Reiches die Kanonen dröhnten, Maschinengewehre knatterten und der Tod in blutigem Aufschrei tausendfältige Opfer forderte, schickten sich die Menschen dieses Staates ein letztesmal an, etwas Gemeinsames zu unternehmen und allen Hader für kurze Zeit zu begraben. In den Alleen, den Zugangsstraßen und im Schönbrunner Schloßpark standen zu Tausenden die Menschen, als am 21. November wenige Minuten nach neun Uhr abends die Schloßwache nochmals aufzog und die Glocken zu läuten begannen. Der Verstorbene war auf seinem einfachen Soldatenbett in der Uniform eines österreichischen Feldmarschalls im weißen Waffenrock, wie ihn die Österreicher noch 1848 und 1866 getragen hatten, aufgebahrt. Drei Tage lang blieb seine Leiche in einem prunkvollen Kupfersarg in der Kapelle der Wiener Hofburg zur Schau gestellt, inmitten kaum übersehbarer Berge von Blumen und Kränzen. Wir Kinder waren zu klein. Wir sahen nichts als das Gerüst mit dem Sarg und etwas unbestimmtes Weißes, das die

Stirne des Toten gewesen sein mag. Ich roch nur diese, für den Monat November so ungewohnte Vielfalt der Blumen und Blüten, und dieser Geruch ist mir merkwürdigerweise bis heute in Erinnerung geblieben. Was ich sonst noch in dieser Kapelle wahrgenommen habe, ist untergegangen. Noch einmal zeigten die Habsburger, trotz Krieg und ernster Zeit, den Prunk ihres Zeremoniells und des Lebensstils vergangener Epochen.

Es kam der 30. November, ein klarer und sonnendurchfluteter Spätherbsttag: der Tag der Beisetzung.

Inmitten einer dicht gedrängten Menge standen wir, jedoch an einem bevorzugten Platz, wie dies meinem Vater gebührte, den wir begleiten durften. Einer wohl nebensächlichen Einzelheit entsinne ich mich noch. So ist der Mensch. Die Menschenmassen um mich sah ich nicht. Mir fiel nur in der engsten Begleitung der Trauergemeinde ein Junge meines Alters auf, dessen blonde Locken und weißer Anzug in bewußtem Gegensatz zu der großen Gestalt einer dicht verschleierten Frau und eines hochgewachsenen schlanken Dragoneroffiziers stand. Nachher wurde ich belehrt, daß es sich um den Kronprinzen in Begleitung des neuen Kaiserpaares gehandelt hätte. Leibgarden, Regimentsabordnungen, Angehörige anderer Herrscherhäuser, der Klerus und immer wieder Militär zogen in dichten Reihen vorbei. Der Zug bewegte sich durch den äußeren Burghof zur Ringstraße, über den Franz-Josephs-Kai durch die Rotenturmstraße zum Dom von Sankt Stephan. Von hier ging es nach der Trauerzeremonie zur Kapuzinergruft, wo schon so viele aus dieser Dynastie die Ruhe, die sie im Leben vergeblich erstrebten, gefunden haben.

Übereinstimmend sprach man in unserer Familie davon, das blonde Kind mit seinem natürlichen Wesen und seiner kindlichen Anmut hätte inmitten all des Zeremoniellen, der Trauer und der bösen Vorahnungen wie ein Sonnenstrahl einer Hoffnung gewirkt. Was mir noch in Erinnerung blieb, war der Galawagen, auf dem sich der Sarg befand, von acht herrlichen Rappen gezogen. Das unruhig-tänzelnde Bewegungsspiel dieser Kladruber Prachtpferde und das Klappern ihrer Hufe auf dem Pflaster von Wien inmitten der allgemeinen Trauer und des tiefen Schweigens war für mich bestimmendes Erleben an dem feierlichen Zug, mit dem nicht nur ein Kaiser, sondern ein Zeitalter begraben wurde.

Der unverbildete, von kindlichen Vorstellungen erfüllte Mensch ahnte nichts vom Hauch der Geschichte, vom Weh und Leid und dem bevorstehenden Ende einer Epoche. Ich hatte den Geruch und Duft der Blumen in der Nase und das unregelmäßige Geräusch des Hufschlags in den Ohren und trug dies mein ganzes Leben lang mit mir.
Als ich nach vielen Jahren im Schloß Schönbrunn die sogenannte Wagenburg besichtigte, wo sich etwa 130 der schönsten Galawagen, der Reise- und Jagdwagen, der Schlitten und Sänften befinden, die schon den jungen Goethe als Vierzehnjährigen begeisterten, als er in Frankfurt die Krönung eines Habsburgers erlebte - in »Dichtung und Wahrheit« schildert er den großartigen Eindruck der Krönungswagen - stand ich still und fast andächtig vor dem großen und unheimlichen Trauerwagen im Hintergrund. Es war derselbe Wagen, der an den Wienern vorbeizog, als man den alten Herrn und letzten Kavalier zu Grabe trug. Im gleichen Moment, als ich die Augen schloß, hörte ich wieder das Trappeln der acht Spiegelrappen über das Kopfsteinpflaster und roch Blumen und Blüten aus Kränzen und Gebinden, die der letzte Gruß an das ewige Kommen und Vergehen sein sollten.«

*

DER VOLKSMUND HAT VIEL ZU BERICHTEN

Heute noch gibt es Breitengrade und Länder, wo das Pferd Aufgaben und Arbeiten bewältigen muß, die hierzulande schon längst den Motoren vorbehalten sind. Man könnte diese Arbeiten mit Fug und Recht als knechtisch bezeichnen, da sie in ihrer entwürdigenden Art dem Pferde das übelste Sklavendasein bescheren. Von den Pferden, die längst erblindet, leblosen Maschinen gleich, in der ewigen Finsternis der Bergwerkstollen jahraus, jahrein Loren ziehen, ist oft berichtet worden; ebenso von der erbarmungslosen Art, mit der man die »Drehscheiben« des 16. Jahrhunderts und später betrieb, für die man zunächst nur starke Ochsen verwendete, dann aber auch Pferde einspannte, die man nach einer Stunde auswechseln mußte, weil sie diese Tortur nicht länger ausgehalten hätten.
Als Clemens Schönfeld vor Jahren durch das Elbtal wanderte, etwa in jener Gegend, wo einst Ludwig Richter bei Sebusein die Überfahrt einer Menschengruppe beobachtete, den alten Fährmann, der die Überfahrt lenkte, ein eng umschlungenes Liebespaar, eine Bäuerin mit einer kleinen Fuhre Heu, einige Handwerksburschen und Kinder, die mit ihren Händen in das Wasser griffen und einen alten Bettelmusikanten, der während der Fahrt auf seiner Harfe spielte, da erlebte er zunächst die unvergleichliche Schönheit dieser Landschaft. Wie an allen klaren Sommertagen lag ein Klang über dem Wasser, in dem die Wellen und die Wälder der nahen Höhen mitrauschten und in den sich das Summen der Gräser und der Sang der Schwalben mischten, die in pfleischnellem Flug ganz niedrig über das grünschillernde Wasser flitzten.
Nicht nur der Maler, auch der einfache Mensch, der sich noch ein bißchen Verbundenheit mit der Natur bewahrt hat, weiß von dem herrlichen und weichen Dahingleiten der graublau schimmernden Wellen eines breiten Stroms inmitten einer Landschaft, in denen sich Leben und Vergehen ganzer Generationen widerzuspiegeln scheinen, die hier lebten und arbeiteten. Als Schönfeld in die Fluten sah, die in ihrem sanften Kräuseln das Bild einer unaussprechlichen Anmut wiedergaben, war es ihm so, als wäre er immer schon dagewesen, als

Die Mutter hat das Fell des Neugeborenen gesäubert und ermuntert es zum Aufstehen

Die Lausbuben der Koppel: noch unausgewogen in den Körpermaßen, aber voll Bewegungsdrang und Übermut

wäre das, was ihn hier umgab, für immer sein eigen. Angesichts dieser herben Fluten inmitten einer vielgestaltigen Landschaft, wo Weingärten, Ruinen, turmüberragte Dörfer und satte Felder sich in die Weite dehnten, erkannte er, daß die Natur von sich aus keinen gezwungen hat, in der Enge zu bleiben.

Das schmale Tal mit seinen schroffen Felsen weitete sich unmerklich zu sanften Berghängen mit Reben und Obstfeldern. Hinter dem Buschwerk am Ufer, das sich meilenweit hinzog, verklang geschäftiges Leben aus Werkstätten und Betrieben, irgendwo läuteten die Glocken einer Kirche, Sonnenstrahlen zitterten in ungezählten Reflexen in den Wellen der Elbe und spiegelten sich in fernen Giebeln und Fenstern.

Hier hatte der Maler Ludwig Richter, von der lauten Welt des Südens enttäuscht, Einkehr gehalten und seine beiden Bilder geschaffen von der »Überfahrt am Schreckenstein«, die einprägsamer sind als die vielen Postkutschenbilder der Romantik, weil sie die Natur preisen und darstellen und den Menschen, der sich harmonisch in sie einfügt. So trieb der Fährmann, behaglich seine Pfeife rauchend, den Kahn mit kräftigen Stößen vorwärts. Der Musikant, unbewußt der Schönheit dieser Minute Rechnung tragend, entschädigte den Fährmann mit einem Lied auf seiner Harfe, auf diese Weise den Fährgroschen bezahlend. Alles war ein Gleiten ... sonnenumspielt ... rebenumrankt ... und vom zarten Klang einer Harfe erfüllt; dort, wo sich das Paradies Böhmens befindet und die Fluten aus dem Reiche Rübezahls ihre Märchen und Sagen durch den Prachtgarten eines Landes, vorbei an Städten und Dörfern und unter ungezählten Brücken hindurch in die Nordsee tragen.

Als Schönfeld dieses Bild in sich aufgenommen und seine Phantasie die Spuren bis in die Tage des sensiblen Dresdner Malers verfolgt hatte, trat vor sein inneres Auge eine andersartige Szene. Rohe Knechte trieben mit Stöcken ein klappriges Roß, das breite Baumstämme, ganze Bündel davon, aus dem Wasser ziehen und in die Uferlandschaft hinein schleppen mußte. Die Burschen standen bis zu den Knien im Wasser. Man merkte ihnen an, daß ihnen das lange Verweilen in diesen kalten Fluten und dem schlammigen Grund keine große Freude bereitete. Das Wasser war bitterkalt, die Lasten schwer. Der alte Klepper riß an den Strängen, stolperte, versank tief im Morast, erreichte mühsam den flachen Strand, beutelte das Wasser ab und zog keuchend Luft in seine Lungen. Froh darüber, dem kalten Element entronnen zu sein, merkte er sogleich, daß die Last der Hölzer auf dem knirrschenden Sand- und Gesteinsboden, wo sie tiefe Spuren hinterließ, immer schwerer wurde, unerträglich schwer! Mit aufgerissenen Augen stolperte der Gaul dahin; unbarmherzig hagelten die Hiebe auf seinen vom Wasser glänzenden, knochigen Rücken, brüllend und dreschend die Knechte, gequält und in demütiger Hilflosigkeit die Kreatur, menschlicher Rohheit ausgeliefert.

Plötzlich schien der samtblaue Himmel von dunklen Wolken überzogen zu sein, die Lieblichkeit einer Landschaft mit all ihrer Musikalität war fortgewischt, geblieben war nur die Fratze: die menschliche Fratze und das Grauen der kreatürlichen Hilflosigkeit. Was hätte Schönfeld damals tun sollen? Den brutalen Männern einen Verweis erteilen? Sie hätten ihn ausgelacht und davongejagt. Auch sonst sah er keine Möglichkeit als lediglich eine Frage, die er an die Männer richtete, die zuerst unwillig und brüllend in die Richtung zum Tier das Zuggeschäft abbrachen und seine Frage nach dem Weg mürrisch beantworteten.

Als er ihnen eine Zigarette anbot, war der Kontakt hergestellt, und da Knechte dieser Art im Grunde genommen niemals und nirgends auf der Welt fleißige Leute sind, legten sie eine Pause ein, die Schönfeld dadurch verlängerte, daß er ihnen, so gut es ging, einiges erzählte und mit ihnen über Pferde sprach. Sie sprachen nur vom »olden Vieh«, wenn sie von ihrem Pferd sprachen, sehr wegwerfend und geringschätzig, wie man von einer Maschine redet, die dem Rost zum Opfer gefallen ist und nur noch widerwillig ihren Dienst verrichtet. Noch eine weitere Zigarette. Als sie sich wieder an die Arbeit begeben wollten und wieder ihre Knüppel ergriffen, ging er zu der alten Mähre hin und reichte ihr auf der hohlen Hand ein Stück Zukker, das er zufällig in seiner Rocktasche trug.

Mehr konnte er nicht tun. Er hatte dem Pferd einen Augenblick Erholung und Entspannung geschaffen, eine Atempause erwirkt und ihm die Möglichkeit geboten, sich kurz auszuruhen. Das war nicht viel; wer aber als Kriegsgefangener in ähnlicher Fron geschuftet hatte, der weiß, wie wohl solche Augenblicke tun. In ihnen liegt mehr, als die Zeitspanne vermuten läßt; sie helfen mit, manches weitere zu ertra-

gen und wecken ein Gefühl der Dankbarkeit, das stärker ist als Knüppel, Peitschen und Fußtritte. Fast schien es ihm, als hätte das Pferd ihn verstanden, ihm kam es zumindest so vor, als hätte es ihm - jetzt viel lebhafter und frischer als vorhin - einen Abschiedsgruß zugerufen, ein »Danke schön« in der Pferdesprache.
Ein Stück blauseidenen Himmels hatte sich seinen Weg durch kalte und düstere Wolken gebahnt und verwandelte auch das Land wieder. Schönfeld zog rasch weiter, er wollte sich nicht mehr umsehen. Das unterläßt man, wenn man glaubt, sein Gewissen beruhigen zu müssen.

*

In die Welt des Dorfes war das Pferd mit eingeschlossen. Der Großstadtmensch hat vielfach keine Beziehung mehr zum Land und steht höchstens erstaunt und voll Neugier vor dem, was es zu bieten hat, wenn er mit Gönnermiene als Urlauber an der Spitze seiner Familie durch die Dorfstraßen und über Feldwege geht. Er rümpft die Nase, wenn er glaubt, daß ihm Primitivität begegnet, und verwechselt unweigerlich Zivilisation mit Kultur. Dabei stammen fast alle unsere Familien vom Dorf, sind irgendwann einmal in die Stadt gezogen und verloren nach und nach die Bindungen dorthin. Höchstens, wenn wieder einmal Krieg und Hungersnot herrschten, besann man sich irgendeines entfernten Verwandten, mit dem man schon jahrelang nichts mehr zu tun haben wollte, und pilgerte hinaus, den Hamstersack auf dem Rücken und die Ausreden auf den Lippen.
Trotzdem müssen wir zur Kenntnis nehmen, daß das Dorf weit mehr als die Stadt zur heimatlichen Welt gehört und trotz soziologischer Veränderungen, die in dieser Zeit kommen mußten, das Bleibende im Volksleben darstellt. Das Dorf ist das Beständige, die Stadt das Wachsende, Werdende, sich Verändernde. Die Städte ändern ihr Bild fast pausenlos, das Dorfbild ändert sich kaum oder nur langsam.
Das Dorf lebt nach anderen Gesetzen als die Stadt. Es wirkt nach außen hin leblos und braucht daher um seine Substanz weniger zu fürchten als die Stadt, die sich immer wieder verbraucht und auf anhaltende Zuwanderung angewiesen ist. Trotz ihres stetigen Wachstums sterben Städte. Das Dorf ändert sein Aussehen und Wesen nur in den Jahreszeiten. Gibt es etwas Wundervolleres als ein Gebirgsdörfchen oder eine Waldgemeinde im strengen Winter, wenn die Natur in der Erstarrung von Frost und Schnee versinkt? Dann wird al-

les so wie zur Zeit der Väter: Der Mensch wird wieder zum Pionier. Wann sonst auf der Welt tut uns die Wärme so wohl wie in dem Augenblick, in dem man aus solch einer vereisten Landschaft in ein Bauernhaus tritt. Aus dem Stall dringt das behagliche Rumoren des Großviehs, die Menschen sind zusammengerückt, um diese Behaglichkeit auszukosten. Am Herd dampft es, es riecht nach Äpfeln, Viehfutter und heißem Fleisch. Die Türen werden schnell auf und zu gemacht und man begreift, warum im Dorf die Fenster klein und die Mauern dick sind.

Im Hochsommer liegt über dem Bauerndorf wundervolle Ruhe. Von den Feldern dringt das Rauschen des Korns, die Schar Gänse auf der staubigen Dorfstraße scheint eingeschlafen zu sein. Sogar der scharfe Wachhund liegt friedlich im Schatten und träumt vielleicht von einem kalten Keller. Die heiße Luft zittert über dem Boden, ein Irrlichtern liegt in der Luft, kein Windhauch bewegt die Blätter.

In dieser Welt nimmt das Pferd noch seinen Ehrenplatz ein. Denn auch heute ist es mehr als berechtigter Besitzerstolz, der den Bauern mit seinem Pferd verbindet. Jeder freut sich an seinem Roß, das zur Familie gehört und mit dem man verbunden ist nach Naturgesetzen, die das Leben auf dem Lande auch heute noch zum großen Teil bestimmen.

Wenn schon das Pferd aus der bäuerlichen Vorstellungswelt nicht fortzudenken ist, dann kann man sich denken, daß es, dessen Erscheinung in der heidnischen Welt in den Bereich des Göttlichen erhoben wurde, heute noch in den Bräuchen im Jahresablauf des Dorfes eine bevorzugte Rolle spielt. Hier vermengen sich heidnische und christliche Vorstellungen. Mancher von der Kirche geförderte Brauch geht auf die germanische Zeit zurück.

In einzelnen Gegenden finden am Heiligen Abend festliche Umzüge statt, in denen zwar das Christkind im Mittelpunkt steht, der heilige Joseph jedoch als Reitersmann erscheint. Nicht so sehr die Person dieses Heiligen ist der Mittelpunkt der Handlung als das Pferd. Hier wird nach einem Ritual vorgegangen; auch die Reihenfolge ist nicht willkürlich, nach der das mitwirkende Pferd ausgesucht wird. Nicht nur edler Wuchs und Schönheit sind maßgebend, sondern auch eine besondere Tat im vergangenen Jahr, durch die es sich die Zuneigung im Dorfe erworben hat.

Ein seltsamer Brauch, der an den Ostersonntag geknüpft ist, hatte sich in einzelnen Teilen Nordmährens und in den Alpen bis in unsere Tage hinein erhalten, obwohl er in weiten Teilen der bäuerlichen Gebiete lange Zeit vergessen zu sein schien. In manchen Orten reiten die Knechte dreimal um die Kirche, während die Musik fromme Lieder spielt, und umreiten darauf die ganze Gemarkung der Gemeinde. Es gibt Orte, wo das Saatreiten zu einer Schau des gesamten Pferdebestandes wird. Die Rösser werden stattlich herausgeputzt, Schweif und Mähne mit bunten Bändern durchflochten, rote Schabraken, die an die längst vergangene Türkenzeit erinnern sollen oder andersfarbige Decken liegen auf dem Rücken der Pferde.

Die Bauern, in ihrem festlichsten Gewand, erlauben, sofern sie über mehrere Pferde verfügen, aus diesem Anlaß ihren Söhnen frühzeitig die Teilnahme, was eine ganz besondere Auszeichnung und ein Erlebnis für diese noch im alten Brauchtum verhafteten Menschen bedeutet. In langsamem Schritt reiten sie zur Kirche, wo der Priester sie erwartet. Er hält an die Saatreiter eine Ansprache und übergibt ihrem Anführer ein Kreuz. In diesem Augenblick beginnen die Glocken des Ortes zu läuten. Unter ihrem Klang weiht der Priester eine Zahl kleiner Holzkreuze, die beim Umritt in die Felder der einzelnen Bauern gesteckt werden, um eine gute Ernte zu sichern.

Der Ritt der gesamten Männer über Wiesen und Felder der Dorfgemarkung beginnt. Voran wird das Kreuz getragen, das über jedes Feld und jede Wiese gehalten wird, während die Reiter unter frommen Wünschen die kleinen Holzkreuze in die Erde stecken. Haben sie dann alles Land im Eigentum des Dorfes umritten, kehren sie auf den Kirchplatz zurück, wo sie dem Pfarrer das Kreuz wiedergeben. In manchen Orten reitet der Pfarrer mit und begleitet die Handlungen auf den Wiesen und Feldern mit seinem Segen.

Den Abschluß der Veranstaltung bildet das allgemeine Absitzen und langsame Nachhausebringen der Rösser. Sie stehen weiter im Mittelpunkt dieser kirchlichen Feier für die Gäste, die aus nah und fern kommen und der Feier aus einiger Entfernung folgen. Die heimkehrenden Pferde werden von den meist fachkundigen Betrachtern bewertet und beurteilt.

Dem Volksmund nach gelten der Heilige Georg und der Heilige Martin als die vornehmsten und nobelsten Heiligen, weil sie - auf einem Pferd sitzen und angeritten kommen. So unterschiedlich ihre Darstellung in den zurückliegenden Jahrhunderten sein mag, ob künstlerisch vollendet oder primitiv, auf die Darstellung des Pferdes legt man großen Wert. Das Pferd ist sozusagen Blickfang und verbindet den Beschauer mit dem Heiligen, den Erdenbürger und seine Umwelt mit dem Göttlichen, dessen Diener die Heiligen sein wollen. Georg, ein Nachkomme der persischen Drachentöter, ist jahrhundertelang Inbegriff des siegreichen Kampfes mit den Unbilden des Lebens, den Kräften der Finsternis und des Bösen. Er verkörpert das Edle und Sonnenhafte, das nach göttlichem Beschluß am Ende stets siegreich ist und wurde in diesem Sinne später der Schutzpatron des Rennsports.

St. Martin wiederum, der aus Ungarn kommende Heilige, wurde später Bischof von Tours und war der erste Heilige, dem die Katholische Kirche ihre öffentliche Verehrung zuteil werden ließ. Er gilt als der soziale Fürsprecher unter den Heiligen, denn warum würde er sonst seinen Mantel zerschneiden und die Hälfte dem frierenden Bettler schenken? St. Martin war auch sonst in seiner Breitenwirkung auf das niedere Volk unerreicht. Sein Namenstag wurde in weiten Gegenden als Zinstag festgesetzt und war schon deshalb aus dem bäuerlichen Jahreslauf nicht fortzudenken. Daß an seinem Namenstag fröhliche Veranstaltungen durchgeführt wurden, davon zeugen heute noch die Begriffe der Martinsgans oder des Martinstrunks. Wie man weiß, fällt sein Namenstag auf den 11. November. In vielen Gegenden Österreichs, aber auch Bayerns fällt zu dieser Zeit oft der erste Schnee. Die Menschen pflegen dann, einer alten Spruchweisheit folgend, zu sagen: »Heuer kommt St. Martin auf einem Schimmel geritten«.

Ungezählte Sagen befassen sich mit Pferden, die in Überlebensgröße, geheimnisvoll, oft wild und als Rächer gegenüber Untaten, Sturm und Wind symbolisieren, die über das Land dahinbrausen. Leben und Tod stehen mit diesem Sagengut in engem Zusammenhang. Eine der interessantesten Sagen stammt aus der Umgebung von Brünn und berichtet von einem Ritter, der in dunklen Gewitternächten mit vier schwarzen, feuerschnaubenden Rossen durch die Stadt, an der Minoritenkirche vorbei, in ein Tal in der Nähe zieht, um dort als Sühne für begangene Untaten zugrunde zu gehen. Vieles aus dieser Sagen- und

Spruchweisheit stammt aus dem Dreißigjährigen Krieg. Es wird behauptet, daß die Pferde ruhelos und unablässig ihre gefallenen Reiter suchten oder sich zu rächenden Kräften entwickelten, um Schandtaten im Lande zu tilgen.
So reitet der Schwedenführer Österlein in stürmischen Herbstnächten noch durch das Iglauer Gebiet, ohne Kopf auf feuersprühendem Pferde. In anderen ländlichen Gegenden sind es wilde Reiter aus dieser Zeit, welche die Phantasie der Bewohner beschäftigen. In altgermanischen Sagenstoffen dürften auch die Traumsagen ihren Ursprung haben, die von wütenden Heeren und wilden Jagden sprechen, die über das Land hinweg gehen und nach blutigen Schlachten den ewigen Frieden für alle Menschen verkünden sollen. Der Mensch möge sich nicht einbilden, über allen Dingen zu stehen; er muß zur Kenntnis nehmen, daß in seinem Unterbewußtsein Angst, Zweifel und ein ewig schlechtes Gewissen weiterwirken, nur eben in anderer Form als damals, als das Pferd noch im Mittelpunkt des Lebens stand.
Über einen Jungen wird berichtet, der aus dem Schwäbischen stammte und auf einer Ulmer Schachtel mit seinen Angehörigen zur Zeit der Schwabenzüge in die Gegend von Temeswar gelangte, der Hauptstadt des Banats, die einmal Thomasburg geheißen hat. Damals legte man die berühmte Militärgrenze im Südosten an, die in Wahrheit aus einem schachbrettartigen, zwanzig Kilometer tiefen Gürtel bestand, in dem Wehrbauernhöfe, befestigte Stützpunkte und Wehrkirchen errichtet wurden, um in Zukunft dem Einfall der Türken besser begegnen zu können als noch in der Zeit des Prinzen Eugen. Diese Dinge sind heute meist vergessen. Man weiß zum Beispiel kaum noch, daß diese Militärgrenze gleichzeitig zum Auffangen der immer wieder einsickernden Fremden diente und daß sie um 1710 zur ersten Quarantänestation Europas wurde, als die Beulenpest vom Südosten nach Europa einzubrechen drohte. Es ging also nicht nur um militärische Sicherungen, sondern auch um sanitäre. Die damaligen Wehrbauern und Grenzer des Feldobristen Johann Katzianer, die auf ihren schnellen Pferden durch das Gelände ritten und nach Fremden Ausschau hielten, taten neben ihrem grenzpolizeilichen Dienst den von Gesundheits- und Sanitätsbauftragten.
Fast hat man vergessen, daß durch die Kolonisationsmaßnahmen unter Maria Theresia und Josef II. einige hunderttausend Menschen aus

dem westlichen Reichsgebiet nach dem Südosten verpflanzt wurden. Die Trockenlegung eines Sees zwischen Theiß und Marosch, dem sogenannten Vidovojer Meer, der immerhin die Größe des heutigen Bodensees hatte, ist diesen Siedlern zu verdanken, die auch diesen Boden in fruchtbare Felder verwandelten.

In dieser Zeit kam die Familie des jungen Schwaben in einen abseits gelegenen Landstrich unweit von Temeswar, wo unübersehbare Waldungen, Felsengruppen und weit verzweigte und versumpfte Flußarme der Natur ihr Gesicht gaben. Alle Neusiedler hatten die gleichen Chancen. Sie erhielten das gleiche Startgeld, die gleiche Steuerfreiheit und die sonstigen Privilegien des Herrscherhauses, das den Grafen Claudius Florimund von Mercy mit der Leitung dieses Riesenunternehmens betraut hatte.

Steinhofer, als Angehöriger einer großen Sippe, hatte die Monate des ersten Aufbaus und der ersten Erschließungen mitgemacht und somit alle Pflichten erfüllt, die man von einem Neusiedler forderte. Trotzdem zog ihn immer wieder eine geheimnisvolle Sehnsucht in die Stadt, in der die Familie vor der Aufteilung mehrere Tage zwischen den festen Mauern gelegen war. Sein größtes Ziel war es, wieder dorthin zu gelangen. Tag und Nacht ließ ihn dieser Gedanke nicht mehr los. Die kurzen Erinnerungen vergoldeten das Wunschbild, er sah die breiten und einladenden Bürgerhäuser, die gut gekleideten Menschen, die eindrucksvollen Gestalten der Soldaten, die durch die Straßen flanierten. Er erinnerte sich an die Läden unter den tiefen Gewölben am Marktplatz und an die vielen Menschen. All das fehlte ihm hier.

Die schwere Arbeit verdroß ihn nicht, er war nichts anderes gewöhnt. Die Einsamkeit des weiten Landstrichs jedoch und das fast mürrische Schweigen der wenigen Menschen, die ihn umgaben, standen im Gegensatz zu dem Bild, das er sich von seiner Zukunft machte. Er mußte einfach fort von hier! Die Alten schalten ihn, was er auch vorbringen mochte; oder sie lachten ihn aus.

Es gehöre sich nicht für einen jungen Bauernburschen, in die Stadt ziehen zu wollen. Dort wären schon vor ihm viele andere untergegangen. Er solle sich das aus dem Kopf schlagen und an die »Orbat« denken. Und es gab noch einen Grund, warum ihn die Eltern und die ganze Sippe warnten und schalten; sie, die als richtige Kolonisten nur

das eine Ziel vor Augen hatten: hier zu bestehen. Allzuviel Gesindel treibe sich im Lande herum; kein Mensch sollte sich daher ohne zwingenden Grund von seiner Sippe entfernen.
Monatelang hielt sich der Junge zurück. Er arbeitete fleißig und nützte seine Kräfte. Viele Bäume waren dem Schlag seiner Axt zum Opfer gefallen, Wurzelwerk krallte sich vergeblich in den Boden; Knüppeldämme verwandelten sich nach und nach durch seinen Fleiß in Pfade und Wege. Von Zeit zu Zeit überkam ihn die große Sehnsucht nach der Stadt und übermannte ihn eines Tages. In einem unbeobachteten Augenblick drang er in den Stall ein, holte das Leitpferd heraus, einen schlanken, sehr ungebärdigen Fuchs, und brach in wildem Galopp auf, ohne sich von den Seinen verabschiedet zu haben. Als sie sein Entfernen merkten und sich klar darüber wurden, daß sein Vorsprung zu groß war, um ihn einzuholen, herrschte Trauer in der Sippe. Die alten Weiber begannen zu beten und zu klagen. »Den sehen wir nie wieder«, sagte der Vater und strich mit den derben Fingern über die Augen.
In ungestümem Ritt legte der Junge Meile um Meile zurück, durchmaß sumpfige Wiesen, sprengte über Geröll und Gestein, bis er in der Ferne die Türme und Dächer der Festung in der Sonne leuchten sah.
Jubel entrang sich seiner Kehle, Glück erfüllte ihn. Er war bereit, alles hinter sich zu lassen, die Sippe, den kaum aufgebauten Hof, alles, was bisher Zukunft schien. Frei sein! Herrliches Gefühl! Die Stadt sollte ihn haben. Er würde hier bleiben und jede Arbeit verrichten. Sie sollten sich, die feinen Leute, wundern, wie ein richtiger Schwab' zu rackern und schuften verstand. Dort aber, wo der Mensch arbeitet, so hatte man ihn gelehrt, findet er auch sein Brot und alles andere. Gut, man wird sehen. Später, wenn er ein Stadtherr geworden ist, wird er wieder zu den Seinen kommen, sie werden ihn verstehen, alles wird gut werden. Wie ein weitwirkender Magnet streckte die große Stadt ihre Arme nach ihm aus.
An der letzten Wegkreuzung, dort, wo eine Anhöhe die Landschaft überschaubar macht, stand im Schatten einer breiten Linde ein Mann, der von weitem keineswegs verdächtig aussah, in Wirklichkeit aber ein soeben entsprungener Sträfling war. Er nahm schon von weitem die Staubwolke auf der Straße wahr, das galoppierende Pferd und den Reiter darauf und hob die Hand, in der eine Pistole lag. Das

heranbrausende Pferd, durch die jähe Bewegung erschreckt, stieg pfeilgerade in die Luft und machte einen Riesensatz, in dem die Urinstinkte alter Streitrosse gelegen sein mochten.

Es stieg hoch und schlug wild und verzweifelt mit den Hufen nach allen Seiten und sein Blick verhieß nichts Gutes für den Angreifer. Alles dauerte nur kurze Augenblicke. Der Junge, obgleich er ein guter Reiter war, verlor das Gleichgewicht und rollte in den Staub, wo ihn der Wegelagerer aus nächster Nähe niederschoß. Fall und Knall hatten das Pferd so verwirrt, daß es für einen kurzen Augenblick schäumend und zitternd still stand. Dieser Moment soll dem Kerl genügt haben, es einzufangen und an dem Baum festzubinden.

Nachdem er die Taschen des Toten durchstöbert hatte, schwang er sich auf das Pferd, das sich heftig aufbäumte und trotz der rohesten Schläge und brutalsten Behandlung fast nicht zu reiten und zu bändigen war. Stundenlang tobte der Kampf Mensch gegen Pferd - Pferd gegen Mensch. Immer wieder versuchte es auszubrechen, und wieder zwang der Reiter das Pferd, den Weg zu gehen, den er wollte. Sie waren gar nicht weit von der Wohnstätte des Getöteten angelangt, als der Reiter für einen kurzen Augenblick die Beherrschung verlor: Da brach das Pferd aus und raste auf eine der schroffen Klippen zu, die den Weg säumten. Hoch reckte sich der Gaul und erklomm mit wenigen langen Sprüngen den Grat des Felsens, der über Geröll und Stein hinausragte und nach der anderen Seite schroff abfiel. Mit einem Riesensatz hatte das Pferd die letzten Meter erklommen, stand schweißgebadet und mit zitternden Flanken. Das Gestein bröckelte, der Reiter wurde durch den furchtbaren Schwung mit Gewalt über den Hals des Pferdes gedrückt. Plötzlich ein furchtbarer Schrei, von dem keiner hätte sagen können, ob er vom Pferde oder seinem Reiter ausging.

Vielleicht von beiden. Sie stürzten den Abgrund hinunter und wurden nach Wochen tot aufgefunden. Das Pferd hatte mit seinem eigenen Leben Rache für den begangenen Mord an seinem Herrn geübt. So deuteten die frommen Siedler diesen Vorgang. Man braucht sich nicht zu wundern, daß diese Geschichte über Generationen hinweg die Phantasie der Menschen in jenen einsamen Gehöften beflügelte, nicht zuletzt auch deshalb, weil diese steile Erhebung schon sehr bald der »Pferdekopf« genannt wurde. Tatsächlich soll der Gipfel, so man ihn von einer bestimmten Stelle aus betrachtete, eine gewisse Ähnlichkeit mit dem Kopf eines Pferdes haben.

Ob sich der Vorfall so oder anders ereignet hatte, kann heute kein Mensch mehr sagen, denn auch die Nachfahren der Schwaben, welche dort lebten, wohnen heute an anderen Orten. Bei ihrer Umsiedlung ging vieles verloren.

Weniger traurig und symbolhaft ist das, was uns der Lügenbaron Freiherr von Münchhausen berichtete, der als Edelmann von besonderem Schrot und Korn in seinen Schilderungen von den Pferden erzählte und natürlich mit ihnen die tollsten Dinge erlebte. So schilderte er: »Ich will Ihnen mit Geschwätz von Verfassung, Künsten, Wissenschaften und anderen Merkwürdigkeiten keine lange Weile machen, ich halte mich vielmehr an größere und edlere Gegenstände Ihrer Aufmerksamkeit, nämlich an Pferde und Hunde ... Ich wollte dereinst über einen Morast setzen, der mir anfänglich nicht so breit vorkam, als ich ihn fand, da ich mitten im Sprunge war. Schwebend in der Luft wendete ich dann wieder um, wo ich hergekommen war, um einen größeren Anlauf zu nehmen. Gleichwohl sprang ich zum zweiten Male zu kurz und fiel nicht weit vom anderen Ufer bis an den Hals in den Morast. Hier hätte ich unfehlbar umkommen müssen, wenn nicht die Stärke meines eigenen Armes mich an meinem Haarzopfe, samt dem Pferde, welches ich fest zwischen meine Knie schloß, wieder herausgezogen hätte ...«

*

ZWIESPRACHEN UND EINE AUSNAHME

Schönfeld verbrachte ungezählte Stunden seines Lebens in verschiedenen Stallungen und hielt immer wieder stumme Zwiesprache mit ihren Bewohnern. Dies waren Pferde der verschiedensten Arten. Als schönste Stunden empfand er die, in denen er aus einiger Entfernung Fohlen beobachten konnte, deren Lebensalter noch gar nicht schätzbar war. So ein Fohlenstall ist schon etwas Besonderes, kurzum Unvergleichliches, denn die Natur ist dort am ursprünglichsten, wo sie das Werden offenbar werden läßt.

Der Mensch hat seit Jahrhunderten entscheidend in das Leben des Pferdes dadurch eingegriffen, daß er es aus der freien Wildbahn holte und an die Stelle der Gesetze der Steppe die des Stalles, an Stelle der Ungebundenheit die Botmäßigkeit des Haustieres treten ließ. Die Hengste in Stall und auf der Weide dürfen nicht mehr, so wie dies Jahrtausende hindurch üblich war, angesichts einer respektvoll abseits stehenden Herde um ihre Stute kämpfen. An die Stelle einer von der Natur ins Blut gelegten Liebe und Partnerschaft ist der Mensch mit seinen strengen Regeln und Richtlinien getreten, die sich weniger um die Bedürfnisse des Pferdes als um seine eigenen Erwartungen kümmern. Nach und nach unterwarf der Mensch die Zeugung seinen Bestimmungen; er bot dem Pferde wohl einige Erleichterungen, andererseits aber unterdrückte er manches Naturgesetz. Das Pferd gehorchte; es blieb ihm auch nichts übrig, als zu gehorchen.

Der große Augenblick war wieder einmal da; bald war alles gut vorübergegangen. Die Stute stand alsbald wieder so auf den Beinen, als wäre nichts geschehen. Nur leichter Schweiß zeigte an, daß die Natur ihren weiblichen Kräften ein Höchstmaß an Belastung abgefordert hatte. Das Gesicht des Pferdes war bewegungslos geblieben. Während etwa beim Hund jede Gefühlsbewegung an der Gesichtspartie ablesbar ist, umspannt die Haut den Pferdekopf so straff, daß kein Platz für ein Mienenspiel übrig bleibt. So sprechen nur die Augen, die in geheimnisvoller Weise Erregungen verraten. Die Ohren treiben ein zunehmend regeres Bewegungsspiel, ein Schnauben dringt aus den feuchten Nüstern. Mit großer Sorgfalt und Rücksichtnahme beugt sich die Mama über das kleine Bündel, das im Stroh vor ihr liegt.

Stuten genießen unter den anderen Pferden hohes Ansehen. Dies kann jeder bestätigen, der mit Pferden zu tun hat. Der Respekt geht so weit, daß andere ihnen den Vortritt lassen, damit sie ungehindert Zutritt zu Wasser und Futterstellen bekommen, zumal wenn sie mit einem, erst ganz vorsichtig daherstelzenden Kleinen auftauchen. Ihre Artgenossen beobachten sie nur aus der Ferne; aus einem noch vorhandenen Instinkt heraus bleibt ein gewisser Respektabstand gewahrt. Neugierig sieht aus der Boxe gegenüber die Percheron herüber. Sie kann nicht genug den Kopf verdrehen und geradezu beglückt den Schweif bewegen, obwohl weit und breit keine Fliege zu sehen ist.

Schon die leichte Geburt dieses Tieres ist ein Wunder der Natur. Man muß wissen, daß das Neugeborene meist bereits ein Zehntel des Gewichts seiner Mutter auf die Erde bringt und am ersten Tage ein Drittel ihrer Schulterhöhe erreicht. Zunächst ist von Stehen und Gehen noch keine Rede. Die Mutter leckt das Neugeborene am ganzen Körper mit einer Sorgfalt sondergleichen ab, trocknet es dadurch. Das stark verfilzte Fell bekommt Farbe und wird glatt. Schon bei dieser ersten Tätigkeit, die an ihm vollzogen wird, gehen seine Augen mit klarem Blick in die Runde und zeigen eine Neugier, die man bei gesunden und fröhlichen Menschenkindern nicht vor Erreichung des ersten Lebensjahres bemerken kann. Es wälzt sich schnell voll Wohlbehagen im Stroh und findet offenbar die Welt, in die es hineingeboren wurde, in bester Ordnung, als ob sie ihm alleine offen stünde.

Noch halb im ersten Traume, der seine Fahrt ins Leben begleitete und es erst nach und nach losläßt, beginnt es sich nach dem umzusehen, was ihm von der Stute reichlich zur Verfügung gestellt wird. Es entwickelt einen erstaunlichen Durst und Hunger. Das wohlige Schmatzen, das Rauschen des getretenen Strohs und Klirren und Poltern der verschiedenen Ketten und Balken wird zu einer Begleitmusik für die ersten Stunden des Daseins. Nach den anfänglichen, etwas schüchternen Versuchen an den Saugstellen hat es eines der wichtigsten Geheimnisse seines Lebens ergründet und meldet sich nun fast stündlich mit immer temperamentvollerem Begehren. Milch, dieser Lebenssaft, von dem das Fohlen etwa zwölf bis fünfzehn Liter am Tage trinkt, bildet nun ein halbes Jahr lang die Hauptnahrung. Ist es schon ein Wunder, daß die Mutter so lange in der Lage ist, dem Fohlen diesen wichtigen Aufbaustoff zu schenken, so ist es die Beschaffenheit der Milch nicht minder. Sie wird nämlich dem Entwicklungsstand des Jungen angepaßt. Zunächst ist sie fett- und eiweißreicher und vermag dadurch bei Neugeborenen den Verdauungsvorgang anzuregen. Ist die erste Zeit vorüber, wird die Milch, zunächst von gelblicher Farbe, weiß und verliert immer mehr an Eiweißgehalt. Dadurch wird das Fohlen gezwungen, sich zusätzlich auf der Weide Futter zu suchen und nach weiterer Nahrung Auschau zu halten.

So weit ist es aber noch nicht. Das Junge wird umhegt. Neben dem Füttern ist das Reinigen und Pflegen des Felles die Hauptsache. Schon nach einigen Wochen ändert sich meist die Farbe des Fells; denn die Farbe, die es bei der Geburt hat, bleibt in den allermeisten Fällen nicht erhalten. Der Haarwechsel verursacht einen unangenehmen Juckreiz, der dem Kleinen zu schaffen macht. Man begann daher schon zu diesem Zeitpunkt das Fell zu striegeln, was das Fohlen dankbar zur Kenntnis nahm. Geradezu gefühlsbetontes Gegenstemmen war seine Reaktion; schon in Kindheitstagen gewöhnte es sich daran, daß einer der ihn umgebenden Menschen in gewissen Zeitabständen sein Fell liebevoll bearbeitete.

Immer wieder beobachtete Schönfeld die Fohlen in diesem Zustand und fand es großartig, wie die Natur ihnen die Möglichkeit bot, aus hilflosen Wesen viel schneller, als dies beim Menschen der Fall ist, selbständige Geschöpfe werden zu lassen. Allein schon das erste Aufstellen auf diese vier langen, ungelenken und hölzern wirkenden Beine ist bemerkenswert. Beim ersten Male schaute es fast entschuldigend umher, was wohl ausdrücken sollte, wie sehr es sich zwar freue, diesen Fortschritt gemacht zu haben, die ganze Sache aber nicht ernst nehme und bitte, diese ungeschickten Beinchen nicht voreilig zu verurteilen.

Der kleine Körper ist noch unausgeglichen, der Kopf erscheint irgendwie zu dick, der Mund zu klein und läßt noch nichts davon ahnen, wie harmonisch er einmal aussehen wird. Dann fiel es wieder in sich zusammen. Es freute sich, daß der Fall nicht schmerzte und nicht tiefer war. Nach einiger Zeit versuchte es erneut, sich aufzurichten. Neugierde erwachte. Der Versuch mißlang. Zu dumm, so etwas. Das muß

Begegnung im Abendlicht

Dem Beispiel der Mutter folgend, müht sich das Fohlen immer erfolgreicher um saftige Nahrung

Haflinger unter der Langkofel-Nordwand in den Dolomiten

Ebenso wie der Wein sind Haflinger Fohlen ein Merkmal der Südtiroler Landschaft

doch gelingen! Nach einer Weile nochmals ein Versuch; diesmal war er schon erfolgreicher, wenn auch noch nicht gut genug.

Von den zahllosen Versuchen, auf die Beine zu kommen, taten sie schon weh, und der Durst brannte in den kleinen, weichen Nüstern. Es trank sich erst einmal richtig satt, gönnte sich ein Schläfchen; als es erwachte, begann es von neuem die Beine anzuziehen und sich hochzurecken, bis es ihm plötzlich gelang, auf die Hufe zu kommen. Verstehend und freundlich sah die Stute zu, stieß und schupfte ab und zu das Kleine und schob vorsichtig mit den eigenen breiten und harten Beinen das Junge vor sich her und half ihm, in die Höhe zu kommen. Das war ein Spiel, das Tage dauerte, Wochen vielleicht, wer weiß es. Bei Nachhilfeunterricht fragt man als Mutter nicht danach. Aber dann kam der Augenblick, an dem beide, Stute und Fohlen, zum ersten Male auf die Weide durften.

Hier sind die Pferde alle, die großen und die kleinen, die alten und die jungen, ihre eigenen Herren. Ach was, Herren! Nein, Könige waren sie, nichts beengte sie. Niemand stellte ihnen nach oder ließ seine Macht spüren, der man sich beugen mußte. Die Weide war ihr weites Feld, ihre Lust. Hier herrschten sie über sich selbst und ließen keinen anderen über sich Herr sein.

Kam die Stute zum ersten Male mit dem Fohlen auf die Weide, etwas langsamer als die anderen und in dem erwähnten Abstand, stellte sie erst einmal den neuen Freund vor. Er tat so, als wäre er immer schon dagewesen und unterdrückte die aufkommende Hilflosigkeit, die man auch als Minderwertigkeitsgefühl bezeichnen könnte. Nein, er machte schon richtige Sprünge und Hopser, die selbst seine Mutter überraschten und ließ es über sich ergehen, daß die anderen kamen und ihn beschnupperten. Alle kamen sie, die Alten und Jungen. Sie bestaunten ihn, gaben ihm Ratschläge nach der Art, wie dies Pferde tun und spielten dann mit ihm in ihrer Weise. Bald gab es ein fröhliches Durcheinander. Das bisher einsame und einzige Kind einer Mutter wurde schnell im Kreis der Gespielen heimisch, die ihn umgaben, mit ihm tollten und ihn in ihre Runde aufgenommen hatten.

Sage keiner, daß ein Pferd nicht reden kann. Natürlich, die Sprache der Menschen ist etwas anderes. Der Mensch versteht die Pferdesprache meistens nicht, und die, die sie verstehen, wissen, daß Töne dabei gar nicht die Hauptrolle spielen. Es bleibt bei ihnen gewöhnlich dabei, daß sie einfach und schlicht ihre Regungen laut werden lassen. Das Wiehern, dem Menschen als markantestes Merkmal der Pferdesprache bekannt, ist immer Ausdruck eines Lustgefühls. Hat der Hengst nach der Stute Sehnsucht und möchte ihr dies mitteilen, beginnt er zu wiehern. Will die Stute dem Fohlen etwas Nettes und Liebes sagen, wiehert sie. Auf der Weide brechen mehrere Pferde oft in ein gleichzeitiges Wiehern aus, das einem gemeinsamen Galopp vorangeht und sozusagen die Aufforderung aller an alle ist.

Betrat Schönfeld den Stall, in dem sein Reitpferd stand, die alte und schon etwas gleichgültige Pensa, so wieherte sie ihm fröhlich entgegen. Sie tat es auch, wenn er schon wochen- und monatelang den Stall nicht mehr betreten hatte. Sie zeigte ihm, daß er bei ihr nicht vergessen war, wenngleich sie sich auch wundern mochte, daß er sie so lange vernachlässigt hatte. Das sind Einzelheiten des Wieherns, die nur begreift, wer die Pferdesprache wirklich versteht und sich schon lange mit ihr beschäftigt hat. Ein leises Wiehern zeigt an, daß Hunger und Durst vorhanden sind; daher löst die Anwesenheit des Betreuers Freude aus, besonders wenn er sich mit Kübel oder Haferschüssel nähert. Sprechen sich Pferde im Stall oder auf der Weide an und wollen etwas sagen, dröhnt es tief wie der Baß eines alten Sängers, der von Minne und Freundschaft schwärmt.

Schnauben, Quietschen und Prusten dringen aus den halbgeöffneten Nüstern und klingen etwas gequetscht. Sie sind Ausdruck vielfältiger Gefühlsempfindungen und Äußerungen: Von der Abwehr angefangen, über den Ausdruck der Ermüdung und Enttäuschung spielt da eine ganze Anzahl von Empfindungen mit, die der Fachmann kennen und deuten kann und muß, wenn er sich mit dem Pferde langsam verstehen und sein Freund werden will.

Daneben drückt es eine ganze Skala von Gefühlen und Empfindungen durch seine Gebärdensprache aus. Der Kopf ist zunächst das bemerkenswerteste Ausdrucksmittel: Durch Schütteln, Hochreißen, Wenden, Auf- und Niederheben und Nicken macht es seine Empfindungen sichtbar, vor allem beim Anschirren und Satteln, einer Tätigkeit, die das Pferd erdulden muß und gegen die es auch als gut geschultes Musterexemplar immer etwas einzuwenden hat. Erscheinen die Kopfbewegungen noch etwas verhalten, so bedeutet die Gebärdensprache der Beine schon deutlicher eine letzte Steigerungsstufe vor dem Ausbruch des Temperaments, Trampeln und Stampfen mit den Vorderbeinen zeigen an, daß das Pferd von Angriffslust und Kampfgeist erfüllt ist, bereit, sich zu wehren oder gegen unbekannte Gefahren in Abwehrbereitschaft zu gehen. Scharrt es mit dem Vorderhuf in die Erde, sprechen Ungeduld und Erregung aus ihm. Gerät die Hinterhand in Begung und beginnt auszuschlagen, ist Alarmstufe eins für die Umgebung angezeigt; jetzt ist es entschlossen, sich bis zum Äußersten zu wehren und alle gute Erziehung fallen zu lassen. Pferde, die man lang im Stall stehen ließ, ohne Auslauf, beginnen auf der Stelle zu treten und zu tänzeln. Sie zeigen so in jeder Phase an, was sie begehren und signalisieren es dem Menschen. Er muß nun die Antenne haben, um zu begreifen und danach zu handeln.

Es gibt aber auch da noch gewisse Steigerungsstufen; etwa bei jenen Pferden, die mit den Vorderhufen zu klopfen anfangen, gegen die Holzverschalung ihrer Boxen trommeln: wenn sie den Wärter rufen wollen, Hunger haben oder auch von einem Fremden ein Stück Zucker erbetteln möchten. Das Spiel der Ohren gehört zu den Besonderheiten des Pferdes, hier das Richtige zu deuten, gelingt nur einem erfahrenen Reitersmann. Selbst der Pferdeschweif zählt zu den Ausdrucksmitteln der Verständigung unserer vierbeinigen Freunde; das sollte jeder wissen, der sich mit ihnen beschäftigt. Läßt das Pferd den Schweif bewegungslos hängen, ist das ein Anzeichen, daß es müde und satt ist. Befindet er sich in einer pendelnden Bewegung, dann steht das meist im Zusammenhang mit dem ungeduldigen Stampfen, gehört also zur allgemeinen Aussage einer Angriffs- oder Abwehrbereitschaft. Rotiert der Schweif hingegen dauernd, dann zeigt dies an: Das Pferd ist im Begriff, über eine Hürde zu gehen. Es befindet sich in allerhöchster Bereitschaft zur Erfüllung einer ganz schweren Aufgabe.

Der Kenner weiß, warum man einem Pferd den Schweif nie stutzen oder abschneiden darf: Nicht nur, weil das Pferd seine lästigen Quälgeister, die Fliegen und Schnaken, nicht verjagen kann, wenn ihm der Schweif fehlt, sondern weil es den Schweif als Signalmittel benützen möchte und wir auch ihn als Gradmesser seiner Stimmungen betrachten können.

Nun aber ist das Kleine von den anderen Fohlen nicht mehr zu unterscheiden. Es hoppelt nach einiger Zeit schon fröhlich, wenn auch noch bisweilen ungeschickt, über die Unebenheiten der so weit gewordenen

Welt. Eines Tages jedoch beginnt der Ernst des Lebens, und das Fohlen - wie man nur hoffen kann - kommt in die Hände eines verständnisvollen Betreuers, der bei der Schulung, die er ihm angedeihen läßt, bei aller Konsequenz, mit der die Abrichtung geschieht, nie vergißt, daß das Pferd ein Stück Natur ist und somit einer Welt angehört, die niemals ganz durchschaubar und von Geheimnissen erfüllt sein wird.

Im Traum vermengen sich nicht nur Ort und Zeit, auch die Zusammenhänge zwischen den Geschehnissen verlieren ihre Bedeutung oder bilden neue Gesetzmäßigkeiten. Es ist also verständlich, daß ein Mensch, der seit geraumer Zeit inmitten der Darbietungen der Spanischen Reitschule aus der Wirklichkeit in das Reich der Träume gesunken ist, alle Zeitbegriffe vergißt und ferne Ereignisse und Personen miteinander vermengt, zumal wenn ihm die Pferde neue Visionen vermitteln und er zunehmend in ihren Zauber gerät.

*

Clemens Schönfeld, ein Mensch, der zwischen den Zeiten lebte, der als ganz Junger das Versinken der Kaiserreiche in Mitteleuropa miterlitt und dabei und später manches von seinen nächsten Angehörigen erfuhr, wuchs in die Zeit zwischen den beiden Kriegen hinein.
Er lernte den Frieden lieben und erkannte, wie man streckenweise mit ihm Schindluder getrieben hatte. Ihm wurde klar, daß Ereignisse, deren Schrecken unverdient erschienen, ihre Ursache in Vorangegangenem hatten, in Taten, die man aus Bequemlichkeit und schlechtem Gewissen vergessen hatte.
Da die alte, 1918 auseinandergefallene österreichisch-ungarische Monarchie ein Pferdeland war, hängt alles, was über Pferde auszusagen ist, auch mit Österreich-Ungarn zusammen, und umgekehrt kann man aus der Entwicklung dieses mitteleuropäischen Großstaates das Pferd nicht hinwegdenken. Unendliche Weiten in nahezu allen Kronländern, die zum Reiten einluden und landschaftliche Gegebenheiten, die seit altersher das Pferd zum notwendigen Begleiter und Helfer des Menschen machten, wechselten einander ab. Das war nicht nur zeitbedingt, denn bis 1914 regierte, trotz aller technischen Fortschritte, noch das Pferd. In diesem großen Staatswesen waren alle Vorausset-

zungen für die Pferdezucht auf breitester Grundlage gegeben, und sie wurden auch genützt. Das Militär, dessen Rückgrat seit jeher die Reiterei war, mußte sich mit »Pferdematerial« bester Art versorgen, tat dies aus Selbstsucht und von Staats wegen, aber auch aus angestammter Liebe jedes Soldaten zu seinen vierbeinigen Freunden. Aus der Verpflichtung zur Wartung und Betreuung entwickelte sich eine Leidenschaft, die der Mensch im Maschinenzeitalter gar nicht mehr richtig begreifen kann. Das Wissen vom Pferd gehörte zum guten Ton. Man mußte, wollte man gesellschaftlich bestehen, vom Reitsport in Theorie und Praxis etwas verstehen und mußte diese Kenntnis auch auszusagen verstehen.

Wer an die alte Monarchie denkt, denkt zugleich an ihre Pferde. Seine Gedanken weilen auch heute noch in den ungezählten Pferdedepots, Stallungen, gedeckten und freien Reitschulen, Musterungskommissionen, Kommandanturen, Dienststellen und Pferdespitälern. Man darf aber auch nicht übersehen, wenn man an diesen Staat denkt, daß hier die Geschichte die oft unwahrscheinlichsten Rösselsprünge unternommen hat, auch wenn diese Begebenheiten heute schon vielfach vergessen sind. Wird Politik zur Geschichte, dann erhält sie meistens einen anderen Beigeschmack; wer blickt nicht durch die rosarote Brille, wenn er daran denkt, was nun schon viele Generationen zurückliegt.

Niemand wird behaupten, daß Napoleon ein besonders guter Freund der Österreicher war. Abgesehen davon, daß er den Tag von Aspern nie vergessen hatte, erkannte er sehr bald, daß in Österreich der eigentliche Kern der gegen ihn gerichteten Aufstandsbewegungen lag und daß sich hier ein für ihn sehr gefährlicher Patriotismus entzündet hatte. Daß der »gute Kaiser Franz« sein erlauchter Schwiegerpapa war, spielte dabei keine wesentliche Rolle, denn die Heirat, die den Korsen mit den Habsburgern verband, stand vom ersten Augenblicke an unter dem Schatten der hohen Politik.

Die Diplomatie pflegt ihre eigenen Wege zu gehen, auch wenn es nicht die geraden sind. Dem Österreich der Pferde aber hat Napoleon etwas Gutes getan, was man ihm nicht vergessen sollte. Er schenkte dem Kaiser ein Pferd, das den Namen »Nonius« trug. Es handelte sich um einen hochgewachsenen, schlanken Hengst von edler Herkunft, und, wie man alsbald feststellen konnte, mit ausgezeichneten Erbanlagen. Der Kaiser soll dieses schöne Roß mit einem frostigen Wort des

Dankes als Geschenk angenommen und auf dem üblichen Dienstwege der damaligen Zeit an die zuständige Stelle weiter gegeben haben. Das heißt Hengst ›Nonius‹ landete beim kaiserlichen Ärar, wurde dem Militär überlassen und gelangte so in die Hände wahrer Fachleute, die die Vorzüge dieses Tieres schnell erkannten. Es war zum Reiten, aber auch zum Fahren vorzüglich geeignet und wurde wegen seiner hervorragenden Anlagen zum Stammvater einer großen und umfangreichen Pferdedynastie, für deren Verbreitung die österreichische Kavallerie sorgte. Napoleon hatte sicherlich keine Ahnung davon, was er der österreichischen Reiterei mit diesem einen Pferde geschenkt hatte und erfuhr auch nicht mehr davon, daß mit ›Nonius‹ die Erneuerung der österreichischen Reiterei eingeleitet wurde. Ungezählte Pferdegeschlechter gingen bis in die Zeit vor dem Ersten Weltkriege auf dieses Geschenk zurück, das der französische Kaiser dem in Wien gemacht hatte.
Besaß ein Privatmann genügend Geld, um sich Pferde zu halten, mußte er nur zur nächsten Ausmusterung gehen, wo Husaren oder Dragoner in der nächst gelegenen Garnison ihre Pferde unter bestimmten Voraussetzungen und Bedingungen abgaben. So gelangten diese, von internationalen Fachleuten übereinstimmend hervorragend bewerteten Pferde nach und nach auch in den Besitz der zivilen Halter. Oft wußte man nicht mehr, um welchen Stammvater es sich bei dieser ganz bestimmten Rasse handelte, die allgemein Gefallen fand. Es waren Pferde mit den schon erwähnten Eigenschaften, die sich im herrschaftlichen Stall sowohl für den Wagen, aber auch als Reitpferd bestens eigneten und ihren Herren Anerkennung verschafften.
Offenbar mühelos und ohne jegliche Lenkung fuhren sie im flottesten Tempo mit ihren »Gummiradlern« durch die Straßen der Städte oder nahmen so elegant Hürden und Gräben, daß das Publikum in Jubel ausbrach. Es schien, als hätte die Natur hier noch einmal den Versuch unternommen, jene königliche Haltung und jenes majestätische Gebaren, das den Menschen verloren zu gehen begann, der Welt auf diesem Wege zu erhalten. Diese Gebärden des Selbstbewußtseins, welche die Natur durch das Pferd noch einmal dem Menschen vermittelte, überzeugte jeden, mochte er Republikaner oder Monarchist sein.
Es ist nicht verwunderlich, daß das Pferd in der menschlichen Vorstellungswelt mit Feierlichkeit und Würde verbunden ist und daß die

Majestät überlegener Größe durch Jahrhunderte im Reiterbild seinen Ausdruck findet. Einsam und unnahbar steht heute noch im Dom zu Bamberg der Reiter, von dem die einen behaupten, es wäre der Ungarnkönig Stephan der Heilige gewesen, während andere in ihm den heiligen Georg vermuten und wieder andere, zu denen wir uns zählen, annehmen, daß es sich um Kaiser Konrad III. handelt. Niemand weiß, wer der Meister war, der den Bamberger Reiter schuf, man nimmt an, daß dies etwa um das Jahr 1237 geschehen sein kann und bewundert heute, wie früher, die Schönheit des Angesichts, die Haltung und Würde und die selbstbewußte Zurückhaltung eines edlen und vornehmen Herrschers. Wird von Würde und Größe des Reitertums gesprochen, dann gehört der Bamberger Reiter zu den hervorragendsten Repräsentanten und ist zugleich Sinnbild einer längst zur Legende gewordenen heiligen Reichsidee.

Wie Roß und Reiter, Geist und Materie zu einer Einheit werden, beweist uns Albrecht Dürer in seinem Kupferstich von Ritter, Tod und Teufel. Der gewappnete Held gibt die Zügel frei. Er sorgt für sein Roß, denn beide müssen sich mühsam alles erkämpfen und jeden günstigen Augenblick nützen. Daraus entsteht das Gefühl der Verbundenheit, das beim Betrachter den Eindruck von Exklusivität hervorruft und die beiden Geschöpfe, sonnenumspielt und scheinbar unwiderstehlich, dahin ziehen läßt; nur, daß der Schreckliche ihnen zur Seite bleibt, das Stundenglas in der Hand, mit seinem Knochenfinger auf den Totenkopf weisend, der als Mahnung vor ihnen auf der Erde liegt, stört etwas das friedliche Bild. Der Größere und alles Bezwingende will auch angesichts der Majestät alles Irdischen anerkannt sein.

In den Pferden auf dem Turnierplatz, die uns Lucas Cranach der Ältere schuf und die Hans Baldung-Grien mit seinem Stift widergab, lebt noch etwas von der ungestillten Wildheit, von der berserkerstarken Kraft der Urpferde, die sich aus den Tagen der Heldensage, der griechischen und der römischen Mythologie und den germanischen Leitbildern, erhalten haben.

Wollte man die großen Heerführer vergangener Jahrhunderte imponierend darstellen, setzte man sie auf ein Roß, dessen Haltung und Aussehen die des Feldherrn betonte und unterstrich. Beim Betrachten des Heerführers Tilly denkt man zunächst weniger an die von ihm durchgeführten Raubzüge und an die Schreckenstaten seiner Soldaten, sondern daran, daß dieser finster dreinschauende Mann wohl mit dem wildausschlagenden Roß fertig werden würde. Ähnlich geht es uns bei der Betrachtung des Wallensteiners, der in diesem Moment weniger wegen seiner Siege und sonstigen Lebenstaten imponiert als durch die Großartigkeit seines Pferdes, das dem Reiter die Aura der bedeutenden Erscheinung verleiht. Andreas Schlüters monumentale Darstellung des großen Kurfürsten war das erste Standbild dieser Größenordnung, das von Menschenhand in einem Guß gefertigt wurde. Diese Darstellung von zwingender Aussagekraft wird dadurch zur Einheit, daß Pferd und Mann in der gleichen überlegenen Haltung und doch bar jeglicher Überheblichkeit zu imponieren vermögen. Dort, wo sie heute vor dem Charlottenburger Schloß stehen, war nicht ihr ursprünglicher Standort; als Bomben die Reichshauptstadt heimsuchten, versenkte man Roß und Reiter in den Tegeler See und holte sie erst aus den trüben Fluten, als die Angriffe aufgehört hatten. Der Sieger von Aspern, Erzherzog Karl und Prinz Eugen, der Türkenbezwinger, sind auf dem Heldenplatz in Wien als Fußgänger einfach undenkbar. Ob der eine die Fahne hochreißt und der andere den Feldherrnstab vor sich hält, ist unerheblich. Erst die Pferde, die sie tragen, verleihen beiden die Note und den typischen Ausdruck. Selten werden Raum, Zeit, Mensch und Pferd zu einer solchen Synthese, wie sie die breite und großartige Anlage der Bauten um den Heldenplatz bietet.

Von alters her bis in unsere Tage kennen wir viele Darstellungen des Pferdes, die in der Kunstgeschichte Bestand haben, über die Epochen hinweg. Ob es sich um den ›Pferde-Krüger‹ handelt, der seinen Prinzen von Preußen und sich selbst bei einem Ausritt in den Grunewald im Bilde festgehalten hat, ob wir an Max Liebermann denken, dessen Prachtexemplare von Pferden kein Sattelzeug tragen, weil niemand dazusein scheint, der in der Lage wäre, es ihnen anzulegen. Oder die vielen anderen, an die wir jetzt denken müßten, bis hin zu den ›Blauen Pferden‹ von Marc, sie alle sind Zeugen der Anerkennung, die der Künstler dem Pferde zollte, weil er wußte, daß die Menschheit diesem Tier Dank schuldet.

In Dieburg im Hessischen liegt eine alte germanische Kultstätte mit einem mächtigen Kultstein, der die Darstellung einer Pferdegruppe trägt. Ein reicher Römer, mit Namen Silvestrius Silvinus, dessen Forschungsarbeiten im germanischen Norden auch aus anderen Unterlagen feststellbar sind, ließ dieses Kunstwerk anfertigen, das somit aus ähnlichen Beweggründen und Vorstellungen in ein weit zurückreichendes Zeitalter weist.

Neben der Majestät und der Erhabenheit aber lebte noch die kleine Welt, nicht nur beim Menschen, nein, auch bei den Pferden. Es gab solche, die offenbar dazu geboren wurden, Heloten, Knechte oder Sklaven zu sein. Verachten wir sie nicht, sie sind ein Teil des großen Garten Gottes, ein Stück Schöpfungsgeschichte und Weltenordnung. So lebten etwa in den Karpaten und den ihnen vorgelagerten Landstrichen die struppigen und sagenhaft genügsamen Huzulen-Pferde, eine kleine Rasse, die keinesfalls besonderen Anspruch auf Wohlgestalt erheben konnte. Ihr von unregelmäßigen Wollstellen überzogenes Fell war filzig und wurde zu Beginn der kalten Jahreszeit durch weitere Fellpartikel verstärkt, die zwar nicht schön aussahen, aber in der eisigen Kälte und den heftigen Schneestürmen, denen sich die Kreatur dort ausgesetzt sieht, eine ideale Schutzkleidung bedeuteten. Man fand sie oft einsam und stundenweit vom nächstgelegenen Gehöft grasend. Sie schienen sich förmlich in den unwirtlichen Stein- und Geröllboden festzukrallen, knabberten am Boden und an den Baumstämmen und kehrten, wenn sich die Sonne hinter den unergründlichen Wäldern der Karpatenberge zur Ruhe begeben wollte, ohne jede Aufforderung und Anleitung wieder in den heimatlichen Stall zurück.

Ihre Genügsamkeit entsprach der aller dort lebenden Menschen, die arm, aber offenbar zufrieden nebeneinander lebten, solange wir sie mit unseren Vorstellungen in Ruhe gelassen hatten. In einem Raum, wo Rumänen, Ukrainer, Slowaken, Polen, Szekler und deutsche Siedler verschiedenster Herkunft wohnten und wo sich die Völkergrenzen im Laufe von Jahrhunderten nach ganz eigenen Gesetzen entwickelt hatten, waren diese Pferde zu Hause. Unten im Tal, wo wir vielfach in fruchtbarer Ebene und städtischem Wohlstand andere Volksgruppen vorfanden, herrschte an Markttagen ein wahres Völkergemisch mit den verschiedenartigsten Sprachen, den unterschiedlichsten Idiomen und Temperamenten. Merkwürdigerweise verstanden sie sich alle, wußten, was der andere meinte und konnten ihm in ihrer Sprache verständlich Antwort geben.

Schon sehr zeitig am Morgen belebten sich die Pfade und Steige, die aus den Wäldern und von den Bergen zu Tale führten. In behaglichem Tempo, das schon etwas von der Ruhe der Menschen in den Weiten des Ostens an sich hatte, zogen die Pferde bergab, auf ihren Rücken vermummte Gestalten mit Tragkörben, Säcken und Beuteln. Es waren Frauen, die ihre landwirtschaftlichen Erzeugnisse auf den Markt brachten, die ihre ›Huzulenky‹ an den nächsten Baum banden und das Pferd den ganzen Tag über so stehen ließen, bis es dann spät am Abend wieden den beschwerlichen Heimweg mit der aufgesessenen Bäuerin zurücklegen mußte.

Sie besaßen aber einige weitere Eigenschaften, die man an ihnen schätzen lernte, als die Karpaten 1914 zum Kriegsschauplatz wurden und der Krieg durch diese bisher unberührten Täler und Kämme zu toben begann. Sie gehörten wegen ihrer absoluten Schwindelfreiheit und ihrer genügsamen Art, aber auch wegen der in ihnen schlummernden Kräfte, zu den besten Transportpferden, die zum Tragen von Lasten noch in Höhen verwendbar waren, in denen bereits jedes andere Pferd zu versagen begann. Willig taten sie ihren Dienst und waren zufrieden, wenn man sie das wenige abgrasen ließ, was neben dem Wege wuchs.

Von den Pferden mit dem edlen Geblüt des ehrwürdigen Nonius bis zu den kleinen unbekannten und ungenannten Gebirgsproleten spannt sich ein weiter Bogen. Sie unterschieden sich in vielem. Selbst ihre Art, auf den Menschen zu reagieren, war anders. Diese kleinen und unscheinbaren Gebirgspferde waren viel mißtrauischer als die Ururenkel des Nonius. Sie gaben dem Menschen zu verstehen, daß sie ihn gar nicht brauchten und daß sie ebensogut ohne ihn auszukommen in der Lage wären. Darin dürften sie sogar recht gehabt haben. Wollte man sie etwa streicheln, mußte man sehr vorsichtig sein. Sie schlugen bei der ersten unvermuteten Bewegung des Menschen unbarmherzig nach allen Seiten hin aus. Sie waren auch bissig, und viele, die ihnen mit einem Stück Zucker eine Freude bereiten wollten, zogen ihre Hand lieber wieder zurück.

Sah man aber ihren Blick, dann erkannte man plötzlich die Welt, in der sie lebten. Aus diesen Augen sprach die Angst der Kreatur, die sich noch in vielem keinen Reim auf ihre Umgebung machen konnte und der das Lebewesen Mensch etwas Unbekanntes war, vor dem man sich zunächst in acht nehmen mußte. Auch darin hatten sie nicht unrecht. In ihnen lebte noch das Mißtrauen des ursprünglichen Pferdes, das aus einem unbekannten Land gekommen war und dessen Übergang vom Wildpferd zum Partner des Menschen tausende Jahre gedauert hatte. Die Huzulenky wälzten sich auch noch viel häufiger im Morast oder kühlen Gras, als andere Pferde dies tun. Sie schlugen wie ein Boxer vor dem ersten Gang um sich, wenn sie sich erhoben, als wollten sie Hufe und Gliedmaßen auf ihre Tauglichkeit ausprobieren. Wenn sie sich abzuschütteln begannen, flogen ganze Haarflocken und Wollbüschel davon. Mochten sie auch noch so lange im Stall gestanden oder täglich ihr Zaumzeug aufgezwungen erhalten haben — bot sich ihnen wieder einmal Gelegenheit, sich auf einer Wiese oder Weide loszureißen, dann rasten sie mit geradezu irrsinnigem Tempo los.

Einfach fort! Nicht zu halten und einem unbestimmten Ziele zu; nur weg, und ohne Rücksicht auf Schreien und Schelten: allerdings gar nicht so weit, wie man anfangs dachte... Etwas Unbekanntes hielt sie dann plötzlich wieder zurück; auch ohne Zaum und Seil. Soweit waren sie nämlich schon erzogen, daß sie wußten, daß man dem Menschen nicht einfach davonlaufen darf, obwohl dies einer der schönsten Genüsse in ihrer Pferdephantasie war. Indes - sie hatten im Laufe von Generationen gelernt, im Gefolge der Menschen zu leben. Deshalb waren ihre wild begonnenen Ausbruchsversuche nur noch Scheinaktionen, das Aufflammen uralter Instinkte und Wünsche, die aus dem Unterbewußtsein kamen, aus dem sich scheinbar Untergegangenes löste und mit dem zu streiten begann, was an Drill, Abrichtung und Anpassung an den Menschen bereits seine Spuren hinterlassen hatte. Da nützte kein Drohen und Rufen, kein Brüllen und Schreien. Es galoppierte hemmungslos über Stock und Stein, es jagte über Böschungen und Holzstöße hinweg. Es sah und hörte nichts, weder hinter sich, noch um sich... Es riß einfach aus... wie von Furien gejagt. Dann stand es auf einmal still. Die Augen sahen triumphierend in die Runde. Die Flanken schlugen und bebten. Der Schaum tropfte aus dem Maul. Der Schweif schlug noch wie wild um sich - und dann bekam der Hals wieder langsam die demütige Haltung zurück, die er in den letzten Minuten im Überschwang der Gefühle abgelegt hatte.

Ein letzter Triumph noch. Der Knecht, der Bauer oder der Soldat, sie konnten rufen und schreien, sie konnten drohen oder winken, das Pferd bewegte sich nicht von der Stelle, es kam auch nicht, wie geheißen, zurück. Man mußte es holen! Es hielt still, es ließ sich am Seil oder ausgefransten Zügel nehmen und trabte dann, als ob nichts, aber auch gar nichts passiert wäre, wieder mit und war das bravste und folgsamste Tier, das man sich vorstellen kann. Die dummen Menschen wußten nur nicht, daß es nur einen Ausflug in die Lausbubenzeit oder in die Traumwelt seiner Vorfahren gemacht hatte und jetzt wieder ganz bei der Sache sein wollte. Es ist merkwürdig, daß ein ähnliches Gehabe bei hochgezüchteten Pferden nur ganz, ganz selten vorkommt. Dort ist das Noble schon so ausgeprägt, daß man sich stets wie ein Musterschüler benimmt, der nur ausnahmsweise einer Versuchung unterliegt.

Laßt also die wohlerzogenen, die herrlichen Geschöpfe des Meisters ruhig und gemessen ihres Weges gehen. Wir bejubeln sie und freuen uns an ihrer Ausgewogenheit, am harmonischen Kräftespiel und ihrer Intelligenz. Trotzdem: Die Erinnerung dieser kleinen, unscheinbaren und oft ungebärdigen Gebirgsgänger scheint doch noch stark in ihren Ursprüngen zu wurzeln. Wir sollten sie weder übersehen noch vergessen, obwohl man heute viele Grenzen passieren müßte, um sie zu finden.

*

BESTER FREUND IN SCHWERER ZEIT

Als Clemens Schönfeld durch eine jähe Bewegung aus seinem Schlummer aufschreckte, merkte er, daß seine Nachbarin von ihm abgerückt war. Ihm fiel nichts anderes ein, als sich zu entschuldigen und dann geheimnisvoll zu flüstern: »Die blauen Pferde!« Diese Bemerkung hatte zur Folge, daß die Schöne noch um einige Zentimeter weiter rückte und sich mit hochgezogenen Brauen der Arena zuwandte.

Dachte Schönfeld in stillen Stunden nach, so erkannte er, daß es ihm so ergangen war wie den vielen, die plötzlich als ›alte Österreicher‹ während des letzten Krieges in Verbindung mit jenen gekommen waren, mit denen man als Waffenbruder und Kamerad gegen einen gemeinsamen Gegner focht. Stets etwas von ihnen unterschieden, in vielen Dingen Distanz haltend, hatte sich doch bald eine aufrichtige Kameradschaft entwickelt, wie sie bei Reitern als Selbstverständlichkeit schnell entsteht. ›Kamerad Schnürschuh‹ wurde in seiner lässigeren Art und seinen manchmal anderen Lebensgrundsätzen oft bestaunt und auch manchmal bekrittelt, aber die ›reichsdeutschen‹ Kameraden entpuppten sich bald als die verläßlichsten Mitstreiter, die zu uns standen und auf die man sich in guten wie in schweren Stunden verlassen konnte.

Was Wunder, wenn wir uns für ihre Pferdearten zu interessieren begannen und in unseren Erzählungen die ostpreußischen Trakehner allmählich zu einem Gütebegriff wurden. Man hatte zwar schon viel von ihnen gehört. Aus der Nähe wie jetzt hatte man sie allerdings noch nie beobachten und bestaunen können; jetzt wurde ihr Schicksal zu einem Stück des eigenen.

Vom Laien wird vielfach jedes ostpreußische Pferd als Trakehner bezeichnet, obwohl es in Ostpreußen mehrere Zuchtgebiete gab, von denen der Standort der Trakehner nur der bekannteste war.

Ostpreußen!

Es gibt wenige Gebiete unseres alten Kontinents von so überwältigender Schönheit wie dieses Land mit seinen unergründlich scheinenden Wäldern, seinen fruchtbaren, ausgedehnten Ländereien, wo die

Bauernhöfe Burgen glichen und wo sich in ungezählten Seen die Schaufeln der Elche widerspiegelten, die dem Land zum Symbol wurden; nicht nur dem Land, sondern als Gestütszeichen auch für die Trakehner, ein Zeichen, das heute noch gilt. Von den Fluten des Meeres umspült, aber auch von den Weiten des Ostens mitbestimmt, war es Inbegriff der Fruchtbarkeit, obwohl die Spanne zwischen brütender Hitze des Hochsommers und klirrenden Frosttagen des Winters für mitteleuropäische Verhältnisse groß war. Fruchtbarkeit auf der einen Seite und zur unbarmherzigen Auslese zwingendes Temperaturspiel der Natur sind eine der Ursachen dafür, daß all das, was hier am Leben blieb und gedieh, kerngesund war.

Als die Kreuzritter auf ihren im Südwesten gezogenen Schlachtrossen durch das Land ritten, sahen sie voll Verachtung auf die verfilzten und klein gebliebenen Pferde herab, die sich hier vielfach in freier Wildbahn tummelten und in Wahrheit, trotz ihres unansehnlichen Aussehens, ihre großen und gepanzerten Artgenossen aus dem goldenen Westen mühelos überlebten.

Die Gastfreundschaft in Ostpreußen war sprichwörtlich, die Verbundenheit mit den Pferden in Stall und Hof, auf Weide und Koppel eindrucksvoll. Es ist keine Übertreibung und Idealisierung, wenn behauptet wurde, daß der Ostpreuße für seine Pferde lebte. Das Land wurde zum Pferdeparadies und Grundlage für eine Zucht von imponierenden Ausmaßen. Um unsere Vorstellungen gleich auf das richtige Maß zu bringen, müssen wir feststellen, daß die Katastrophe von 1945 den Bestand der ostpreußischen Pferde noch schlimmer gelichtet hat, als es der furchtbare Blutzoll vermochte, den die ostpreußischen Menschen durch Krieg und Vertreibung erlitten haben. Von den 56 000 warmblütigen Zuchtpferden Ostpreußens sind damals nur 2000 bis 3000 in den Westen gelangt. Über ihre Härte und Genügsamkeit und die unvorstellbare Bedürfnislosigkeit, wenn es darauf ankommt, haben auch Fachleute gestaunt, als man die Ereignisse von 1945 in Ruhe und systematisch überdenken konnte.

»Die Leute hier in Westdeutschland können es nicht begreifen, daß die Pferde die Wagen den ganzen langen Weg von Ostpreußen bis hierher gezogen haben.« Das ist der Tenor, der sich in nahezu allen Berichten von ostpreußischen Flüchtlingen wiederholt, die aus ihrem Land bis Niedersachsen, Schleswig-Holstein oder ins Schwäbische getreckt waren. Die Leistungsfähigkeit dieser Pferde wurde auch darin sichtbar, daß die Futterrationen während der wochenlangen Treckzeit durch Schnee und Sturm oft unter der Grenze des noch Erträglichen lagen. Drei Pfund Futter pro Tag, bei einer Ladelast von vierzig Zentnern je Fahrzeug, waren keine Seltenheit; wozu noch gerechnet werden muß, daß die Pferde bei ihrer Ankunft an einem Aufnahmeort im Westen vielfach sofort wieder, bei weiterer ungenügender Fütterung, zu landwirtschaftlichen Arbeiten herangezogen wurden.

Es gibt wenige Tragödien in der Weltgeschichte von so unvorstellbaren Ausmaßen, wie der verzweifelte, leider nur zum Teil geglückte Versuch, Millionen Frauen, Kinder und alte Menschen, ohne planende Vorbereitung und im letzten Augenblick, vor der Kriegsfurie zu retten. Hunderttausende sind damals erfroren, überrollt worden, mit Roß und Wagen im Packeis des Haffs eingebrochen und ertrunken oder auf andere Weise zugrunde gegangen. Selten haben sich Pferde in schicksalhaften Stunden so als Freunde und Kameraden bewährt, wie in diesen Wochen. Ostpreußens Pferden ist ein Ehrenplatz im Pferdehimmel gewiß. In alten Urkunden wird darauf hingewiesen, daß schon 1400 der Deutsche Orden 61 Gestüte unterhielt, von denen fünf der Kirche gehörten. Nach dem Ausklingen der Ritterzeit scheint auch hier vorübergehend der Pferdebestand abgenommen zu haben. Die Ritterheere nahmen andere Formen an. Erst als mit der Erfindung des Schießpulvers und der Wandlung der Taktik der beweglichen und berittenen Truppen eine Wendung eintrat, war das Pferd wieder begehrt.

Seine friedliche Nutzung, gerade in Gegenden, wo Rodungsarbeiten, Trockenlegung von Sümpfen, Erschließung unwirtlicher Landstriche und Bestellung der meilenweiten und ausgedehnten Ländereien ohne Hilfe des Pferdes unmöglich gewesen wären, ließ das Pferd hier nie entbehrlich werden. Die weit auseinanderliegenden Gehöfte und Weiler, die entfernten bewehrten Ortschaften hinter Wall und Graben machten es in diesem Raum zum dringend benötigten Gehilfen. Der Ostpreuße, auch der kleine Bauer, vor allen aber der freie Herr, schätzte sein Pferd, weil er es brauchte. Die Großen von Staat, Kirche und Militär wußten, sie konnten ohne Pferd nicht auskommen. Die Abhängigkeit vom Pferde in ganz bestimmten und vorher nicht abwägbaren Lebenslagen trug ebenfalls etwas zur Bildung der Gemeinschaft bei, die gerade in diesem weiten Raum Menschen aller Schichten und Stände miteinander verband.

Zwischen Marienburg, Danzig und Elbing etwa regierte das Pferd die Familie. Das klingt vielleicht etwas pathetisch und konstruiert, hängt aber mit der Situation der vielfach in der Einsamkeit lebenden Menschen zusammen, die neben ihrer Abhängigkeit zeitlebens etwas von der altgermanischen Verehrung für das Pferd behalten haben. Wenn die Natur, wie hier, über weite Teile des Jahres unbeschränkt regiert, sucht der Mensch automatisch Anpassungsmöglichkeiten an ihre Formen und Auswege zur Verbesserung seiner Lebensbedingungen. Ein krankes Pferd im Stall empfand man, so hart es klingen mag, oft als schwereren Schlag, als wenn sich ein Familienmitglied in Schmerzen krümmte.

1732 wird als Gründungsjahr der Trakehnerzucht bezeichnet. Damals gab König Friedrich Wilhelm I. den Auftrag, ein riesiges Gebiet zwischen Gumbinnen und Ebenrode im Ausmaß von etwa fünftausend Hektar Sumpfland zu roden. Hier entstand das spätere Gestüt Trakehnen, dessen ursprünglicher Bestand 1100 Pferde umfaßte, davon 513 Stuten. Über die ersten Jahrzehnte weiß man nicht viel zu berichten. Königliche Befehle und gutgemeinte Anordnungen sollten das mangelnde Fachwissen, das der Pferdezucht dort anfangs fehlte, überbrücken. Verständlicherweise verlor der König seine Freude an diesem Unternehmen. Schon sieben Jahre nach der Gründung schenkte er den gesamten Besitz seinem Kronprinzen.

Der hieß immerhin Friedrich II. Es hätte uns gewundert, wenn dieser Mann aus der unrentabelsten und verfahrensten Angelegenheit nicht noch etwas Brauchbares gemacht hätte. Nicht ohne Erfolg weilte er während seiner kriegerischen Auseinandersetzungen mit der Kaiserin in Wien lange Zeit in Böhmen. Dort beschäftigte er sich, wie man sich denken kann, nicht nur mit dem Kriegführen, sondern requirierte, wie üblich, recht wacker. 1742 ließ er 36 Hengste, 138 Stuten und 107 Fohlen aus Böhmen fortführen. Man nimmt heute an, diese Pferde stammten aus dem Besitz des Fürsten Dietrichstein und verkörperten ausgesuchtes Zuchtmaterial. Das Ergebnis dieser Zucht scheint nicht besonders gut gewesen zu sein, denn im Anschluß daran sorgte der König dafür, daß aus Dänemark frisches Blut herangeführt wurde. Mangelnde Erfahrungen und die laienhafte Führung der Gestüte lähmten lange Zeit eine Aufwärtsentwicklung. Sicherlich verbesserten sich dort mit der üblichen sanften Gewalt die Verhältnisse. Als Friedrich der Große starb, nahm der Staat das Gestüt in Besitz. Er gewann erfahrene Züchter und Fachleute. Ostpreußen blieb 150 Jahre lang der Armeelieferant in Pferden für das Königreich Preußen, für die meisten deutschen Kleinstaaten und schließlich für das deutsche Kaiserreich.

Kriege brausten über das Land. Fronten zogen darüber hinweg; jedesmal wurden die Trakehner evakuiert. Uns sind fünf solche Verlagerungen des gesamten Pferdebestandes bekannt, eine davon 1812, als nach Ausbruch des Krieges zwischen Napoleon und Rußland das Gestüt in den Raum zwischen Ratibor und Troppau verlagert wurde. Im Ersten Weltkrieg führte man die Trakehner 1914 fort, räumte ihre Zuchtgebiete und konnte sie erst wieder 1919 zurückbringen.

Die furchtbarste Evakuierung war wohl die von 1945, die eigentlich gar keine war, sondern ein bis zum letzten Moment verhinderter Versuch der allgemeinen Räumung. Der letzte Gestütsleiter Trakehnens, der Landstallmeister Dr. Ehlert, begann schon im Sommer 1945 in Hunnesrück im Solling mit dem Wiederaufbau und übernahm später die Leitung des dort gebildeten Ostpreußengestüts, das mit 50 Stuten und Hengsten neu aufgebaut wurde. Ohne allzu große Hilfe von staatlicher Seite - woher hätte die in den damaligen Jahren kommen sollen - wurde die Zucht der Trakehner wieder begründet und erlebte einen Aufschwung sondergleichen.

Die Pferde mit der Elchschaufel, wie man sie wegen ihres Gestütsmales nennt, erscheinen uns immer wieder wie Symbole für unsere Zeit. Clemens Schönfeld, der im großen Sog der Rückzugsbewegungen, die stellenweise schon als Flucht vor der Roten Armee zu bezeichnen waren, mitgetrieben wurde, gelangte damals in diese Absetzbewegungen von zurückgehender Infanterie, von Panzerangriffen, von Flüchtlingen, die zu Fuß die Straßen verstopften, langen Schlangen von Wagenkolonnen, Herden von Pferden und Rindern, die sich rettungslos ineinander verkeilten, in die keinerlei Ordnung zu bringen war. Es gab stellenweise kein Vorwärts noch Zurück, und es war ein Inferno von unvorstellbaren Ausmaßen. Darüber kreisten die

feindlichen Flugzeuge, deren Bordschützen selbst mit geschlossenen Augen ihr Ziel nicht verfehlten.
Sprache und menschliche Vorstellungskraft versagen fast angesichts der chaotischen Vorgänge, die sich nach dem Zusammenbruch der Front Ostpreußens in dieser Provinz abspielten. So furchtbar auch das Sterben ungezählter Menschen war, das Verenden der Pferde am Wegrand oder irgendwo unmittelbar daneben, im Angesicht der durch eigenes Unglück gefühllos gewordenen Menschen, war es nicht minder. Aus den ungezählten Briefen von Teilnehmern der großen Trecks von 1944 und 1945 ist immer wieder das gleiche zu entnehmen: »Einmal gelangten wir in ein Dorf, in dem am Tage vorher 25 Kinder unter dem Schnee im Straßengraben beerdigt worden waren. Das Fahren im tiefen Schnee war jetzt furchtbar, die Stränge rissen. Die Wege waren meterhoch verweht und mußten freigeschaufelt werden. Die Hufe der unbeschlagenen Pferde fingen an zu bluten. Keines der Pferde wollte, wenn wir einen fanden, in einem fremden Stalle allein bleiben. Wir mußten sie gemeinsam hin- und herführen. Unsere Pferde waren von der gleichen Vorstellung gepeinigt: Nur nicht auseinandergerissen werden. Nur beisammen bleiben, so lange es möglich ist«.
... »Die Pferde haben uns nicht im Stich gelassen. Als wir tagelang für unsere beiden Kleinkinder keine Milch mehr bekommen hatten, kochten wir kurzerhand den Brei mit der Stutenmilch, er schmeckte gut ...«
... »als ich mich für kurze Minuten vom Wagen entfernt hatte, kamen Tiefflieger und beschossen den Wagen, in dem meine Kinder lagen. Die Pferde standen steif da und wollten nicht einmal bis unter den nächsten Baum, wohin ich sie führen wollte. Die Angst hatte sie so verwandelt, als hätten sie einen Starrkrampf ...«
... »Unser letztes Pferd hatte auf der Flucht gefohlt und sich nicht gereinigt. Die Leute fanden keinen Tierarzt und fuhren täglich mit der Stute weiter. Dann ist auch unsere ›Prima‹ gestorben, kurz nachdem wir unseren Vater beerdigt hatten, der an völliger Entkräftung gestorben war ...«
Die Stuten, die sich am Wegrand vergeblich bemühten, ihre Fohlen zur Welt zu bringen, deren schrille Schreie im Schneesturm verklangen und die kurze Zeit später, Stute und Fohlen eng beieinander, als leblose Klumpen im Frost erstarrten, gehörten zu diesen Schreckensbil-

dern. Zusammenbrechende, von Krankheit und Hunger gezeichnete Pferde, deren wundgescheuerte Rücken und heraustretende Knochen von den übermenschlichen Anstrengungen der letzten Wochen kündeten und die ihre schweren Köpfe nur noch mühsam heben konnten, ergänzten das Grauen ringsum.

Wer es erlebte, wie ein Pferd den Menschen in solch einer Situation ansieht, der wird diese Augen, diesen Blick nie mehr los, der weiß endgültig, daß sich Mensch und Tier im Zustand letzter Hilflosigkeit und endgültigen Sterbens gar nicht mehr unterscheiden.

Dieser letzte Krieg hat anderthalb Millionen Pferden das Leben gekostet! Erschüttert steht man vor einer Katastrophe, die sich nicht mehr ungeschehen machen läßt.

*

GESCHICHTE WAR IMMER GRAUSAM

Nun werden die schwierigsten Figuren der Hohen Schule vorgeführt: Die Passage und die Piaffe. Sie bringen durch ihr unvermutetes Zeitlupentempo immer wieder den Rhythmus der Bewegungen in neue Phasen, ein Ergebnis jahrelanger Arbeit. Nur solche Bereiter und Pferde kommen zu einem Ziele, die wirklich zu einer Einheit zusammenwuchsen, Ergebnis des Verstehens, des Miteinanders und einer weitgehenden Abkehr von landläufigen Dressurkünsten und ihren brutalen Methoden.

Als Theodor Körner sein Lied von den Lützower Jägern schrieb, hinterließ er seinem Freikorps ein Vermächtnis, das sich über lange Kriegs- und Friedenszeiten erhalten hat, denn in diesem Liede lebt das unbekümmerte Reiterleben, in das sich allerdings die Todesahnungen des Kriegers mengen. Wie das Reiterlied Schillers aus dem ›Wallenstein‹ ist es ein Stück geschichtlicher Erinnerung, bewahrt die vergangene Form eines überzeitlichen Ideals: des mannhaften Kampfes für die Freiheit.

Die alte Tragik, daß das, was in dem einen Lande Tugend genannt wird, im Nachbarland schon ein fluchwürdiges Verbrechen sein kann, verfolgt uns bis heute. Uniformen und Parolen haben sich geändert; die Methoden sind andere geworden, aber die Unarten sind geblieben. Wir haben wirklich wenig Ursache, auf unseren sogenannten Fortschritt stolz zu sein.

Die deutsche Reitertradition kann sich auf viele Vorbilder berufen, auch dann, wenn sie sich neben der österreichischen entwickelte - und leider zeitweilig auch gegen sie. Man wußte in den Kanzleien und an den Höfen der verschiedenen deutschen Fürsten, daß in unruhigen Zeiten eine starke Reitertruppe aufgeregte Nerven beunruhigen konnte und oft genug Reiterformationen Schlachten entschieden. Der Große Kurfürst legte während des Dreißigjährigen Krieges das Schwergewicht auf seine gefürchteten berittenen Truppen. Der Name Derfflinger ist uns noch in Erinnerung als Erneuerer der brandenburgischen Reiterei. Schlachten von weitreichender Bedeutung, wie die

bei Fehrbellin und die Verfolgungsschlacht am Rhein, sind typisch für eine Entwicklung, die man später deshalb nicht wahrhaben wollte, weil die berittenen Truppen für ihre Erhaltung weit mehr Kosten verursachten als die Fußtruppe.
Als der Preußenkönig Friedrich Wilhelm I. seinen Staat so aufbaute, daß er die Grundlage für die kommende bedeutungsvolle Entwicklung bildete, legte er ebenfalls weniger Wert auf die Kavallerie als auf das Fußvolk. Ihm waren einige ›Lange Kerls‹ lieber als eine ganze Schwadron. Später wären solche von Vorteil gewesen, doch diese Entwicklung konnte er beim besten Willen nicht ahnen. Sein Sohn, kein Geringerer als der Preußenkönig Friedrich, den man den Großen nannte, übernahm eine zwar sehr gut ausgebildete, aber zahlenmäßig geringe Reiterei. Er hätte nicht Friedrich heißen dürfen, wenn er diesen Zustand nicht geändert hätte. Bald erlebte Brandenburg-Preußen einen ungeahnten Aufstieg der Reiterei, die vor allem in den Kriegen gegen Österreich und Frankreich mitentscheidend werden sollte. Fast alle von ihm errungenen Siege - das waren zum Leidwesen seiner Gegner viele - erzielte er durch das blitzschnelle Eingreifen seiner Reiterformationen, die er nach neuen Gesichtspunkten und einer damals noch nicht geübten Strategie des fächermäßigen Angriffs entwickeln ließ.
Nicht zu Unrecht nennt man den Namen Seydlitz heute noch mit Respekt. Er ist der Schöpfer dieser neuentwickelten Reiterei, aus der die preußische und einiges später die deutsche entstanden ist. Seine Auffassungen fußten auf der Erkenntnis, daß der Reiter einen sechsten Sinn haben und daß man es im entscheidenden Falle auch dem Unterführer überlassen müsse, Entscheidungen zu treffen; ferner, daß keilförmige Angriffs- und Flankenstöße jeden Gegner entscheidend beeinflussen müßten, wenn zwei Voraussetzungen gegeben wären: Die zahlenmäßige Überlegenheit des Gegners dürfte nur eine bestimmte Grenze erreichen und die geschlossenen Formationen, die zum Hauptstoß keilförmig anzugreifen hätten, müßten nach Methoden vorgehen, wie man sie viel später bei Panzerangriffen angewandt hat.
Selbst die Methoden dieser Panzerstrategie hat er geradezu vorausgeahnt. Die von Seydlitz eingeführten Attacken sahen zwei Hauptgruppen vor: Den Hauptstoß vollführten seine Kürassiere. Sie wurden von Dragonerformationen unterstützt; wegen ihrer Wendigkeit

konnte man sie im Notfall schnell an gefährdete Punkte umdisponieren. Dann gab es ›Flanqueurs‹, das heißt Flügeltruppen, die aus Husaren bestanden und in aufgelockerter Ordnung nach den erwähnten Vorstellungen zu operieren hatten. Aufklärer und Angreifer zugleich, faßten sie den Gegner im entscheidenden Moment in die Flanke und konnten so zur tödlichen Gefahr werden.

Das Pferdematerial dieser Heere bestand aus kleinen, sehr leichtfüßigen Pferden, als sehr genügsam bekannt, von großer Ausdauer und mit dem Reiter so verwachsen, wie man dies bisher nur bei den Reitern aus dem Osten kennengelernt hatte. Ihr volkstümlichster Reiterführer war Zieten. Er und seine Waffengefährten gehörten zum Kern jener Gruppe, die aus dem Heere des bisher kleinen und im Ausland oft belächelten Preußen eine Macht schufen, die den Großmächten erfolgreich trotzen konnte.

Nach dem Tode des Alten Fritz ging es mit der deutschen Reiterei bis über die Zeit Napoleons hinaus hoffnungslos bergab. In der Überalterung der hohen Stäbe lag wohl die Hauptschuld, daß die preußische Reiterei, trotz der Leistungen einzelner, auf der ganzen Linie unterlag. Zwar lebte noch der Geist Friedrichs in den Schwadronen, doch es fehlte an Selbstbewußtsein und jugendlichem Elan, mit dem einst seine Reiterführer die Entscheidungen erzwungen hatten; es mangelte aber auch an der Vorsorge und Planung über längere Zeitspannen. Napoleon wurde mit der preußischen Reiterei zunächst fast mühelos fertig, schlug die Preußen und seine anderen Gegner der Reihe nach. Gegen seine nach ganz neuen Gesetzen geformte Kavallerie war zunächst kein Mittel zu finden. Erst als die Freiwilligenformationen entstanden, die, oft nur kurzfristig ausgebildet, wieder im Angriff die Entscheidung suchten, begann sich das Bild zu ändern. Als in den folgenden Jahrzehnten des 19. Jahrhunderts der Neuaufbau der preußischen Kavallerie erfolgte und auch die anderen deutschen Staaten, vor allem Bayern und Sachsen, an den Aufbau ihrer Reitertruppen gingen, mußten sie alle auf die Erfahrungen zurückgreifen, die aus der Zeit des preußischen Reiterführers und friederizianischen Generals Seydlitz herrührten. Es wurden die denkbar besten Ergebnisse erzielt. In den großen Schlachten in Böhmen und Nordfrankreich allerdings spielte die Reiterei, trotz hervorragender Einzeltaten, nicht mehr die Rolle im Gesamtgeschehen, die man erwartet hatte. Trotzdem kann man die blutigen Reiterangriffe bei Königgrätz, Gravelotte und Mars-La-Tour aus dem kriegerischen Bild dieser Ereignisse nicht fortdenken.

Das kaiserliche Deutschland besaß vor 1914 mit 110 Regimentern eine wesentlich stärkere Reiterwaffe als der österreichische Bundesgenosse. In ihren Reihen lebten noch die Schweren Reiter und die Chevauxlegers der Bayern, die Gardereiter und Karabiniers der Sachsen, die Kürassiere, Dragoner, Husaren, Ulanen und Jäger zu Pferde, wozu noch Landwehrschwadronen und Landsturmregimenter kamen. Auch im deutschen Heer dauerte es nicht lange, bis die Farbigkeit der verschiedensten Regimenter und Waffengattungen durch das einheitliche Feldgrau abgelöst wurde. Obwohl in Deutschland hervorragend ausgebildet und auch dort, wo erforderlich, menschensparend und verantwortungsbewußt eingesetzt, kam es nicht zu dem jahrzehntelang geübten Masseneinsatz der Reiter. Bei der Aufklärung, Verschleierung eigener Unternehmungen, beim Stören und Verwirren des Gegners hat die deutsche Kavallerie, vor allem im Osten, Hervorragendes geleistet. Sie zeigte sich selbst den gefürchteten Kosakenverbänden durchaus gewachsen.

Der Vertrag von Versailles beschränkte das stehende deutsche Heer auf hunderttausend Mann und forderte dabei recht bewußt und mit Hintergedanken einen unverhältnismäßig großen Anteil an Kavallerie. Diese Einstellung entsprach der Erkenntnis, daß in kommenden Kriegen die Reiterei ohnedies keine Rolle mehr spielen könne.

Was hier als bewußte Taktik der Schwächung gedacht war, zeitigte andererseits Erfolg. Zwischen den beiden Kriegen blühte die von der Reichswehr geforderte deutsche Reiterei in allen Sparten empor und entwickelte sich zu einer führenden Rolle. Aus den Trümmern des deutschen Heeres wurden nach dem Zusammenbruch von militärischer Seite her großartige Ergebnisse auf dem Gebiete des Reiterwesens und der Zucht erzielt. In einer Zeit der beginnenden Motorisierung und Mechanisierung des Lebens erlebte der Pferdesport in Deutschland - trotz Inflation und sonstiger mißlicher Begleiterscheinungen - Anschluß an die Weltklasse. Neben der berühmten Kavallerieschule in Hannover, der Nachfolgerin des früheren ›Königlichen Militärinstituts‹, wo traditionsgemäß nicht nur der kriegerische Einsatz gepflegt wurde, sondern wo man die Liebe zum Pferd, seine

Wartung und Pflege zum Lebensinhalt machte, fand der vierbeinige Kamerad in ungezählten halbstaatlichen und privaten Verbänden und Betreuungsstätten beste Förderung. Was vor allem an der Arbeit am Pferd in Deutschland imponierte, war die bewußte Abkehr vom Technischen und die individuelle Behandlung des Pferdematerials, wozu die weiten Ebenen Ostpreußens, Niedersachsens und Pommerns hinreichend Gelegenheit boten.

Die Pferde gingen mit ihren Reitern den blutigen und furchtbaren Weg bis zum Ende. Sie erreichten jedoch nur zum geringsten Teil Gestüte und Sammelstellen im Westen. Der Großteil dieser herrlichen Tiere verendete unter schlimmen Begleiterscheinungen, zur Schande der Menschheit.

Es gab Gegenden - so wird berichtet - wo die Bauern, deren Ernte zum Großteil vernichtet war, 1945 wahllos Pferde in ihre Stallungen holten, dann aber die Stalltüren verriegeln mußten, weil sie beim besten Willen nicht noch weitere füttern konnten. Die ratlosen Pferde standen zunächst traurig, mit hängenden Köpfen vor den hölzernen Türen, hinter denen ihre Artgenossen verschwunden waren. Dann kehrten sie um und trabten traumverloren und langsam dem sommerlichen Unterholz zu, wo sie im Gebüsch und Dickicht bald zugrundegingen. Das geschah in einer Zeit - um eine Entschuldigung zu sagen - als die Millionen des hier lebenden Volkes selbst kaum etwas zu essen und vielfach kein Dach über dem Kopfe hatten.

Die größte Tiertragödie, die sich am Ende des Zweiten Weltkrieges abgespielt hatte, ereignete sich jedoch in Südkärnten, im Gebiet der Drau, und betraf die Kosakenpferde.

Mehr als 50 000 Angehörige der gegen Rußland kämpfenden antikommunistischen Kosakenregimenter, darunter das 15. Kosakenkavallerie-Korps und der Kosakestan von Kärnten, wurden im Zuge des allgemeinen Zusammenbruches, noch kämpfend, von den Engländern gefangen genommen und an die Sowjets ausgeliefert. Moskau hat mit den Führern und den meisten Offizieren kurzen Prozeß gemacht und die übrigen, soweit sie den Rücktransport überlebten, jahrzehntelang in Gewahrsam gehalten.

In der Nacht vom 22. auf den 23. März 1945 ritten die Reiterschwadronen des 4. (Kuban)-Kosakenregiments unter ihrem Oberstleutnant von Klein die letzte Nachtattacke dieses Krieges, die wahrscheinlich in diesem Ausmaß die letzte in der Geschichte bleiben wird. Ihre Gegner waren bulgarische Truppen, die damals die Waffen gegen Deutschland erhoben hatten. Die schulmäßig gerittene Attacke erfolgte in einer Frontbreite von 24 Kosaken, die, wie die Berichte besagen, »bei verhältnismäßig geringen eigenen Verlusten 450 Gefangene einbrachten«. An den Entscheidungen konnten diese und andere Einzelleistungen nichts mehr ändern. Die Katastrophe nahm ihren Verlauf.

Tausende Kosaken strebten den Tälern der Drau zu. Ihr Marsch ließ Vergleiche mit vergangenen Jahrhunderten zu. Die meisten hatten ihre Familien dabei; hochgetürmt die Wagen mit Bagage und Munition, Verpflegung und was sonst zu einem Troß gehört.

Pferde, Pferde und immer wieder Pferde. Zwischen den Kolonnen liefen die Fohlen mit, die sich den Platz neben ihren Müttern nicht nehmen ließen, ein ungewohntes Bild inmitten des allgemeinen Zerfalls. Viele dieser Fohlen wurden auf dem Marsch geboren und kamen auf die Gepäckwagen, von denen sie mit neugierigen Augen auf die immer erregter werdenden Menschen um sich schauten.

Die Kosaken sind tatsächlich die letzten Reiter dieses Krieges gewesen. An der Weggabel unweit von Völkermarkt ritten sie zum letztenmal vor ihrem General von Pannwitz eine Parade. Sie waren in Wahrheit schon Gefangene. Englische Panzer hatten sie umstellt und richteten ihre Rohre drohend auf sie. Was kommen sollte, wußten sie zwar noch nicht genau; aber jeder ahnte, daß es nichts Gutes sein werde. Was wirklich kommen sollte, trauten sie zu dieser Zeit den Engländern noch nicht zu.

So ritten sie mit verbissenen Gesichtszügen und in überbetont strammer Haltung in Sechserreihen heran, voran das Schimmeltrompeterkorps: Drei Regimenter stark, mitten im Chaos des Untergangs. Der Prinz-Eugen-Marsch erklang nochmals auf. Zwei Stunden später entwaffneten sie die Engländer unter dem Druck der Tito-Armee. Zum letztenmal erklang das Kommando ›Absitzen!‹.

Nur die Pferde durften im Westen bleiben. Ihre Reiter kamen in Massenlager, aus denen sie einige Zeit später in Viehwaggons geprügelt wurden, die sie nach Sibirien brachten. Pferdekenner unter den Angehörigen der königlich-englischen Armee suchten sich die besten Tiere aus. Dann begann man sie einzufangen. Zur Ehre der damit beauf-

tragten englischen Soldaten sei gesagt, daß sie sich große Mühe dabei gaben und im Chaos zu retten versuchten, was zu retten war.
Tausende Pferde aber rissen sich los, schlugen wild um sich, entkamen; suchten vergeblich nach ihren Reitern, wurden von herumlungernden Zivilisten mit Prügeln erschlagen oder verendeten auf andere grausame Art. Das Entsetzen war vollkommen.
Noch wochenlang danach klang es wie ein furchtbares Echo von den bewaldeten Höhen der Drautäler zu den Gehöften der Menschen, man wußte nicht, ob es sich um todwunde Kreatur oder um Todesschreie von Menschen handelte. In einer solchen Lage geben Menschen und Kreatur ihrer Not fast mit gleicher Stimme Ausdruck. In höchster und letzter Verzweiflung gibt es keine Unterschiede des Bewußtseins, der Rasse oder Gattung. Der Todesschrei macht sie alle gleich. Der letzte Schmerz läßt Mensch und Tier zu einer Einheit werden, um die sie im Leben vergeblich gerungen haben.

*

ERLEBNIS IM BURGENLAND

Reiter, Zirkusartisten, Pferdehändler, aber auch Pferdeliebhaber sind weltläufige Leute, die sich überall finden. Beobachtet nur einmal die zwei, die sich zunächst fremd und geradezu feindlich gegenübersaßen. Sie kannten einander nicht, jedem paßte am anderen etwas nicht, und sie unterschieden sich auch äußerlich so sehr, daß man die gegenseitige Ablehnung verstehen konnte. Den einen zierte ein wohlgepflegter Schnurrbart, so wie ihn früher die feinen Leute trugen. Sein Gegenüber war mit jener saloppen Eleganz gekleidet, die nur bei Menschen zu finden ist, die auf Äußerlichkeiten weniger Wert legen und trotzdem immer gut aussehen. Der erste hatte mehrere Goldringe an seinen dicken Fingern stecken, der andere besaß schlanke und fast zierliche Hände, die aber beim Händedruck zu verstehen gaben, daß sie fest zupacken können. So saßen sich die beiden Männer gegenüber. Man schrieb einen Wochentag im Sommer. Draußen war es drückend heiß. Durch das offene Fenster der Gaststube drang das Plätschern und Rauschen eines Brunnens. Es roch nach Schilf und Mais. Von den Dächern klang das Klappern der Störche, die dort ihre Nester hatten und ihren dauernd hungrigen Jungen eilfertig neue Nahrung brachten. Kroatische, ungarische, deutsche und slowakische Laute und Redewendungen klangen durcheinander. Hier in einem der wenigen Orte um den Neusiedler See, letzter Rest des ehemaligen Vielvölkerstaates, leben vier oder fünf verschiedene Nationalitäten nebeneinander und beisammen, und merkwürdigerweise haben sie keinen Streit miteinander. Unter sich gebrauchten sie oft eine Mischsprache, die nur der zur Gänze verstehen kann, der von allen erwähnten Sprachen etwas versteht.

Im Burgenland, für uns schon Vorfeld der weiten Ebenen des Südostens, schmeckt der Wein vorzüglich. Er trinkt sich leicht. Die Menschen vertragen, wie in den meisten Weingegenden, beträchtliche Mengen davon. Das soll einer dem von lebenslanger schwerer Arbeit gebeugten Großvater nachmachen, der bereits seine sechs oder acht Viertel bezwungen hat und aufrechten Schrittes nach Hause geht, weil er ja zum Abendessen zurecht kommen will; mit einem kräftigen

Schluck seines Haustrunkes will er es beenden. Während die anderen durcheinander sprechen, von Tisch zu Tisch Redefetzen hin- und herfliegen, bleibt es beim Tisch der beiden still. Eisiges Schweigen und muffige Stille liegt über den beiden Gläsern, in denen der rote Oggauer glüht.

Draußen ein Geräusch! Ganz undeutlich aus der Ferne kommend, übertönt es noch nicht das allgemeine Stimmengewirr. Die beiden haben es wahrgenommen. Sie rücken sich zurecht und warten. Ein schwerbepacktes Bauernfuhrwerk zieht vorbei. Breit und bedächtig setzen die bleigrauen Rösser ihre Hufe auf das Kopfsteinpflaster. Der über und über mit goldgelber Frucht beladene Wagen schiebt sich langsam vorbei. Ein Bauer mit einem zerbeulten Hut auf dem Kopf und mit kupferrotem Gesicht, Zügel und Peitsche in der Hand und einer langen Pfeife im Mund, geht neben dem Wagen her. So etwas ist in dieser Gegend weiter keine Seltenheit. Doch die beiden Männer sahen wie gebannt hinaus und schauten sich erst wieder an, als das Gefährt schaukelnd und schwankend um die Ecke gebogen war.

»Fast wie ein Holsteiner«, sagte der eine mehr zu sich selbst. »Oho, glauben der Herr, daß solche Ferde nur dort oben zu Hause sind? Hier gibt es Typen, die genauso aussehen, sind aber brave Kinder der Ebenen zwischen Neusiedler- und Balaton - eh Plattensee!« Der Ton dieses Gespräches begann in fast gekränkter und ausfälliger Art, wie bei Menschen, die einander auf den ersten Blick nicht sympathisch sind. Bevor das Gespräch wieder versandete, stellte der Ältere noch eine Frage. Der andere antwortete. Mit einem Male gingen Frage und Gegenfrage, Antwort und Zwischenfrage hin und her, daß es eine Freude war.

Die Gesprächspartner hatten erkannt, daß ihr Gegenüber etwas von Pferden verstand, kein Laie oder Wichtigtuer war. Mit ihm könnte man sich über dieses Thema unterhalten:

»Woher?«

»Von drüben, da muß man, bittä schöön, etwas von die Ferde verstehn!«

»Und Eier Gnaden?«, fing er nach einer Weile wieder an. »So, so, aus Bayern. Dorthin hab' ich früher geliefert, wie ich noch war Viehhändler . . . Ist lange vorbei, das.«

Wieder eine Pause. Dann begann das Gespräch über die Militärzeit,

die jeder in einem anderen Heere mit anderer Frontstellung zugebracht; aber beide hatten sie bei den ›Bespannten‹ Dienst getan. Es war erstaunlich- plötzlich waren sie sich nicht mehr unsympathisch, alles Störende war wie weggeblasen. Der Nachbar erschien dem einen nicht mehr arrogant und überheblich, und der andere merkte plötzlich gar nichts davon, daß sein Gegenüber ihm noch vor wenigen Minuten wie ein ordinärer Kerl und Roßtäuscher erschienen war. Über gemeinsame Erlebnisse aus der Vergangenheit, in denen - wie konnte es anders sein - das Pferd im Mittelpunkt stand, kamen sie sich näher und näher. Manches trug freilich der Oggauer dazu bei; in der Hauptsache einte sie die gemeinsame Liebe zum Tier, ihre wahre Leidenschaft.
Schönfeld, der im unweiten Gasthof zur »Stadt Wien« wohnte und einige Tage hier bleiben wollte, versäumte nichts. Der andere beschloß aus unerklärlichen und geheimnisvollen Gründen auch da zu bleiben, denn es zogen ihn immer wieder Einzelheiten der gemeinsamen Erlebnisse an. Was versäumte er schon? Die wenigen Kilometer bis nach Hause ins »Ungorische hinein« konnte er morgen oder, wenn es sein mußte, auch übermorgen zurücklegen. Die Seinen würden auf ihn schon warten können und »doher bleib ich izt do, mein Freind«. - -
Sie streiften einige Tage lang durchs Land, sie krochen in Stallungen herum, redeten mit den Bauern, die alle den Baczi gut kannten. Man war kaum noch imstande, die dauernden Beweise von Gastfreundschaft ohne Schaden über sich ergehen zu lassen. Stunden herrlicher Zufriedenheit inmitten wechselnder Gesichter waren das, alle durch die Gesetze einer für den Großstädter schon unbekannt gewordenen Gastfreundschaft und durch die Liebe zum Pferd verbunden. Der bloße Hinweiß auf das Thema ›Pferd‹ genügte, damit jeder aufhörte zu arbeiten, zu essen oder was er sonst tat, und sich mit Leidenschaft an dem Thema zu beteiligen. Man hätte glauben können, es ginge um seine allerpersönlichste Angelegenheit.
»Weißt du, die Ungorn sein in Geschichte in Sattel geritten gekommen, bei uns ise Mensch ohne Ferd verloren. Wos wollen Menschen mochen ohne Ferd, wenn wollen sich sehen, kommen oder gehen? Müssen haben Ferd und reiten.«
Gehen wir zur Cäcilie?« fragte der Madjare und sagte bedeutungsvoll: »Ich werde dich mitnähmen und sagen, bittäh schöön, ise das

Der verstädterte Mensch entdeckt in unseren Tagen erneut die Liebe zum Pferd

mein Freind«. Wer die Cäcilie sei, wollte er nicht verraten. Da sich der Tag ohnehin seinem Ende zuneigte, schloß sich Schönfeld zaghaft an. Er erwartete etwas, was er sich nicht recht vorstellen konnte, er dachte an irgend ein Lokal oder noch Schlimmeres. Das Augenzwinkern des anderen war so geheimnisvoll gewesen. Aber Spaßverderber wollte er nach all dem, was er mit dem neuen Freund hatte erleben dürfen, nicht sein. So willigte er ein. Sie gingen am Schilfufer entlang, kamen an kleinen Hütten und Wochenendhäusern vorbei; aus einer Kneipe drang das Geigenspiel einer Zigeunerkapelle und verklang über den See hin.

»Bei Schifkowicz waren wir heute auch noch nicht. Ander Mal!« sagte mit stiller Genugtuung Baczi, was bekanntlich Onkel heißt und besagt, daß er sich für seinen Schützling verantwortlich fühlt.

»Dort drüben ist Cäcilie!« Er deutete mit dem Finger auf ein Gebäude, das ein Mittelding zwischen einem kleinen Schloß und einem Maierhof zu sein schien, dem man den Rahmen seines Gartens genommen hatte; deshalb wirkte es wie ein junger, aus dem Nest gefallener Spatz, der völlig hilflos in einer unfreundlichen und ungewohnten Umgebung liegt. Fassade und Dach schienen bereits in einem Zustand zu sein, der lediglich noch ein Denkmalamt interessieren kann. Selbst an den Fenstern zeigten sich da und dort Schäden. Über eine zu steile Stiege betraten sie das Haus, wo eine Dame sie begrüßte, deren Alter sich schwer schätzen ließ; sie wirkte aber sehr vornehm. Sie trug zwar einfache, aber tadellose und gepflegte Kleidung, ihr schön gelegtes weißes Haar umrahmte ein fein geschnittenes Gesicht, ihre zarten Hände schienen von manueller Tätigkeit nichts zu wissen. Sie lud beide ein, näherzutreten. Baczi schien ein alter Bekannter zu sein, was sie auch mit einer gewissen Zurückhaltung erklärte.

»Er hat mir in schwerer Zeit sehr geholfen, wirklich ein guter Mensch. Bitte nehmen Sie Platz, wenn Sie sein Freund sind. Dann sind Sie auch mir herzlich willkommen. Es sieht leider hier nicht sehr gepflegt aus.«

Sie redeten über dies und jenes. Wieder vergingen die Stunden. Die Dame des Hauses war einst sehr reich gewesen, ihre Vorfahren hatten Güter hier und ›drüben‹ besessen: Adelige, die bei jedem Systemwechsel etwas eingebüßt hatten und deren letztes Glied nun sie war. Sie lebte in einer Miniaturwohnung, denn der Großteil des Schlöß-

chens war nicht mehr bewohnbar. Die Zimmer, die sie bewohnte, - es waren deren zwei - verrieten Geschmack: ohne Aufdringlichkeit mit alten Möbeln ausgestattet, mit schönen Ölbildern und Stichen an den Wänden, mit erlesenen Nippsachen auf Kommoden und Konsolen, mit alten Gläsern und Tassen im Glasschrank. Baczi trank förmlich die Atmosphäre dieser Vornehmheit ein und zeigte plötzlich eine Zurückhaltung, die man dem sonst polternden und lauten Gesellen gar nicht zugetraut hätte. So wurde Schönfeld Hauptgesprächspartner der Gräfin, bis sie sich geziemend verabschiedeten, was die alte Dame nicht ohne nochmaligen Hinweis auf ihre Dankbarkeit tat.
»Weißt du, Freind, wirst nicht vastehn, aber muß ich inhalieren (das »h« wurde wie »ch« ausgesprochen) Vornehmheit und schöne alte Frau. Ise wie Märchen aus Kinderbuch. Ihr Vater, alte Herr Graf, hot bei uns gehabt große Gut und mein Vater war dort Verwolter. Is hingekommen als Ferdeknecht und dann war am Schluß Verwolter! Dos waren noch Zeiten!«
Da Schönfeld nicht gerne den harmonischen Abend mit einer politischen Folgerung beschließen wollte, schwieg er. Er schwieg auch, als sie beim vorhin erwähnten Zigeunerlokal Einkehr hielten und Baczi wieder in die Art wechselte, die er in den vergangenen Stunden unterdrückt hatte - sie lag ihm besser.
Entschuldigend meinte er nochmals: »Muß manchmal inhalieren!« und nach einer längeren Trinkpause, »sonst Läben nicht auszuhalten!« - -
Sie waren tatsächlich fast eine Woche beisammen. Es gelang beiden sogar einmal, von niemandem belästigt, über die Grenze und wieder zurück zu kommen, denn Baczi wollte unter allen Umständen »echte ungorische Gastfreindschaft« demonstrieren, was ihm bestens gelang. Schöne Stunden, in deren Mittelpunkt die Pferde standen. Es schien, als ob die Leute absichtlich jedem anderen Gesprächsthema aus dem Wege gingen. Es herrschte Übereinstimmung, daß »der Cherr von drüben, wos aus die Bayern ist«, vor der Obrigkeit versteckt werden mußte; man war auch nicht gewillt, über gefährliche Themen zu diskutieren.
Nach einem alten Gesetz der Gastfreundschaft belügt man den Gast nicht. Die Wahrheit hatte in jedem Falle einen Haken. Man prostete sich zu. Dafür sprach man von Zeiten, die weit zurücklagen und in

der Erinnerung natürlich in jeder Hinsicht schön erschienen. Kam man auf die Gegenwart zu sprechen, dann waren es die Pferde, die ein unerschöpfliches Thema boten. Stundenlang sprachen sie, und stundenlang herrschte Übereinstimmung, wie sie sonst bei so unterschiedlichen Menschen kaum anzutreffen wäre. Man begab sich vorübergehend in irgendeinen Stall - nicht ohne vorher genau Ausschau gehalten zu haben, ob nicht der Grenzer in der Nähe war! -, demonstrierte am lebenden Objekt, lobte, pries, von menschlicher Wärme erfüllt, daß es richtig wohl tat.

Ja, sie erzählten voll Stolz über Dinge, die sie einmal betroffen hatten, von Bábolna, dem Mekka der ungarischen Pferde, von den sagenhaften königlichen Reitern und allem, was ihr Leben erfüllt hatte und - mit Pferden zusammenhing. In diesen Stunden hatte Schönfeld eine Vision: Er sah ein neues Menschengeschlecht, das sich durch die Liebe zum Pferd vereinigt hatte und dabei alle Gegensätze vergaß. Es gibt nur ganz wenige Dinge, die die Angehörigen der verschiedenen Systeme, Rassen, Völker und Staaten trotz aller Grenzen und Gegensätze vereinigt: Die Liebe zum Pferd ist eines davon. Sollte man dem Pferde dafür nicht wirklich dankbar sein und versuchen, es ihm zu zeigen?

Wäre es für die Zukunft unserer Geschlechter nicht besser, wenn das Pferd nicht nur zum Sinnbild der Kraft und Treue, sondern auch zum Symbol und Vorreiter des Friedens zwischen den Menschen würde?

Die Tage im Burgenland und in der ungarischen Ecke waren Schönfeld ein Beweis dafür. Hinzu gesellte sich ein Ereignis. Einer der ganz alten, der »schun erste Mol dabei war«, also ein Weltkriegsteilnehmer, war für eine Zeitlang fortgegangen und hatte einen kleinen und abgegriffenen Zettel gebracht, den er lange Zeit in der Brieftasche mit sich geführt hatte, ohne ihn lesen zu können. Auf diesem zerlesenen und schmierigen Stück Papier stand in deutscher Sprache etwas, was Clemens Schönfeld und Baczi gemeinsam lesen und übersetzen mußten. Als sie damit fertig waren, hatten einige der Männer Tränen in den Augen und die alte Bäuerin, die sich am Ofen zu schaffen gemacht hatte, sagte »Omen«. Sie muß es ernst gemeint haben.

Auf dem Zettel stand mit großen Lettern die Überschrift:

»Gebet eines Pferdes«

»Gib mir zu fressen, gib mir zu trinken und sorge für mich, und wenn des Tages Arbeit getan ist, gib mir Obdach, ein sauberes Lager. Sprich viel zu mir, oft ersetzt mir deine Stimme die Zügel. Sei gut zu mir, und ich werde dir freudiger dienen. Reiß nicht an den Zügeln, laß die Peitsche, wenn es aufwärts geht, schlage oder stoße mich nicht, wenn ich dich nicht verstehe, sondern gib mir Zeit, dich zu verstehen.

Halftere mich nicht zu kurz und kürze meinen Schweif nicht, er ist meine einzige Waffe gegen Fliegen und Mücken. Halte es nicht für Ungehorsam, wenn ich deine Gebote nicht befolge, vielleicht sind Sattelzeug und Hufe nicht in Ordnung. Prüfe meine Zähne, wenn ich nicht fresse - vielleicht habe ich einen kranken Zahn. Du weißt, wie sehr das schmerzt.

Und am Ende, geliebter Herr, wenn ich dir nichts mehr nütze bin, lasse mich nicht hungern oder frieren und verkaufe mich nicht. Gib mir nicht einen neuen Herrn, der mich langsam zu Tode quält und mich verhungern läßt, sondern sei gütig, mein Herr und Gebieter, und bereite mir einen schnellen und barmherzigen Tod, und Gott wird es dir lohnen, hier und im Jenseits, denn neben dir schuf Gott auch mich.

Laß mich dies von dir erbitten und fasse es nicht als unehrerbietig auf, wenn ich es im Namen dessen tue, der auch in einem Stall geboren wurde.«

Das Amen der Alten war so ehrlich gemeint wie die guten Wünsche zum Abschied und der letzte Gruß in der alten Reichsstadt Rust, den Schönfeld mit seinem ungarischen Freunde wechselte. Zum Abschied bat der Baczi ihn, eine Bitte aussprechen zu dürfen: »Weißt, wenn ich wieder hoben wer, ein Ferd - im nächsten Jahr will ich sein so weit - dann möcht ich, daß nach dir heißen tut!«

So wird irgendwo im Ungarischen ein Pferd durch die Ebenen traben, das in Erinnerung an einige von den beiden Männern gemeinsam verbrachte Tage jetzt den für dieses Tier merkwürdigen Namen Clemens tragen wird. Niemand wird wissen, warum.

Baczi aber wird schweigen, er weiß auch, warum! In Fragen der Freundschaft ist der Viehhändler zartfühlend.

WIEN, WIE ES DAMALS WAR

Wenn man in der Zeit, als Schönfeld über diese Dinge ernsthaft nachzudenken begann, ›damals‹ sagte, war das für heutige Begriffe noch gar nicht so lange her. Die Zeit läuft unmerklich davon. Anfangs spürt man ihren Gang nicht. Das verhält sich wie mit einem Schwungrad. Bevor es auf Touren kommt, dauert es seine Zeit. Über diese Vergangenheit in der Kaiserstadt machte er sich in dem Augenblick seine Gedanken, als das Spiel der Pferde, dieser weiße Traum, langsam zu Ende ging.

Das »Damals« war sonnendurchflutet und warm. Man schrieb einen wunderschönen Tag, nur hatte man vergessen, das Datum im Poesiealbum oder im goldverzierten kleinen Kalender einzutragen, der immer auf dem Schreibtisch neben den Miniaturen und Dosen lag. Wien war selbstbewußt und führend geworden. Wer sagen konnte: »Ich bin a echter Wiener!« war den anderen, die auch hier lebten, aber aus den verschiedenen Ländern der Monarchie gekommen waren, weit voraus. Viele redeten zwar in anderen Sprachen, aber mit dem gleichen Gefühl des Besitzerstolzes sagten sie »unser« Wien.

Das Bild der Stadt war damals durch die verschiedene Art seiner Menschen bunter und vielfältiger als heute. Heute gibt es auch Wiener: echte und unechte, alte und junge; wobei »jung« nicht die Dauer der Heimatzuständigkeit ausdrücken soll. Damals aber gab es diese Unterschiede nicht. Wiener wurde man erst mit der Zeit. Das dauerte lange. Dank der Anziehungskraft der Donaumetropole passierte es täglich, daß wieder irgendein Zugereister hier seinen Dienst begann: als Beamter, Hausmeister, Unteroffizier, Händler, Gewerbetreibender oder was immer. Damit war er noch lange kein Wiener, auch wenn er schon jahrelang Anzüge für seine Kunden schneiderte, Formulare ausfüllte, Rekruten drillte, auf Sitte und Ordnung im Hause sah oder Brennholz in runden Radeln an die Hausfrauen verkaufte. Sie taten natürlich noch andere Dinge, diese Herren Hausmeister, Händler, Offiziere, Schneider ... Sie knüpften Bekanntschaften, verkehrten bei

den Nachbarn oder in den Cafés, sie tranken ihre Viertel beim Borger oder Zeilinger und heirateten dann auch vielleicht einmal.
Das war schon ein Schritt weiter, denn Handel, Weintrinken oder Haustorschlüsselverwalten machen noch keinen Wiener. Die Dame des Herzens war aber in den meisten Fällen eine Wienerin: etwas mollig, nicht unbedingt schön, aber auf jeden Fall fesch. Sie waren ja noch jung, sahen einigermaßen gut aus und hatten ein gutes Einkommen, was einen ungestörten Lebenslauf und als letztes Lebensziel - eine Pension - verhieß. Der Herr Vater meinte: »Es kommt eh nix Besseres nach, und jeder Fremde muß noch kein Lump sein!« Damit war der Fall autoritär und günstig entschieden. Sie heiratete, die Mitgift war zwar bescheiden, denn »woher soll ich bei vier Pankerten no a Geld hernehmen«, aber die Heirat ließ den jungen Mann, der einmal seine Ausbildung in Agram oder Znaim genossen oder in Czernowitz oder Göding die Schule besucht hatte, seinen Geburtsort Leonding oder Troppau immer mehr vergessen und zu einem halben Wiener werden: Ein ganzer wurde er erst, wenn als Folge des sittsamen Ehelebens ein kleiner Putzi, Schnucki oder eine Mausi auf die Welt kamen. Damit war er in die unsichtbare Hierarchie des Wienertums aufgenommen, mochte er seinen Heimatschein von hier haben oder nicht; ob ihm der Böhm noch im Genick saß oder seine harte Aussprache an irgendeinen anderen Volksstamm erinnerte, deren es so viele im Staate gab, daß man zu ihrem Aufzählen mehr als zwei Hände benötigte. Wenn jetzt der alte Novotny in der Nacht das Haustor aufsperren mußte, um das kleine Fräulein aus dem vierten Stock, hinten links, hereinzulassen und das Sperrsechserl in Empfang zu nehmen, meinte sie schon mit verlegenem Lächeln und einer recht gezwungenen Freundlichkeit: »Herr Novotny, heut ham ma a schöne Nacht in unserm Wien!« Wie wohl das tat, trotz des kühlen Abendwindes, der durch den dünnen Rock im zugigen Haustor blies.
»Unser Wien«! Den alten Weinhuber, dessen Geschäft mit Spezereien in den letzten Jahren gar nicht so gut ging, wie er dies gehofft hatte, baten seine Kunden eindringlich, doch der Freiwilligen Feuerwehr beizutreten. Das sei doch eine Sache, die jeden Wiener angehe. »Jeden Wiener!« Holubetz, seines Zeichens Schneidermeister auf der Wieden, arbeitet in der letzten Zeit auch schon für den jungen Herrn Grafen Palffy, der ihm neulich bei der Bezahlung eines Teils der vorletzten

Rechnung anerkennend auf die Schulter geklopft hatte: »Sie san a tulli Schneider, Herr Hobuletz, eh pardon, Holubetz, wir ham in Wien noch kan bessern ghabt!« Das tat wohl, das waren eindeutige Anzeichen dafür, daß man bodenständig geworden war, daß man anfing, ein wirklicher Wiener zu werden, wobei jede Taufe, die man feiern konnte, mit der man einen neuen richtigen Wiener gleichsam auf dem Altar der Stadt ablieferte, das Ihre dazu beitrug. Jeder Familienangehörige, den man auf den Zentralfriedhof oder nach Hernals hinaustrug, leistete - sozusagen in memoriam - noch seinen Beitrag zur Seßhaftmachung. Damit reihte man sich auch in die große Gemeinde der Hinterbliebenen und Trauernden der Stadt ein.
Daß die Mizzi oder der Schnucki bereits Wiener waren, daran gab es keine Zweifel mehr. Die waren es schon mit gutem Recht. Sie besaßen einen Heimatschein, der dem Geburtsschein glich, von Aufenthaltsgenehmigungen und anderen unbehaglichen Dingen war längst keine Rede mehr. Sie galten als überzeugte Wiener - und keine gelernten - und waren so vom Wesen Wiens erfüllt, daß sie die Frechheit besaßen, dem Alten vorzuwerfen: »Bittschön, laß doch das Böhmakeln endlich, es muß doch keiner wissen, daß du aus dem Brdywald stammst!« Eine häßliche Übertreibung und Ungezogenheit obendrein, die aber erkennen ließ, wie schnell der Einschmelzungsprozeß vor sich gegangen war.
Wenn sie, die alten Herren, an ihrem Lebensabend in ihrer Runde bei Bier, Wein oder Kaffee saßen, merkte ihnen zwar jeder an, ihre Aussprache trug nur oberflächlichen Wiener Akzent; das aber nahm man stillschweigend zur Kenntnis und zählte sie zu den Hiesigen. Die Jungen fragte kein Mensch mehr, woher sie stammten, in diesem Zusammenhang wäre es eine Beleidigung gewesen, denn woher hätten der Putzi und die Mizzi schon sein sollen als aus Wien.
Draußen auf den Straßen nahmen die Fremden überhand. Wohl in keiner Stadt der Welt gab es in diesen Jahren ein solches Völkergemisch wie hier in der Stadt an der Donau. Da waren slowakische Pferdehändler, galizische Juden, Iglauer Ammen, ungarische Weinverkäufer, kroatische Obsthändler und Italiener, die Mandoletti feilboten, diese gezuckerten Obststücke, die, wie von hartem Glas überzogen, auf Holzstäbchen saßen. Die Gotscheeber, mit dem Bauchladen vor sich, zogen durch die Lokale und verkauften ihre Waren, bedeu-

tungslose Kleinigkeiten, die man am nächsten Morgen nicht mehr ansah; inmitten einer weinfroher Runde konnten sie einem jedoch Freude bereiten. Sie ließen Würfel klappern und forderten zu einem Spielchen auf, für das sie bei einem gewissen Einsatz, den man natürlich vorher erlegen mußte, die verschiedensten Gewinne versprachen.

Auf dem Markt - jeder Stadtteil hatte seinen eigenen - ertönte ein Stimmengewirr aus verschiedenen Sprachen, eine Symphonie des Angebots und Wettstreits, die an orientalische oder zumindest nahöstliche Basare gemahnte. Die Bäuerinnen aus dem Marchfeld behaupteten sich nur mühsam gegen die aus dem Burgenland und aus Südmähren, und alle miteinander machten sie den rundlichen Händlerinnen Konkurrenz, die ihre Gärtnereien in unmittelbarer Nähe vor den Mauern der alten Stadt hatten. Tschechisch und deutsch, ungarisch und polnisch klangen durcheinander, aber das Merkwürdige dabei war: Jeder verstand jeden!

Die vorhin erwähnte Mizzi, nun schon eine stattliche junge Mutti, strebte langsam mit der Einkaufstasche durch das Gewühl: »Bittä schöön«, säuselte die Obstlerin, die ihre Äpfel in einem Rückenkorb mitgebracht hatte und sie einzeln verkaufte. Alles ausgesucht schöne Exemplare, keines faul oder wurmig. Auch Grünzeug und Gemüse konnte man so kaufen und Unmengen von Knoblauch. »Ich riech' ihn nicht, und ob ihn die anderen bei mir riechen, ist mir wurscht«, sagte der Herr Papa in seiner noch nicht standesgemäßen, vulgären Art. Da gingen die Bandlkramerinnen langsam wie bei einer Modenschau durch das Gedränge und trugen ganze Bündel Bänder und Litzen aus Samt oder Seide, in allen Farben auf breiten Holzgriffen aufgerollt und boten ihre Ware an. Die Mistbauern fuhren langsam mit ihrem Gespann vorbei, diese Vorläufer unserer heutigen Müllabfuhr. Wohlwollend betrachtete die Hausfrau das Gefährt. Es ist schon was Schönes mit dem Fortschritt. Diese Annehmlichkeit haben wir ja erst einige Jahre. Früher, ... na, Schwamm drüber! Aber wenn ich an die alten »Dunkelmänner« denke, dann wird mir heute noch übel. Sie hießen so, weil sie ihr unappetitliches Tun erst in der Finsternis vollführten, eine Tätigkeit, die mit den schlechtesten Gerüchen verbunden war, die es überhaupt gibt und zu der sich Leute bereitfanden, die nicht hoch im Ansehen der Bürger standen. Das wußten sie auch und benahmen sich

entsprechend, vor allem deshalb, weil es ja finster war! Das war lange vorbei, alle freuten sich über diese hygienische Verbesserung.
»Kaafts an Kochlöffel!« rief mit monotoner Stimme einer, der einen Bauchladen umgebunden hatte. Über und über war er mit selbstgeschnitzten Kochlöffeln und Quirln angefüllt, die er tagaus, tagein an der gleichen Stelle des Marktplatzes anbot. Seine Erzeugnisse brachten ihm nur wenige Heller ein, er mußte wirklich arm gewesen sein, dieser Mann. Doch der Ruf »Kaafts« ... klang immer gleich und war nicht nur nur eine Aufforderung, es schwang sogar etwas wie eine Hoffnung darin, daß wirklich jemand seine praktischen Holzwaren kaufen würde. Im nahen Haustor - Herr Hausverwalter liebte das gar nicht - saß einer, der auch nicht von hier stammte. »Drahtovat-Flikovat« heißt sein Schlachtruf. Er flickte und drahtete Kochtöpfe und Schüsseln. Er zog ein dünnes Geflecht von Drähten über sie, damit die sparsame Hausfrau ihre gesprungenen irdenen Gefäße auch weiterhin verwenden konnte. Es waren slowakische Drahtbinder und Mäusefallenverkäufer, eine Kaste für sich, die, von unsagbarer Bedürfnislosigkeit und Armut, das ganze Jahr die weite Monarchie durchzogen und oft erst nach Jahren wieder in den Heimatort zurückkehrten, meist ebenso arm, wie sie ihn verlassen hatten. Die Blumenmutterln thronten auf irgendeiner Holzkiste und taten so, als ob sie sich von keinem ihrer Blumensträuße trennen könnten. Laut priesen auch die Lavendelverkäuferinnen »Kaafts an Lavendel« ihre Ware an. Da gab es noch die Pflasterer, die in jenen Jahrzehnten ungezählte Kilometer mit den quadratischen Steinen befestigt hatten. Sie kamen aus dem Süden und waren meist Italiener, wenn sie nicht aus den slawischen Südprovinzen des Reiches stammten.
Keine dieser Erscheinungen war für sich allein schon typisch für die Stadt Wien; erst wenn sie und manches mehr zusammenklangen, war die Donaustadt komplett. Dazu gehörten der Kaiser und der kaiserliche Hof, die Burg und die Kulisse, die sich um die innere Stadt bildete, ein Abglanz vergangener Großartigkeit; die Trabantenleibgarde, die den inneren Burghof schützte und im Gleichschritt marschierte, weil ihr die Pferde fehlten, die einmal zu ihrem Bild gehört hatten.
Der Herr dieses alten Wiens, der alte Kaiser, hatte sich jahrzehntelang gegen das modern gewordene Auto gewehrt und bestieg zum erstenmal einen solchen Wagen, als es wirklich nicht zu umgehen war:

beim Besuch des englischen Königs, der als weltweit bekannter Mann des Fortschritts dieses Fahrzeug für sich in Anspruch nahm. Sonst fuhr der »Alte Herr«, wie ihn die Wiener nannten, - mit Betonung auf dem Worte »Herr« - jahraus, jahrein mit seinem breiten Wagen von Schönbrunn in die Burg und zurück. Die beiden weißen Pferde, die den Wagen zogen, waren ebenso Relikte einer Zeit wie der Kutscher, den alle in der Stadt kannten. Stieg der Alte Herr aus und ging mit kurzen Schritten an der zu einer Mauer erstarrten Burgwache entlang, dann regte sich nichts im weiten Rund bis auf die Schimmel, die den Wagen gezogen hatten. Sie scharrten auf dem Pflaster mit den Hufen, warfen die Köpfe zurück und schauten unbefangen in die Runde der vielen ehrfürchtig Wartenden, als wollten sie sagen: »Wie haben wir das wieder gemacht? Wenn wir nicht wären, dann müßtet ihr noch länger stehen und warten.«

Die Zeit Franz Josephs ist ohne die Kutsche nicht denkbar. Die Postkutschen fuhren noch, und die Eisenbahn fuhr schon; das Althergebrachte wußte sich noch mühsam gegen eine veränderte Welt zu behaupten.

Es war das Wien, in dem die Deutschmeister zu einem Begriff wurden, obwohl neben ihnen noch andere Truppenteile, vor allem die 99er aus Znaim und die vielen Reiterregimenter zu erwähnen wären, die abwechselnd für kurze Zeit in die Hauptstadt ›disloziert‹ wurden. Wenn auch das ganze Jahr über die Männer im bunten Tuch die Szene bestimmten und das Militär sein Tun nicht auf den Kasernenhof beschränkte, sondern bei allen öffentlichen Gelegenheiten zu sehen war, so trat die Uniform an bestimmten Tagen besonders in Erscheinung. Im Ablauf des Jahres bildete neben den festlichen Fronleichnamsprozessionen die Frühjahrsparade auf der Schmelz einen sichtbaren Höhepunkt. Die in breiten Kolonnen aufmarschierenden Infanteristen wirkten durch ihre Masse. Größeres Interesse erweckten die mitgeführten Kanonen, von unruhig zerrenden Pferden gezogen. »Arme Viehcher, müssens auch die Männer ziegen, dö könnten doch a zu Fuß latschen wie so viele andere«, bemerkte der Volksmund mit einer Spitze gegen die aufgesessenen Artilleristen.

Am meisten - noch zu Beginn des Ersten Weltkrieges - interessierten begreiflicherweise die Schwadronen der Reiter mit ihren blitzenden Helmen und ebenso die Kommandeure der Fußtruppen, die vom

Pferde aus den Säbel senkrecht zur Erde hielten und damit nach dem Reglement den Kaiser grüßten. Roß und Reiter erweckten fachkundige Neugier und waren des Wohlwollens der Zuschauer sicher. Die Liebe zum Pferd war entscheidend, wenn Leute, die vom Militärischen wenig verstanden, plötzlich in Jubelrufe ausbrachen, weil ihnen eines dieser prächtigen und gepflegten Pferde besonders gefiel, auch wenn es sich in einem feierlichen Moment regelwidrig benahm.

War das Leben damals doch recht eintönig, vergleicht man die heutigen Verhältnisse mit jener Zeit. Was hatten die Menschen schon für Vergnügungen? Es gab Hauskonzerte und Wohltätigkeitsbasare, Gartenfeste und an besonderen Festtagen einen Besuch im Prater mit einem Blumenkorso. Kam ein gewöhnlicher Sterblicher in den Prater hinaus und stand mit seiner Familie an einem Platz, von dem man einen Überblick über das Geschehen hatte, so stellte er fest, daß es vornehme oder reiche Menschen gab und das kleine Volk. Ob die Reichen auch immer vornehm waren, das war schwer zu sagen und traf sicherlich nicht immer zu. Das kleine Volk aber unterschied sich von ihnen unter anderem dadurch, daß es ohne Equipage kam und auch an den Ausritten in den Prateralleen nicht teilnehmen konnte.

Das Pferd war ein Attribut einer vornehmen Gesellschaft geblieben oder zumindest ein Gütezeichen all jener, die sich dazu rechneten. Das Volk stand am Straßenrand und sah sie vorbeifahren. Man behielt nicht viel von den Gesichtern und dem hoheitsvollen Gehabe der vornehmen Herrschaften. Man freute sich an den blumengeschmückten Fahrzeugen und ... an den Pferden, die diese Pracht zogen. Die machten den ganzen Fall erst sehenswert. An ihnen konnte man sich nicht genug satt sehen. Wenn in einer Pause eines der Kinder dieser kleinen Leute einem Pferd das Fell streicheln durfte, war das bestimmt eine ebenso schöne Erinnerung wie ein Besuch beim Demel, wo es wunderbar schmeckende Krapfen gab, die man aber nur bekam, wenn man vorher die ganze Zeit über brav und folgsam gewesen war. Brav und folgsam ...

Die Begünstigten ritten ihre Runden über die Reitwege durch den Prater. Ab und zu kamen sie an einem der schönen Wagen vorbei, in dem zwei junge Menschen den Frühling erlebten und glücklich waren oder vom Glück träumten, nicht viel anders als diejenigen, die auf einer der vielen Bänke in den Anlagen den Mai im Prater genossen.

Wenn die Kathi gerade im besten Küssen war und die Fischbeineinlagen ihres Mieders krachten, fuhr sie plötzlich wieder zurück, denn sie hätte fast das Geräusch des Gummiradlers überhört, in dem die Tochter des kürzlich geadelten Herrn Geheimrats, das blonde Fräulein Charlotte saß. Auch deren Fischbein im Mieder krachte, die Erregung des Herzens überträgt sich leicht.
Inbegriff des pferdenärrischen Wieners war jedoch der Fiaker. Es muß schon etwas Wahres daran gewesen sein, wenn sie sangen: »A Kutscher kann a jeder wern, aber forn, des können's nur in Wean«. Damals traf man nicht solche armseligen ausgedienten Exemplare wie heute oft beim Stephansdom. Prachtpferde, einem eleganten Wagen vorgespannt, konnte man für schnelle, aber auch betont langsame Fahrten mieten, die jedem Auswärtigen eine Fülle besonderer Erinnerungen an die alte Kaiserstadt verschafften ...
Schnelle Fahrten unternahm man, so man es eilig hatte. Es gab schon immer Leute, die keine Zeit hatten und mit ihr sparten. Recht geschieht ihnen! Die haben meist sehr wenig vom Leben. Sie setzten sich in einen Wagen, nannten ihr Ziel, und verlangten, in schnellem Tempo gefahren zu werden. Achselzuckend befolgte der Kutscher den Auftrag, merkwürdig ungezogen führten die beiden Pferde ihn aus, weil es der Meister am Bock von ihnen verlangte. Sie waren halt im Dienst, da muß man alles tun, was verlangt wird. Sie taten es sichtbar lustlos und ohne innere Teilnahme.
Zwei andere Leute erschienen auf der Bildfläche, ein Er und eine Sie, beide jung und hübsch, er vielleicht Kanzlist bei der Speditionsfirma Fuchs oder im Textilgeschäft Gürtler. Seine ganze Barschaft hatte er zusammengekratzt, um ihr heute zu beweisen, was für ein Kerl er war. Sie, etwas zurückhaltend, das liebe Gesicht auffallend rot, fuhr den Pferden über den Hals, dann setzten sie sich bequem in den Fond des Wagens und merkten gar nicht, daß eine der Federn durch die Polsterung stieß und etwas stach. Auf die Frage nach dem Wohin meinte der junge Mann versonnen »Ach so, ja fahren's halt zum Kobenzl, aber lassen's Eahna Zeit!« Ergänzend flötete sie: »Weil's heut' gar so schön ist, das Wetter«. Der Kutscher wußte Bescheid, und die beiden hinter ihm auch. Fröhlich und munter trabten die Pferde los und fielen immer wieder wie auf Kommando in langsamen Schritt: Sie spürten eben auch den schönen Tag.

Fahrten in solch einem Gefährt muß man erlebt haben. Sie unterscheiden sich weit von all dem, was man später als Untersatz zur Beförderung angeboten bekam. Schneller fahren wir heute bestimmt, aber ob es auch bequemer ist? Was man auf solch einer langsamen Fahrt in einem Fiaker dieser Art erleben konnte, wie man an der Umgebung, an der Natur Anteil nahm, wie die Szenerie um uns nicht im rasenden Tempo dauernd wechselte, sondern langsam verschwand und sich nur ganz bedächtig erneuerte, ohne daß man von dem Vergangenen Abschied nehmen mußte, das war einmalig. Die alten Fiaker mit ihren »harben Rappen« oder den »braven Schimmerln« konnten einen wirklich ins Märchen fahren, in die Natur entführen und den Frühling erleben lassen.

Eine unwiederbringlich schöne Zeit!

Schönfeld dachte daran, wenn er viel, viel später wieder am Stephansdom vorbeikam und zwei oder drei Gespanne dieser Gattung dort stehen sah. Sie warteten auf ihre Kundschaft, so wie ihre Vorgänger vor fünfzig Jahren. Sie warteten oft vergeblich, denn diese Kundschaft lebt kaum mehr. Kommt trotzdem einer daher, den man noch dazu zählen könnte, kommt er sich so albern vor, jetzt einen Sprung in die Vergangenheit zu machen und fünfzig Jahre seines Lebens zu vergessen, so daß er mit einem bedauernden Blick auf die müde ihren Hafer fressenden Pferde und die alte Kutsche eilig vorbeigeht.

Das Unschöne an dieser unvergeßlichen Zeit ist eben, daß sie der Vergangenheit angehört.

*

MUSIK IST NATÜRLICH AUCH DABEI

Tänzelnde Schritte im lockeren Erdreich werden vollführt, Drehungen und Wendungen, ein verwirrendes Spiel der Bewegungen, in denen als Urgrund, zwar unhörbar, aber erkennbar, Musik aufklingt.

Sie müssen auch musikalisch sein, diese Bereiter und ihre Pferde. Sonst würden die Vorführungen nicht gelingen. Ja, Musik klingt mit. Sie streicht unsichtbar über Bogen und Saiten auf der hohen Empore. Klarinetten klingen melodisch in das musikalische Tongemälde. Trompeten schmettern und reißen die Müden hoch und vorwärts. Fanfaren geben Signale, die heute kaum einer noch versteht. Bratschen singen ihr Menuett von Liebe und Leid. Die Geigen jubeln wie Lerchen im Frühling. Reifröcke knistern. Kerzenlicht flackert, und weit ab von einer sommerlich geschmückten Terrasse sammeln sich Reiter mit ungezählten Hunden, um zur Jagd aufzubrechen, die seit Tagen von Jägern, Treibern und Waidknechten vorbereitet wurde.
Die Musik, die man zu hören vermeint, ähnelt einer uralten Polonaise, vom würdigen Auftakt bis zum Finale, ein dauerndes Wellenspiel von Farben und Glanzfluten, in dem Sehnsucht und Freude ihre Auferstehung feiern, um alle zu beflügeln, die von ihr erfüllt sind. Der ferne Klang von Mandolinen mischt sich mit dem Spiel einer Balalaika, Kastagnetten rasseln, und bis zum letzten Paukenschläger eines unsichtbaren Orchesters breitet sich die zwingende Gewalt aus, die Graziöses und Filigranes mit Heroischem ineinderfließen läßt.

Während hier auf der Galerie, wo seit einer Zeit, die Schönfeld wie eine Ewigkeit erscheint, seine Nachbarin jegliches Interesse an ihm verloren hat, jedes Geräusch wie eine Belästigung, ja Beleidigung erscheint, fluten über dem weiten Raum der Arena Klang und Widerklang einer alten und wunderschönen Musik. Jetzt herrscht hier oben atemlose Stille, ist alle menschliche Arroganz bezwungen. Viele schienen diese unhörbare Musik zu verstehen und zu empfinden. Jene, die sie noch nicht begriffen oder ergriffen hatte, gehörten zu den Ausnahmen, die man einfach nicht zur Kenntnis nimmt und übergehen muß.

Tierfreunde richteten dieses Altersheim für Pferde in Lüneburg ein

Als der Kutscher Karl Philipp aus Aschaffenburg in den Ruhestand trat, erbat er sich von seinem Arbeitgeber das Pferd »Minka«, das ihn 13 Jahre begleitet hatte und das nun seinen Lebensabend bei ihm verbringt

Bald geht auch für diesen Araber die Zeit der ungebundenen Freizeit zu Ende

Das Pferd, jahrzehntelang Opfer der Motorisierung, tritt wieder stärker ins Bewußtsein der Menschen

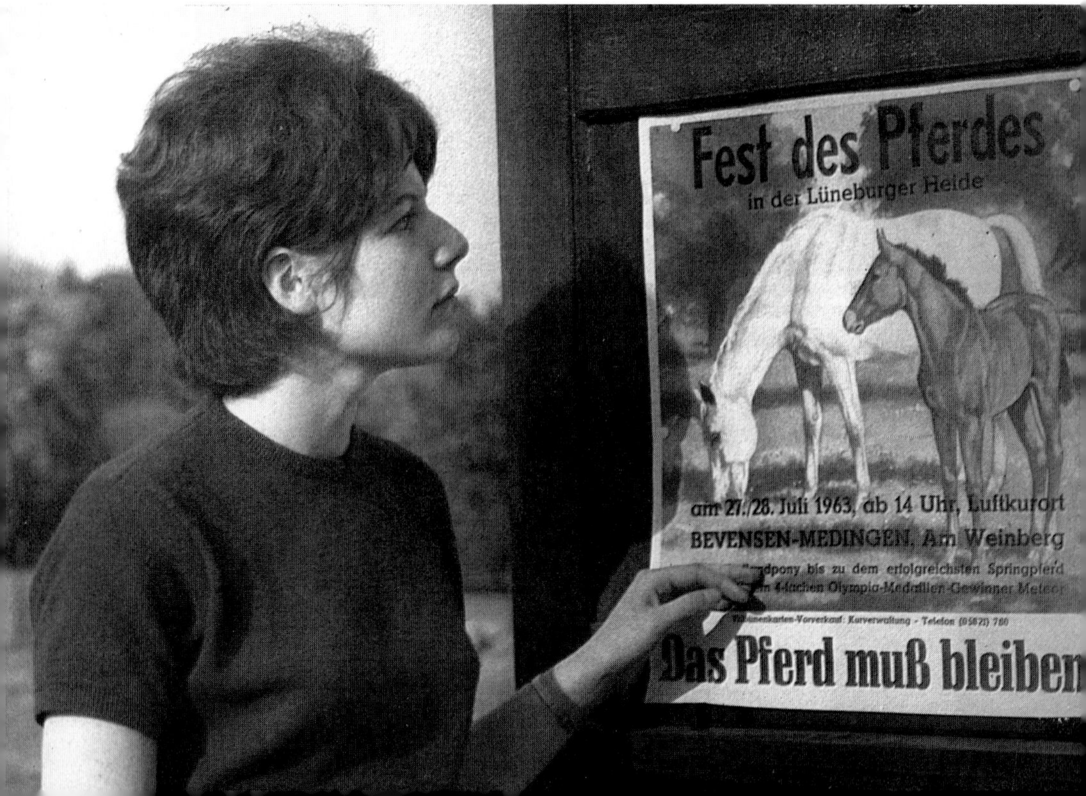

Von ferne schien ein Brunnen der Romantik zu rauschen, die Stille breitete sich in weichen Schatten und silbrigem Mondlicht über eine nächtliche Giebelfront aus. Milde Wärme, als Nachklang eines wohligen und warmen Sommertages drang durch die kleinen Fenster, als letzter Gruß des vergangenen Tages, und ließ so den müden Menschen endgültig zur Ruhe kommen. Wie eine Liebkosung von lieber Hand fuhren Finger über die kühlen Tasten eines Klaviers, aus denen sich eine Melodie formte.
Ein Geiger setzte ein. Behutsam begann eine Bratsche ihr leises Singen, die zweite Geige untermalte den Jubel dieser Minute des Vergessens; dann vereinigten sich alle unsichtbaren Spieler zum Rhythmus einer gemeinsamen, alles bezwingenden Melodie. Wieder einmal hatte die Sehnsucht jedes Menschen nach Zartheit und dem Reinen eines Glockenklanges jene Öde und Dunkelheit des Lebens bezwungen, die ihn so oft und lange umschloß. Durch die Hast eines regellosen Alltags ertönte das Solo einer Geige; auch wenn viele sie nicht hören, ist sie da. Es gehört aber ebenso zum Leben wie der Sang eines Vogels, den wir meist gar nicht mehr hören, dessen Stimme uns erst zum Bewußtsein kommt, wenn sie nicht mehr erklingt oder plötzlich verstummt.

Die letzte Unrast war verschwunden. Die breiten weißen Mauern, der Raum zwischen den Säulen und Rosetten, weiten sich. Der Kosmos spiegelt sich in den Bewegungen der großen weißen Pferde.
Aus einer schon unwirklichen Welt sprechen sie durch ihre Gebärde, werben und rütteln auf! In dem einsamen und in sich zusammengesunkenen Beschauer erwacht plötzlich Angst. Was soll werden, wenn es solche Pferde nicht mehr gibt? Fehlt uns dann nicht ein Stück Natur, Welt, Schöpfungsgeschichte? Geht dann nicht etwas Kostbares der Menschheit verloren? Da bricht durch die graue Hülle des Alltags ein reines Licht, strömt golden durch die breiten Fenster. Wieder klingen Melodien und ihre Begleitung, wie durch die Macht eines Magiers vereint und von unsichtbaren Geisterhänden gespielt. Tonfolgen perlen durch den Raum.

Ein Reitermarsch ist leicht und tänzelnd im Vergleich zum Marsch des Fußvolks. Es gibt nicht allzu viele gute Reitermärsche. Marschie-

ren und Reiten haben verschiedenen Rhythmus. So waren sie auch jahrhundertelang Ausdruck verschiedenartiger Lebensformen. Wie haben die Reiter auf die ›Fußlatscher‹ heruntergesehen, die sich im Staub der Straße vorbeimühen mußten, und wie wurden sie andererseits von den braven und unvermeidlichen Marschierern als ›Gasbockhupfer‹ verspottet! Das aber ist schon lange her, darüber regt sich heute keiner mehr auf. Damals ergaben sich aus solchen Gegensätzen Duelle und sonstige unerfreuliche Auseinandersetzungen, denn zwischen Fußvolk und Reitersmann bestand eine Kluft, die lange Zeit unüberbrückbar schien: der soziale Unterschied. Der Adel beherrschte die Reiterei. Er hatte die Möglichkeit zur privaten Pferdezucht. Vertrautheit mit dem Pferd, mit dem er sich durch das Landleben eng verbunden fühlte, war ihm geradezu angeboren. Überdies standen vielen Adeligen auch noch die unerläßlichen finanziellen Mittel zur Verfügung, die der Bürgerliche nicht besaß. So blieb man lange Zeit unter sich und entwickelte ein Standesbewußtsein, das nicht zu den erfreulichsten Merkmalen der guten, alten Zeit gehörte. Schließlich brach eine neue Zeit an, die sie alle über einen Kamm schor, und die großen sozialen Umwälzungen begannen neue Zeichen zu setzen.
Zu den wenigen Märschen, die heute noch mitreißend und typisch erscheinen mögen, zählen der Finnländische Reitermarsch und der von Fehrbellin; seine Fanfarenstöße sind unerhört eindrucksvoll, seine Komposition offenbart Geschichte und Mentalität der Menschen jener Zeit vortrefflich. Sie besitzen einen Vorzug, der auch gleichzeitig Nachteil ist: Sie eignen sich auch für den Fußsoldaten, also zum Marschieren, sind trotz aller Einlagen, die auf ihre Funktion hinweisen, nicht nur Märsche, nach denen es sich vorzüglich reiten läßt, sondern gehören zu den besten Märschen überhaupt und wurden nicht nur für militärische Zwecke, sondern auch für Turnübungen immer wieder verwendet. Aus diesem Grund sind sie außerordentlich populär bei Menschen, die mit Pferden nie etwas zu tun hatten, die nicht reiten konnten, sondern für ihre körperlichen Übungen eine musikalische Untermalung und Anfeuerung brauchten.
Ein Marsch, der ausschließlich für die Reiterei bestimmt ist, in dem alles lebt, was das Reiterdasein enthält, ist der ›Prinz-Eugen-Marsch‹. Vielen ist er unbekannt, denn mit dem Untergang der Reiterei, der großen Reitermassen und damit des Reitertums überhaupt ging auch

dessen Begleitmusik unter. Man muß ihn einmal bewußt und mit geschlossenen Augen angehört haben und sich zurückversetzen: Im Jubelklang der Trompeten sammeln sich am Waldrand die Teile einer Eskadron; die unruhigen Pferde, Kommendes ahnend, tänzeln; alles drängt zu einer notwendigen Ordnung - alle diese Phasen kommen musikalisch zum Ausdruck. Das langsame Anreiten beginnt, über Hügel und Mulden hinweg geht es. Die Reiter breiten sich fächerförmig aus, nehmen an Tempo zu, werden immer rasanter, um in einem Furioso auszuklingen, das alles mitreißt. Dazwischen ist das Schmettern und Verklingen der Signale, das Klirren und Stampfen, das Dröhnen und Traben zu vernehmen, wahrhaft die Symphonie der großen Armee. Dazu noch als Steigerung und Höhepunkt der Jubelruf an den »edlen Ritter«, der die letzte Hoffnung des Abendlandes war, als es galt, trotz europäischer Uneinigkeit und Mißgunst den Bestand Europas zu sichern: Der in Paris geborene Prinz italienischen Geblüts, der dem Kaiser in Wien diente und ihm nicht nur bedeutendster Feldherr, Staatsmann und großer Förderer der Kunst wurde.
Im Marsch des Prinzen Eugen lebt nicht nur seine Zeit wieder auf, er ist ein Tongemälde, das Reiterblut in Wallung bringt und selbst den Unmusikalischen aufhorchen läßt. Er erinnert uns an einen Mann, dessen Waffentaten wir hier gar nicht aufzählen wollen; wir erinnern nur an einen Spruch, den er einmal seinen Offizieren auf den Weg mitgab, als er eine große Revue mit den Herren seines Gefolges abhielt: »Meine Herren«, so sagte der Prinz, »Sie haben nur eine Lebensberechtigung, wenn Sie beständig, auch in der größten Gefahr, als Beispiel wirken, aber in so leichter . . . und heiterer Weise, daß es Ihnen niemand zum Vorwurf machen kann«. Was liegt darin nicht alles an tiefem Wissen um menschliche Weisheit und Menschenführung!
Gar nicht weit von der Reitschule steht das Schloß Belvedere, in dem heute nur noch wenig an den Prinzen Eugen erinnert. An späten Sommerabenden klingt es jedoch zwischen den hohen Bäumen und den Barockfassaden des Schlosses ganz leise auf, so leise, daß es die wenigsten Menschen hören: Ein Klingen, wie ein tiefer Atemzug der Geschichte, dem kein Trommelwirbel mehr folgt und kein Fanfarenruf. Die österreichische Militärmusik wird den Staat, der sie hervorgebracht hat, für alle Zeiten überleben. Sie weht über Diktaturen,

Monarchien und Republiken hinweg. Sie erfreut und begeistert und erinnert jeden an irgend etwas Vergangenes, ähnlich wie der Wiener Walzer, der von seinen Komponisten auch nicht nur zum Tanzen geschaffen wurde. Die Komponisten der österreichischen Märsche haben berühmte Ahnen, auf die sie sich berufen können und die diese musikalische Form in der Welt berühmt gemacht haben. Nicht geringere als Mozart, Beethoven, Johann Strauß Vater und Schubert gehören dazu. Von Schubert stammt der Kunstgriff, die Mittelstimme in ihrem Rhythmus so aufzulockern, daß die Wucht und Schwere des Marsches aufgehoben und jene tänzerische Eleganz erzielt wurde, die das Wesen der Menschen der Stadt Wien und der österreichischen Länder charakterisierte: eine Eleganz und Leichtlebigkeit, die ein Stück Schicksal ist und sich gleichzeitig als Waffe gegen alle Unbilden einer wechselvollen Geschichte erwies, eine echte Überlebenschance. So wurden die österreichischen Märsche sehr bald ihrer rein militärischen Vergangenheit entrückt, dank ihrer unzerstörbaren Musikalität.

Wer der Stadt an der Donau seine Reverenz erweisen will, bittet Vater Strauß oder einen anderen aus der unübersehbaren Reihe der Komponisten dieser Stadt um den Vortrag seiner musikalischen Phantasie. Dann erlebt er eine Darbietung, die so ganz dem Wesen dieser Menschen hier entspricht.

Zunächst geradezu entsetztes Ablehnen. Hinweise auf Indisposition und Nichtvorhandensein der wichtigsten Voraussetzungen gerade in diesem Raum und just in diesem Augenblick.

Zwischendurch ein verzweifelter Blick zum Himmel, als ob heute alles schief ginge; dann ein Einsatz, dessen Furioso sofort erkennen läßt, was auf uns wartet. Der Meister spielt frei und ohne Blatt mit halbgeschlossenen Augen. Er spielt und wiederholt. Er setzt ab. Er ändert Tempo und Intensität. Er läßt die Geige jubeln und schluchzen. Sie scheint mit ihren Tönen in einem Garten ewiger Freuden und Lüste zu verklingen. Sie schreit auf, wie vom größten Jammer der Welt erschreckt, und sie fällt aus dem wiegenden, schmiegenden und weichen Walzertakt plötzlich als Steigerung und Finale in die letzten Takte des Marsches vom Prinzen Eugen, gleichgültig ob dieser schon komponiert war oder nicht.

Das Geheimnis all dieser Musik in Wien und von Wien besteht darin, daß man sie - jeder von uns - schon immer im Ohr hatte und glauben darf, sie schon immer gekannt zu haben, daß aber erst ein Meister kommen mußte, sie in ihren Einzelheiten aus dem Unterbewußtsein der Menschen zu holen und die Noten dazu zu schreiben. Man ist allerdings geneigt, noch weiter zurückzugehen und nicht nur die berühmten Musiker der letzten zweihundert Jahre heranzuziehen. Zuviel Neues lag schon darin, das sich vom Ursprünglichen entfernte. Es gibt kaum eine Landschaft, die vom deutschen Minnesang nicht berührt worden wäre, wenngleich sich die Herkunft dieser Künstler auch auf wenige Länder verteilte. Dort, wo es anfänglich keinen Minnesang gab, bürgerte er sich nach und nach ein, dank dem engen Kontakt, den die Meisterschulen untereinander hielten. Allmählich ging, mit dem Übergang der Dichtkunst vom Adel auf den Bürger, der Minnegesang in den Meistergesang über. Schon gegen Ende des 16. Jahrhunderts und vor allem in der Zeit des Dreißigjährigen Krieges gerieten die Namen und Komponisten der Vertreter des Meistergesangs in Vergessenheit. Das scheint kein Wunder, denn wenn Mars regiert, schweigen die Musen.

Wir Pferdefreunde sollten auch dem Minnesänger unsere Reverenz erweisen, ihm, der ohne Pferd nicht zu denken war, der auf dem Pferderücken dahergezogen kam, um der Geliebten zu huldigen, das Land zu besingen und seine naturgebundene Poetik zu verbreiten. Sie kamen aus dem süddeutschen Kulturraum; so etwa der Kürenberger, der auf der Burg Kirnberg bei Linz seinen Sitz hatte und den man allgemein den ersten aus dem großen Kreis der Sänger nennt; oder der Oberösterreicher Dietmar von Aist, der neben den Falken, die er züchtete, seine Pferde mitbrachte, wenn er fremde Länder besuchte. Reinmar von Hagenau, aus dem Elsaß stammend, wirkte am Hof der Babenberger und trug zur verfeinerten Geistesbildung des Minnesangs bei, in dem von Treue und Stärke die Rede ist. Er war mit seinem Pferd ebenso verbunden wie mit der Leier. Von Walther von der Vogelweide reden, heißt auch des berühmten Preisliedes zu gedenken, in dem es heißt: »Von der Elbe bis zum Rhein und her wieder bis an Ungarland mögen wohl die besten sein, die ich auf der Erde hab' erkannt«.

Sie erschienen selbstverständlich hoch zu Roß, das von edler Statur

sein mußte, wie das des sagenumwobenen Herrn Lütolt von Seven. Selbst jene Sänger, die zu Turnieren oder Kreuzzügen ritten, hatten nicht jene schweren Streitrosse wie die frommen Kreuzritter zwischen ihren Beinschienen; sie kamen auf tänzelnden, gepflegten, südländisch anmutenden Pferden daher, die klug mit den Augen zu blinzeln schienen, wenn ihr Herr in die Saiten griff und zu singen begann. Dies ist beim Burggrafen von Lienz an der Drau ebenso, wie bei Neidhart von Reuenthal oder dem berühmtesten, dem Herrn Ulrich von Lichtenstein. Sie waren alle Streiter für ein selbstgewähltes Ideal. So auch Herr Reinmar von Brennenberg, der sicher in Bayern geblieben wäre, hätte er gewußt, was ihm am Hofe Friedrichs des Streitbaren in Österreich geschehen sollte. Er verlor sein Herz, und das an eine hohe Herrin, deren Gatte ihn töten ließ und den Befehl gab, ihm das Herz herauszuschneiden und es seiner Gattin - an deren Treue er Zweifel hatte - zum Essen aufzutragen.
Die Pflege der Instrumentalmusik machte seit dem 13. Jahrhundert eine ganz typische Entwicklung durch. Spielleute und fahrende Schüler bereisten die weiten Ländereien und brachten Abwechslung in das sonst recht eintönige Leben der Menschen. Turniere waren zwar der Höhepunkt des gesellschaftlichen Lebens und ihre Sieger wurden wie Helden gefeiert, doch neben diesen aufwendigen und pompösen Schauspielen ergriff der Adel gerne die Gelegenheit, in kleinerem Rahmen musikalische Veranstaltungen geselliger Art durchzuführen. Diese wandernden Musikanten müssen zu dieser Zeit untereinander in enger Verbindung gestanden haben, denn ihre Züge durch Bayern, Österreich, Mähren und die Steiermark erscheinen so planvoll, daß wir gegenseitige Absprachen vermuten dürfen.
Nicht alle Minnesänger hatten es zur Vornehmheit und Wohlhabenheit gebracht. Die Kleinen und Armen, jene, von denen wir heute nichts mehr wissen und die schon in ihrer Zeit untergegangen sind, mußten sich auf Schusters Rappen durch das Land mühen. Eines Tages verging dem Adel die Lust am Singen und Musizieren, die Burgen und festen Sitze verloren ihre Bedeutung und das Bürgertum erstarkte nach und nach. Da wählten sich die reichen Bürger und Zünfte ihre Sänger; es begann eine neue Phase in der Musikpflege. Der Meistergesang ging seiner Blütezeit entgegen, er stand aber schon unter ganz anderen Vorzeichen und Bedingungen als der Minnesang.

DER GEHEIMNISVOLLE SCHIMMEL

Ein Ereignis erschien Schönfeld stets als Vorbote einer Schicksalswende, und er erinnerte sich seiner nur mit Beklemmung.
Die Eltern waren zu einem Regimentsfest eingeladen worden, das unweit der Garnison, in der sein Vater schon seit Jahren Dienst tat, lag und hatten die Erlaubnis erhalten, den Jungen mitzubringen. Dieser fünfzehn Jahre alte Junge fand sich dort inmitten frohgelaunter Damen und Herren im Mittelpunkt der Aufmerksamkeit. Er war das einzige Kind unter lauter Erwachsenen und genoß die wunderbare Tatsache, daß alle Großen ihn als Gleichberechtigten behandelten und er sogar mehr Beachtung fand als mancher Leutnant, der zunehmend verdrossener dreinsah, je länger das Fest dauerte.
Zunächst hatte eine Parade stattgefunden, denn man feierte den Gründungstag des Regiments, nicht ohne mit deutlichen Blicken über die Schultern in die weite Ebene nach Nordosten seine Bereitschaft zum Äußersten bekanntzugeben. Dort lag Rußland, unendlich groß, weit und - wie es schien - drohend. Es wurden Reden gehalten, markig und schön. Säbel flogen zu einem Schwur aus der Scheide, dessen Sinn dem Jungen noch nicht klar war; dann schwenkte eine Musikkapelle ein. Es dauerte nicht lange, kamen die Schwadronen angeritten. Ein Bild, mitreißend und farbenfroh, elegant und männlich zugleich wie je. Besonders freute den zwischen den Erwachsenen stehenden Clemens, daß auch sein Vater auf der Anhöhe stehen durfte, an der die Reiter vorbeizogen und wohin alles wie gebannt sah. Er war stolz auf seinen Vater, der hier ganz anders wirkte als daheim, wenn sie beim Familientisch saßen und Vater aufmerksam die Zeitung las. Das Rot seiner Hosen schien noch röter zu sein, als das der anderen, und das Blau des Waffenrocks mit den roten Aufschlägen noch blauer. Einen so glänzenden Helm wie er trug keiner der Offiziere, auch nicht der General, der kurz vorher die großartige Rede gehalten hatte und alle Anwesenden aufforderte, zu Ehren des Kaisers in ein Hoch einzustimmen, woran sich auch der Junge begeistert beteiligt hatte.
In der Kaserne fand das Fest statt; zunächst ein Preisreiten für die die Unteroffiziere und hierauf für die Mannschaft. Stundenlang währ-

te das Programm. Zwischendurch gab es Überraschungen und Darbietungen, bis in einem feierlichen Akt die besten Reiter und Springer für ihre Leistungen mit Preisen belohnt wurden.

Als Höhepunkt begann das eigentliche Fest für die Herren Offiziere und ihre Damen, abgeschlossen von der übrigen Umwelt, die sich unterhalten mochte, wie sie wollte und die man für einige Stunden auszusperren hoffte. Man muß sich vorstellen, was es damals bedeutet haben mag, wenn ein Regiment mit seinem ganzen Personalstand und den dazu gehörenden Familien aus Österreich, Böhmen oder Mähren nach Galizien verlegt wurde. Menschen, die aus der Großstadt stammten und Regimenter, die bisher in Prag, Brünn, Wels oder Stockerau gelegen hatten, befanden sich für mehrere Jahre inmitten der unübersehbaren galizischen Ebene, inmitten von Wäldern und Sümpfen und in einer Trostlosigkeit kleiner und kümmerlichster Orte, die ihresgleichen suchte. Die Namen Kolomea, Stanislau, Tarnow, Jagiellonski oder Zlockow waren noch lange danach für viele ein Alptraum. Wie viele junge Menschen an der Verzweiflung dieser Monotonie zerbrachen, kann man heute gar nicht mehr sagen. Gab es einmal eine Gelegenheit zum Feiern, nützte man diese reichlich aus, und die Feste dauerten tagelang.

So auch hier. Der anstrengende Tag klang mit einem Fest der Herren und Damen im nahen Schloß aus. Schon vorher hatte die eine oder andere Teilnehmerin am Arm ihres Mannes die Feierlichkeiten verlassen müssen, weil sie die unerträglich gewordene Atmosphäre nicht mehr vertragen konnte und der Ohnmacht nahe war; denn seit Tagen herrschte eine geradezu brütende Hitze. Ein Flimmern lag in der Luft, kein Blatt regte sich. Staub bedeckte Bäume und Sträucher, die meisten Brunnen und Zisternen waren ausgetrocknet. Auch die Nächte brachten keine Abkühlung. Bei offenem Fenster lag man stundenlang wach auf dem heißen Bett und sehnte einen erfrischenden Regen herbei, der sich zwar schon einige Male durch ein fernes Poltern angesagt hatte, jedoch ausgeblieben war.

Gerade heute hatte sich die Hitze noch gesteigert. Das große Büffet blieb fast unberührt. Wer verlangte schon bei diesen Temperaturen nach Pasteten, Majonnaisen oder üppig gespickten Fleischgerichten?

Zu Beginn wurden die Gäste auf dem Schlosse feierlich empfangen. Polnische Gastfreundschaft und altes Kavalierstum vereinigten sich.

Anfänglich wurden Reden gehalten, dann erschienen in strammer Haltung Soldaten in weißen Handschuhen und hielten Tabletts hin, auf denen Gläser mit Sekt und eisgekühlten Erfrischungsgetränken standen. Im Nebenraum begann eine Kapelle zu spielen, Geigen schluchzten, ein Walzer ertönte. Man verbeugte sich förmlich und dankte ebenso. Mit der einen Hand ergriff man die Robe, die man sich noch hatte schneidern lassen, als man in Wien, Klagenfurt oder Olmütz gelebt hatte und noch nicht ahnte, was Wanzen, knöcheltiefer Staub oder gnadenloser Morast in Galizien und die Eintönigkeit eines Lebens in Podwoloczyska bedeuten würden. Man legte sich wohlig in den Arm des Dragoneroberleutnants; plötzlich war alles wie einst. Schloß man die Augen, befand man sich nicht mehr in einem »Kaff« hart an der russischen Grenze und als Gast bei irgendeinem Grafen mit einem unaussprechlichen Namen. Man glaubte wieder beim Sacher in Wien zu sein, beim Piskacek, Kotjeschowetz, Legner und wie alle diese feinen und schönen Lokale in der weiten Ferne geheißen haben mochten, die hier die Erinnerung verklärte.
Ein junger Fähnrich hatte sich mit Clemens gerade über den Bau einer Zahnradbahn unterhalten, deren Vorlage in einer Zeitschrift aufgezeichnet war. Mama kehrte eben von einem Tanz zurück, der sie sichtlich erhitzt hatte; ihr Herr und Gebieter stand in der Gruppe anderer höherer Offiziere, die sich um den weißhaarigen General scharten und etwas gelangweilt seinen weltweiten Betrachtungen lauschten. Erst jetzt bemerkte Clemens, was sich draußen verändert hatte. Der bisher tiefblaue sonnendurchflutete Himmel hatte sich mit Wolken überzogen, die in regellosem Durcheinander ihren Weg suchten. Da und dort mischte sich schon bleigraue Farbe in das schimmernde Weiß der Wolkengebilde. Ein leiser Hauch, die Andeutung eines Windes nur, drang durch das Fenster. Clemens begann sich für das, was draußen vor sich ging, zu interessieren und blieb am Fenster stehen.
Über die müden Bäume des Parks ging ein Rauschen. Von weither zuckte es da und dort wie Wetterleuchten. Über der Straße mit den beiden Pappelreihen, die sich kilometerlang vom Schloß an mehreren Ortschaften vorbei hinzog und am Horizont verlor, stiegen ständig weiße Staubwolken auf. Jetzt wurden auch die anderen Festteilnehmer auf das aufsteigende Gewitter aufmerksam. Jeder empfand, daß ein Gewitter nach solch einer langen und unbarmherzigen Hitze ein

Naturereignis werden mußte. Was jetzt kommen würde, konnte eine Naturkatastrophe werden. So orakelten die Offiziere, die ja zum größten Teile vom Lande stammten und mit der Natur vertraut waren.

Merkwürdig: Heute lag in dem, was sie voraussagten, auch eine bange Frage, untermischt mit Sorge. Sorge? Warum eigentlich? Keiner wußte eine Antwort darauf. Hatte man nicht schon ungezählte Unwetter über sich ergehen lassen? Keine Bange, spielt weiter. Der nächste Walzer rief zur Damenwahl. Die Musikanten spielten von der schönen Donau, die angeblich blau ist, und die Tänzerinnen und Tänzer waren im Geiste wieder dort, woher sie kamen und wohin sie sich sehnten. Draußen braute sich das Unwetter heftiger zusammen. Drinnen tanzten die Damen und Herren einen Walzer so unberührt, als ob es Unwetter nicht geben könnte.

Nach einiger Zeit fiel dem Obersten des gastgebenden Regiments auf, daß die Stimmung unter der Schwüle und aufkommenden Ermattung litt. Er ging unauffällig dorthin, wo die jungen Leutnants, Fähnriche und Kadetten herumstanden und forderte sie mit scharfen Blicken auf, sofort ihre Pflicht als Tänzer zu erfüllen. Sie gehorchten, so wie sie später gehorchten, als der gleiche Oberst sie zu einer ganz anderen Pflicht auffordern mußte. Clemens beobachtete weiter die langsame Veränderung in der Natur und bemerkte beim offenen Fenster, wie der Wind schon mit den Gardinen und seiner Matrosenbluse zu spielen begann. Eine Matrosenbluse gehörte für alle Jungen jener Zeit zu festlichen Anlässen. Die Pappeln rauschten. Im Park liefen eilig Soldaten durch die Anlagen und bargen die Fackeln und Lampions, die als Abschluß des Festes die Nacht erhellen sollten. Jetzt baumelten sie immer heftiger an den Drähten und Schnüren. Einige Aufbauten begannen bedenklich zu schaukeln und dem Sturme nachzugeben. Der Wind fuhr in alle Ecken und Büsche.

Auf der Straße stieg eine Staubwolke nach der anderen in kreisendem Wirbel hoch; der Himmel verfärbte sich stärker ins Graugrüne. Vom Horizont kamen schwarzgraue Wolken gezogen, die das kommende Unwetter in sich bargen. Im Saale bedauerte man die Entwicklung draußen. »Also, bis morgen hätt's doch noch halten können, das Wetter!« Man wußte aber, daß man in den dicken Mauern des alten Schlosses sicher war und nichts geschehen konnte. Hier fühlte man sich geschützt und sah sogar mit einer gewissen prickelnden Neugier auf das beginnende Toben der Elemente. Der Hausherr hatte mit unnachahmlicher Nonchalance verkündet, daß selbstverständlich das ganze Schloß zur Übernachtung bereitstünde und gab dem Personal entsprechende Aufträge. Plötzlich schlug die beginnende allgemeine Unsicherheit in Fröhlichkeit um. Man empfand die Situation als durchaus nicht mehr unangenehm. Endlich einmal etwas anderes!

Ganz ferne auf der Straße bemerkte Clemens einen Staubstreifen, der sich anders verhielt als die vom Wind hochgetriebenen Wirbel. Er verzog sich nicht nach kurzen Windstößen, sondern wuchs und näherte sich auf der Straße; in seiner Mitte mußte irgendein dunkler Kern liegen. Man erkannte ihn nur noch nicht genau.

Wer dachte in diesem Augenblick an etwas Dunkles und Unbestimmbares? Gerade erschienen die Burschen wieder mit vollen Sektgläsern. Nach einer kurzen Ansprache des Obersten eines benachbarten Ulanenregimentes trank man auf das Wohl dieser bodenständigen Truppe, feierte ihren Oberst und trank bei der Hitze hastiger als sonst, ohne die beginnenden kühlen Luftzüge zu empfinden. Clemens Schönfeld sah jetzt, daß auf der Straße, inmitten der Staubwolke, ein Reiter in wahnwitzigem Tempo nahte. Jetzt verschwand er zwischen den zu Mandeln aufgestellten Garben eines Kornfeldes. Dann tauchte er wieder auf und galoppierte, ohne im Tempo nachzulassen. Keiner der im Saale Anwesenden bemerkte ihn: Gerade jubelte man dem Husarenmajor zu, der in Vertretung seines Obersten Grüße der Verbundenheit überbracht und damit eine Einladung zu einem Fest im Oktober nach Przemysl verbunden hatte.

Keiner sah ihn, den Schimmel, dessen Reiter wohl eine sehr wichtige Botschaft überbringen mußte; denn auch jetzt, da es etwas bergauf ging, schien er im Tempo nicht zu verhalten.

Er ritt und ritt. Jetzt erkannte Clemens sogar das Gesicht des Reiters unter dem Raupenhelm.

»Bittä einen Czardasch, meine Damen und Chärn!« rief einer, der noch eine Steigerung in der allgemeinen Stimmung erzielen wollte und dessen weingerötetes Gesicht zu dampfen schien. Die Musikanten unterbrachen ihre Pause und stimmten erneut ihre Instrumente. Es konnte nur noch Sekunden dauern, bis sie zum Czardasch ansetzen würden. Schon begannen sich die älteren Herrschaften zurückzuzie-

hen und den Jüngeren den Platz freizugeben. Sie taten dies mit einem Lächeln des Verstehens, so wie Menschen, denen man anmerkte, daß es ihnen zwar leid tut, nicht mitmachen zu können, aber Rang und Alter erlaubten eben nicht mehr alles. Man war eben kein Leutnant mehr. Da war es schon besser, man übernahm freiwillig die Rolle des Zuschauers und zog sich in einen der Festräume zurück, um sich über Dinge zu unterhalten, die man schon hundertmal besprochen hatte. Heute wird man ohnedies spät ins Bett kommen oder überhaupt nicht schlafen können. Das mit dem behelfsmäßigen Übernachten muß man sich noch gut überlegen. Wenn es draußen nicht allzusehr wettert und stürmt, wird es schon besser sein, dem wartenden Kutscher unten den Befehl zu geben, einzuspannen und nach Hause zu fahren. Vorsichtig begann man zu überlegen.
Übrigens, wie sieht es eigentlich draußen aus? Schon brachen die Gewalten los, die Bäume ausreißen und Fuhrwerke umwerfen können. Es war, als ob die Natur nach einem wilden Aufschrei die Zügel freigibt für einen Sturmritt der Elemente.
Was ist denn noch da unten los? - -
Was will der Dragoner, der unmittelbar vor dem Schloßportal vom Schimmel springt, die Zügel einem der Wachposten zuwirft und mit klirrenden Schritten heraufgestampft kommt?
Welch unpassende Unterbrechung! Jetzt muß der arme General wieder den Kreis der Fröhlichkeit verlassen, wo sie gerade erst begonnen haben, Anekdoten von dem ungarischen Grafen zu erzählen. Halblaut nur, aber man hat es bis herüber gehört und freut sich darüber, denn man kennt sie schon teilweise, diese tollen Geschichten. Clemens sieht, wie sie das über und über im Schweiß gebadete Pferd abreiben. Der Schaum, der ihm vor dem Munde steht, fliegt in Flokken zur Erde. Es kommt erst nach und nach zur Ruhe.
»Was ist denn los?«
Der General, trotz der gut sechzig Jahre, die er schon auf dem Rükken hat, eine schlanke Reitergestalt, hat sich erhoben, als der Adjutant ihm etwas ins Ohr flüstert. Sein Gesicht ist plötzlich verändert. Er verläßt schnell den Raum.
Nun steht der General im Nebenzimmer. Clemens sieht durch die offene Tür, wie der verschwitzte Dragoner die Tasche öffnet und einen Brief herausreißt. Der General liest, liest ...

Der Brief muß sehr lang sein, denkt Clemens, denn einen kurzen Brief hätte er doch sicher schon längst zu Ende gelesen. Dann macht der General eine Bewegung mit der Hand über die Augen und tritt mit einem Bein zurück, als ob er den festen Stand verloren hätte. Im Saal beginnt man zu murmeln, und dort, wo bisher Gelächter aufgeklungen war, sehen unbehaglich dreinschauende Gesichter in die Runde.

Draußen beginnt zwischen Donner und Leuchten der Regen in breitem Schwall auf die Erde niederzurauschen; hemmungslos, als ob die Schleusen des Himmels sich geöffnet hätten.

Drinnen im großen Saal, wo die Menschen nicht wissen, was sie mit sich anfangen sollen und wo jeder ahnt, daß er in den nächsten Minuten etwas Schicksalhaftes erfahren wird, beginnen die Damen zu frösteln. Unheimliche, kalte Schwaden ziehen aus dem Park durch die breiten Fenster in die Räume und Salons. Man beginnt die Fenster zu schließen. Eine Ordonnanz bittet den Hausherrn hinaus, wo er von dem General erwartet wird, der nun auf seinen Gastgeber einspricht. Dann treten beide, der General und der sichtlich blaß gewordene Schloßherr wieder in den großen Saal. Der alte Herr bittet um Ruhe, alle Blicke hängen an seinen Lippen.

»Meine Damen und Herren«, sagt der Offizier mit einem unterdrückten Beben in der Stimme, »wir müssen das Fest augenblicklich abbrechen. Ich habe Ihnen die furchtbare Mitteilung zu machen, daß unser Thronfolger, Erzherzog Franz Ferdinand, und seine Gemahlin in Sarajewo ermordet wurden.« Nach einer kurzen Pause: »Was das bedeuten kann, ahnen Sie alle: den Krieg!«

Der Sturm dringt in den Raum und reißt an den Vorhängen, die wie wild zu flattern beginnen. Die Musikanten räumen schweigend ihre Instrumente ein. Die Damen sehen verstört und ängstlich von einem zum anderen. Die Männer dieses Kreises, seit Jahren mit einem solchen Paukenschlag rechnend, erkennen, daß der Ernst, von dem sie immer nur gesprochen hatten, nun beginnen würde. Wie dieser Ernstfall wirklich aussehen sollte, erkannten sie erst später.

Der Sturm, in dessen Gefolge und von Staubwolken umhüllt der Reiter dem kommandierenden General der späteren Front im Osten diese Botschaft überbracht hatte, tobte noch einige Tage. Dann übernahm ein anderer Sturm die Herrschaft, und dieser war so gewaltig, daß nicht nur alte Bäume entwurzelt, sondern ganze Staaten ausgelöscht wurden.

Jener Schimmel, der zum Überbringer der Unheilsbotschaft wurde, lebte in der Erinnerung des jungen Clemens weiter. Immer mußte er, wenn er ein Gewitter aufziehen sah, daran denken, wie 1914 ein weißes Pferd, in Staubwolken gehüllt, zum Boten eines Schicksals wurde, das vier lange Jahre keine Familie in Mitteleuropa unberührt lassen sollte.

Am anderen Tage mußte Clemens mit seiner Mutter die Garnisonsstadt verlassen, die zum Kriegsgebiet gehörte. Obwohl noch kein Schuß gefallen war, hatte eine unheimliche Gewalt von dem Lande Besitz ergriffen. Clemens erlebte mit seiner Mutter 1914 die erste Flucht seines Lebens.

Für den Jungen war das Finis Austriae untrennbar mit den Erlebnissen der letzten Jahre im ehemaligen Kronland Galizien verbunden, über das schon in den allernächsten Tagen die Furie des Krieges hinweg brauste. Der Schimmel entwickelte sich in der Erinnerung zu einem mystischen Wesen und stand für ihn im Mittelpunkt dieser unheimlichen, kurzen Stunden in dem Schloß, hart an der russischen Grenze, das man überstürzt am anderen Morgen verlassen mußte.

*

FINALE UND EINE TRÖSTLICHE ERKENNTNIS

Böhmen ist ein vielschichtiges und geheimnisvolles Land. Als Heinrich von Kleist, der unglückliche Dichter, durch Böhmen fuhr und in der Stadt Teplitz weilte, war er vom Anblick der Landschaft tief beeindruckt. Er empfand das Land so schön geformt, »als hätten die Engel im Sand gespielt«. Auch von anderen Dichtern und Künstlern liegen begeisterte Bekenntnisse vor. Goethe pries Karlsbad in Böhmen als eine der schönsten Städte der Welt, Caspar David Friedrichs ›Böhmische Landschaft‹ wurde zum gleichnishaften Bild, und Wilhelm Raabe besang Prag wie Detlev von Liliencron, der hier »immer seine Fahnen hissen wollte«.

So vielfältig schön das Land auch sein mag, im Untergrund ist ständig ein leises Beben zu spüren, dem nach geheimnisvollen Gesetzen von Zeit zu Zeit Eruptionen folgen. Da leben die Menschen in Frieden jahrhundertelang miteinander, sie ergänzen einander und bauen gemeinsam an ihren Domen, Brücken und Mauern, aber es bedarf nur eines kaum bemerkten Anstoßes, und einem furchtbaren Gewitter gleich gehen Morden und Unheil über das Land hinweg.

Die warme Luft, die Wein und köstliches Obst gedeihen läßt und die das Elbetal zu einem wahren Paradies macht, scheint die Hänge des Erzgebirges und Böhmerwaldes auszusparen, wo karger Boden nur das Nötigste zum Leben bietet.

Das geheimnisvolle Rauschen der Wälder der Grenzgebirge verklingt, über die Dörfer und Weiler hinweg haucht der Frühlingswind seine zarte Liebeserklärung, während vom Jeschken und der Schneekoppe her der ungestüme Sturm an den Föhren und Tannen reißt. Man muß dieses Land kennen, um zu wissen, warum hier nicht nur des »böhmischen Volkes Weise«, wie Rilke das nennt, zu Hause war, sondern auch ein Geist, der, aus geschichtlichen Abläufen kommend, die zwei Völker dieses Raumes immer wieder zum Wettbewerb und damit zu gewissen Leistungen antrieb, oft genug auch zum ruhelosen Gegeneinander, so daß Blühen und Katastrophen seit jeher eng beieinander wohnten. Wer sich dieser tragischen Grundstimmung bewußt ist, wird das Land und die Menschen verstehen, die hier zu

Hause sind und waren. Zwischen der ›Moldau‹ von Smetana und dem ›Sanften Gesetz‹ von Adalbert Stifter besteht kein so großer Wesensunterschied. Leider bleiben die Menschen, wenn sie ihren Lebensweg gehen, nicht vom Künstlerischen allein bestimmt, werden weit mehr von prosaischen Kräften geprägt.
Für die weite Welt unbekannt und selbst von den meisten Kennern der böhmischen Verhältnisse unbeachtet, liegt dort, wo das Egerland in den Böhmerwald überzugehen beginnt, das Bezirksstädtchen Hostau. Wir befinden uns am Ende des letzten Krieges, bereits in der Zeit der Auflösung der allgemeinen Ordnung, als unsagbar schreckliche Dinge geschahen und sich Leidenschaften unheilvoll entluden.
Damals ereignete sich in Hostau, inmitten unsagbaren Menschenleids, eine Episode, die im Strudel der Katastrophe unterging, die aber tröstlich für alle sein kann, die an den Sieg des Guten glauben. Auch im Mittelpunkt dieses Geschehens standen Pferde.
Hierher, nach Hostau, hatte man in der letzten Phase des Zweiten Weltkrieges den gesamten Pferdebestand der Spanischen Hofreitschule aus Wien gebracht. Hier befand sich schon seit 1938, auf dem Boden des ehemaligen Staatsgestütes, ein Heeresremonteamt, zu dem 600 Hektar besten Wiesenlandes gehörten, ausgedehnte Stallungen, moderne Reitschulen, vier große Vorwerke mit Remisen, Schobern und Aufbereitungswerkstätten. Es bestanden Unterbringungsmöglichkeiten für mehr als 500 Pferde. Den Rössern muß es hier sehr gut ergangen sein. Während Regime barsten, Staaten zerfielen und Großstädte in Schutt und Asche sanken, fühlten sich die Pferde hier wohl, obwohl ihnen der harte Boden und die Hitze Mazedoniens gefehlt haben mögen, denen sie ihrem Erbe nach zugehören. Dafür ist der Boden Böhmens unendlich fruchtbar, seine Wiesen sind saftig, seine Koppeln und Weiden eignen sich, wie selten in einem Land, zur Aufzucht solcher munterer, oft schon etwas überzüchteter und sehr verwöhnter vierbeiniger Gesellen.
Als der Krieg noch im Gange war, ereignete sich etwas Sonderbares: der Sieg der Kreatur über die Feindseligkeiten der Menschen. Inmitten unversöhnlichen Kampfes machten Freund und Feind gemeinsame Sache, als es um die Errettung der hier betreuten Lipizzaner ging. Deutsche Gestütsoffiziere spielten mitten im Zusammenbruch die Pferde den Amerikanern in die Hände, wozu schon bei der ersten

Fühlungnahme ein lebensgefährliches mehrfaches Überschreiten von Frontlinien gehörte. General Patton, mit dem Oberst Podhajsky an anderem Orte schon verhandelt hatte, gab den Befehl, die Pferde nach Bayern zu schaffen, wozu sich, trotz der Unsicherheit und gefahrvollen Situation, Amerikaner, Deutsche, kriegsgefangene Engländer, Franzosen und Polen bereiterklärten und zusammentaten.
Hauptmann Lessing, Stabstierarzt von Hostau, durchbrach als erster die Vorpostenketten. Die im Hauptquartier der Amerikaner anwesenden Offiziere, bereits über alles informiert, betrachteten mit sichtlichem Wohlwollen den Reiter von jenseits der Front. Gemeinsame Reiterleidenschaft und Verbundenheit im gemeinsamen Ziel inmitten all des Schweren dieser Zeit machte sie zu Bundesgenossen. Es war eine Tat, für die es auf amerikanischer Seite Orden gab, auf unserer Seite das Bewußtsein des Erfolges. Ein tschechischer Oberstleutnant wollte sich der Aktion widersetzen und ließ sich dabei von dem Gedanken leiten, das wertvolle Pferdematerial als Kriegsbeute des in letzter Minute auch im Kriegszustand befindlichen Tschechenstaates zu betrachten. Die auf Motorrädern und leichten Panzerwagen anbrausenden Amerikaner aber sahen keine Veranlassung, sich mit ihm in lange Gespräch einzulassen, zumal der Leiter des Gestüts, Oberstleutnant Hubert Rudofsky, sich mit allen deutschen Offizieren, Pferdewärtern und dem mehrsprachigen Hilfspersonal einig wußte.
Als die Amerikaner die hervorragend gepflegten Pferde sahen, gingen ihnen die Augen über. Über hundert der herrlichen Araberpferde, mehr als 200 Vollblüter und Rennpferde, 600 Kosakenzuchtpferde, die aus dem Ural stammten, und 300 Lipizzaner waren hier beisammen. In der gleichen Zeit, da die Amerikaner über Eisenstein gegen Pilsen vorstießen, vereinigte sich eine amerikanische Panzereinheit mit deutschem, in Hostau vorhandenem Pferdepersonal und dort arbeitenden Kriegsgefangenen, die von den Amerikanern sogar mit Waffen ausgestattet wurden.
Durch diese Maßnahmen erreichten sie die Sicherung des Gestüts. Anfang Mai begann die Aussiedlung des Gestüts, die sich nur deshalb etwas verzögerte, weil beim besten Willen nicht genügend Lastwagen aufzutreiben waren. Doch schon am 12. Mai war die Aktion beendet. Alle Pferde befanden sich in Bayern und wurden nach und nach aussortiert. Zum Teil wurden sie in ein großes Depot nach Hessen ge-

bracht. 215 Lipizzaner, die Elite dieses Pferdebestandes, kamen nach Piper in die Steiermark. Für sie war der Krieg zu Ende. Der Einsatz, der sich gegen herkömmliche Vorstellungen der Kriegsführung vollzog und für jeden Beteiligten große Gefahr bedeutete, steht als erste Gemeinsamkeit menschlicher Begegnung inmitten einer noch kriegführeden und zum Äußersten entschlossenen feindseligen Welt.
Daß sich im Gefolge dieser Transporte viele Wagen befanden, die neben Futter und Stroh auch abgehärmte Frauen und Kinder unter den Zeltplanen mitnahmen, sei nur am Rande vermerkt. Es waren die ersten Flüchtlinge, die ein zum Inferno verwandeltes Land verließen. Stundenlang trabten die herrlichen Schimmel über die Straßen und senkten geduldig ihre klugen Köpfe, als wüßten sie, worum es ging. Stundenlang standen die Transporte an Kreuzungspunkten und Übergängen. Nur selten fuhr eines der Pferde mit dem Kopf in die Höhe oder schaffte sich mit einem kurzen Schlag der Hinterhand Erleichterung gegen etwas Unbekanntes, Unangenehmes. Die improvisierten Futterstellen und Tränken boten ein Bild unbekümmerter Freude. Fast schien es, als gäbe es kein Leid und keine Sorgen auf dieser Welt. Zwischen den kurzen Pausen erklang dann und wann sogar ein Lied.
Da lagen polnische Pferdeknechte, englische, französische oder deutsche Pferdepfleger und sangen in ihren Sprachen, begleitet vom Wiehern einer Stute, die vor ihrer großen Stunde stand und dem Tierarzt zusätzliche Arbeit bereitete. Auch das Fohlen, dieses schwarze und nasse Etwas, das schon nach wenigen Stunden auf stelzigen und ungelenken langen Beinen stand, überlebte den Transport. Die Natur ist meist stärker als der Mensch in seinem Wahn; man muß nur zu ihrem Ursprung zurückkehren, um sie und ihre Gesetze richtig zu erkennen.
Als Oberst Podhajsky den amerikanischen General Patton in St. Martin um Schutz der Schule durch die amerikanische Armee bat, war das Gestüt bereits in Sicherheit und konnte sich kurz darauf in der ehemaligen Kaserne der Welser Dragoner niederlassen, bis es wieder an seinen Ursprung zurückkehrte und in der Hofburg in Wien im historischen Rahmen der Hofreitschule einem neuen Höhepunkt entgegenging.
Was die Errettung dieses Pferdebestandes von Hostau betrifft, gibt es eine ganze Reihe unterschiedlicher Versionen. Die einen stellen Pod-

hajsky als alleinigen Anreger und Durchführer der ganzen Aktion hin, die anderen bestreiten dies heftig. Wie so oft dürfte die Wahrheit in der Mitte liegen. Alle, die damals mitgeholfen haben, dieses Werk zu vollbringen, sollten sich des Erfolges freuen, den wir anderen dankbar zur Kenntnis nehmen wollen. Die Flucht dieser Pferde gleicht einem weißen Traum, der über Böhmen dahinzog, als Krieg und Revolution das Land in eine Hölle verwandelten. Sie waren mit ihrem Gefolge die ersten Lebewesen, die das Land verließen. Viele sollten noch folgen. Daß im Helfen Menschen verschiedener Nationen und ehemalige Kriegsgegner einträchtig handelten, war einer der ganz seltenen Lichtschimmer in einer trüben und düsteren Zeit. In diesem Ereignis lag eine Verheißung für die Zukunft, die uns alle wieder hoffen ließ.

Nun stehen die Lipizzaner zum letztenmal wie angewurzelt. Die abschließenden Figuren sind geritten. Noch liegt ein Hauch vergangener Mühen und Anstrengungen über Pferd und Bereiter. Mit kräftigen Zügen werfen die Schimmel ihre Köpfe nach vorne, ihre Reiter geben die Zügel frei, sie sind ebenso froh, daß alles gut vorüber ging und nicht die kleinste Ungenauigkeit die Aufeinanderfolge der Bewegungen störte. Trotz des scheinbar Mühelosen waren ungeheuere Energien notwendig, um zu einem guten Ende zu kommen. Dieses war nun erreicht.

Jubel brandet auf. Beifall überschüttet die Hauptdarsteller, die strahlend weißen Lipizzaner, die in wenigen Minuten zu Lieblingen der Zuschauer geworden sind. Wer bisher das Pferd als nur eines von vielen Tieren im großen Garten Gottes angesehen hatte, wird jetzt, nach dem, was er hier erlebt hat, dieser Kreatur einen neuen Rang in seiner Vorstellungswelt einräumen müssen. - Noch einmal erhebt sich Beifall. Umrauscht von ihm rücken Pferd und Reiter langsam ab. Bescheiden nehmen die Bereiter nur einen kleinen Teil des Beifalls für sich in Anspruch.

Die Dressurreiter wissen genau: Sie, die Menschen, sind hier nur Werkzeuge, Hilfsorgane dieser großartigen Tiere. Nun werden sie ihre wohlverdiente Ruhe und Pflege erhalten.

Die Zuschauer sind aufgestanden, verabschieden sich. Freude und Zufriedenheit sind an ihren Mienen abzulesen. Jeder wird wieder zu

dem, was er immer war. Aber in Alltag und Routine, inmitten von Gefühlskälte und Leidenschaftslosigkeit, wird eine ganz kleine Stelle empfindlich bleiben, wenn das Wort »Pferde« fällt. Noch nach Jahren werden diese weißen Leiber auftauchen und mit klugen Augen den Menschen ansehen und Antwort heischen.
Die Nachbarin mit den ganz anders gearteten Augen hat Schönfeld aufgegeben. Sie geht rasch vorbei und hat nicht einmal mehr seinen Blick gekreuzt.

Er hatte es kaum bemerkt. Er lebte in einer ganz anderen Umwelt und überdachte etwas, womit er sich bisher kaum beschäftigt hatte. Sorge war über ihn gekommen, die in der Frage mündete: Wie wird es mit den Pferden weitergehen, wie wird ihre Zukunft aussehen?
In allen Epochen hat der Mensch der Kreatur, der er die Seele absprach, bitteres Leid zugefügt. Das Pferd stand ihm am nächsten und hatte gerade deshalb am meisten zu leiden. Die Neuzeit erwies sich jedoch überdies als undankbar. Der Mensch des mechanischen Zeitalters schob den Gehilfen von einst einfach beiseite. Automatisierung der Landwirtschaft, unaufhörliche Fortschritte der Technik und die veränderten Lebensbedingungen führten zu einem Rückgang der Pferdehaltung auf allen Ebenen und in allen Ländern. Nach einer fachlichen Untersuchung, vor wenigen Jahren angestellt, berichtete Jasper Nissen in seinem Pferdebuch, daß die Zahl der Fohlen bei uns im Jahre 1960 auf etwa 15 000 zurückgegangen sei. Diese Zahl würde höchstens dazu ausreichen, einen Gesamtbestand von etwa 300 000 Pferden in der Bundesrepublik zu erhalten. Dabei lebten damals noch etwa 560 000 Pferde verschiedener Rassen in der Bundesrepublik, mehr als die Hälfte bereits jenseits des zehnten Lebensjahres. Der Schrumpfungsprozeß nahm also seinen Fortgang. Durch die weitere Technisierung der Landwirtschaft und die wachsende Raumnot eines übervölkerten Landes war das Verschwinden des Pferdes aus unseren Breitegraden bereits deutlich vorgezeichnet.
Immer naturfremder wurden die Blicke der Neugierigen, wenn sie beim Springreiten, bei Galopp- oder Trabrennen diesem Geschöpf begegneten. Wie erstaunt war der verstädterte Menschen, daß hier die Unberechenbarkeit der Natur ein Lebewesen zu ungeahnten Lei-

stungen kommen ließ, die dann bei Großveranstaltungen wie den Olympischen Spielen Stürme der Bewunderung entfachten. Wie vieles beim schnellebigen Menschen unserer Zeit, vergaß er auch die Pferde rasch wieder. Was besagt es schon, wenn im Zirkus die Vorführungen gepflegter Rösser immer noch beliebter sind als jene der Leoparden, Tiger oder sonstiger exotischer Tiere, oder wenn bei einem Spaziergang ein an der Barriere stehendes Pony unsere Kinder aufjauchzen läßt und wir sie hochheben, damit sie das geduldige Tier besser streicheln können.

Das Ende schien unabwendbar.

Auf der Welt ist nun einmal alles vergänglich. Geschlechter kommen und vergehen und vieles, was einmal gut und schön war, ist nicht mehr. So hatte man sich auch damit vertraut gemacht, daß es eines Tages keine Pferde mehr geben würde.

Die Natur indes geht seltsame Wege. Sie läßt sich vom Menschen, trotz allen Fortschritts und seiner hochgezüchteten Technik, nicht immer so beeinflussen, wie er sich das in seiner Überheblichkeit wünscht oder wahrhaben möchte. Die Schöpfungsgeschichte ist eben kein Menschenwerk und kann nicht nach dem Grundsatz von Soll und Haben bestimmt werden. Irgendwo und für den Menschen unbegreiflich gibt es plötzlich Widerstände gegenüber einem vermeintlich unausweichlichen Entwicklungsgang, dem sich die Menschheit schon unterworfen hatte.

Von uns fast unbemerkt begann ein Wiederaufstieg des Pferdes, den keiner für möglich gehalten hätte. Er kam vornehmlich aus Frankreich und England, insbesondere aus Frankreich, wo ein sehr gescheiter Mann vor einigen Jahren sagte: »Das, was den Deutschen der Fußball ist, wurde dem Franzosen unserer Tage das Pferd.«

In den Ostblockländern hat sich die Entwicklung niemals so katastrophal abwärts bewegt wie bei uns. Die bäuerlichen Menschen hängen dort immer noch stärker mit der Natur zusammen. Dort blieb das Pferd, trotz Kolchose und vorangetriebener Industrialisierung, mit dem Menschen verbunden und ist auch heute ein Stück seines Lebensbereiches. Allein die Landschaft hat dort in vielen Fällen dafür gesorgt, daß man sich vom Pferd nicht trennen durfte, weil es in den oftmals sumpfigen Gegenden erfolgreich blieb, wo die Maschinen und Traktoren bereits versagten. In anderen Räumen wiederum überwand es die weglosen Strecken müheloser als das Auto und vermochte in Jahreszeiten, da Wege und Straßen in grundlosen Morast versanken, alle mechanischen Kräfte zu ersetzen. Oft erwies sich das unscheinbarste Pferd zuverlässiger als der beste Motor.

Wer in den letzten Jahren durch die französische Landschaft fuhr, war überrascht vom ungeahnten Aufblühen der Reiterei. Nie war der Pferdesport dort volkstümlicher als in unseren Tagen. Bei uns, wo man schon das Ende der Pferdewelt herannahen zu sehen glaubte, hat eine Jugend, zwischen der und ihren Eltern sich Welten von Vorurteilen und Gegensätzen auftürmen, das Pferd und seinen Zauber entdeckt.

Alte Stallungen, in denen man jahrelang ausgediente Autoveteranen abstellte, beginnen sich mit neuem Leben zu füllen. Auf der Reitbahn ziehen die Pferde wieder ihre Schleifen und Runden und galoppieren über Hindernisstrecken. Köstliche, linkische und frohgemute Fohlen hoppeln hinter stolzen Mutterstuten einher. Es ist wie einst, wenn du ihnen in der hohlen Hand den Zucker hinhältst und deine Haut mit ihren samtweichen Nüstern in Berührung kommt. Der Pferdesport erlebt nach Jahren eines oft notgezeichneten Daseins wieder eine Blütezeit. Dressurreiten, Springreiten, Jagdreiten, Trabrennen und Leistungsschauen stehen im Mittelpunkt des Interesses weiter Kreise. In kleinen und kleinsten Orten, dort, wo es die natürlichen Voraussetzungen zulassen und in Stadtrandsiedlungen auf bereits verlassenen Bauerngehöften, lernen junge Menschen, mit dem Pferd umzugehen, setzen sich in den Sattel und unterwerfen sich freiwillig und ohne jeden Zwang Forderungen des Dienstes am Pferd. Anfangs vielleicht schnoddrig und überheblich, wie dies seit eh und je die Art der Jugend war, treten sie bald mit ihrem vierbeinigen Kameraden in enge Freundschaft, werden sie nach und nach mit ihm eins. Sie sind, weiß Gott, keine schlechteren Reiter als wir Alten. Sie machen durchaus keine schlechtere Figur, als wir sie machten, wenn unser Gaul zum erstenmal an die Longe genommen wurde.

Tröstlich zu wissen, daß die Pferde weiterleben werden; sie lehren uns hoffen. Immer noch bestimmen geheimnisvolle Entscheidungen das Leben der Menschen, denn zwischen Hirn und Herz liegt eine noch immer unbekannte Zone. Der Umgang mit Tieren lehrt uns, das Rationale nicht überzubewerten, das Kreatürliche, das in uns steckt, nicht zu mißachten und nicht zu unterdrücken. So werden die Pferde in unserer Zeit eine Warnung für die Zukunft des Menschengeschlechtes bleiben. Die Natur hat ein energisches Rufzeichen gesetzt und uns ein Halt geboten.

Spricht man mit jenen jungen Menschen, die sich heute in den Sattel schwingen, die freiwilligen Stalldienst auf sich nehmen, die den Pferden stundenlang, ohne Auftrag, das Fell striegeln und sie bis zum Verdruß die einzelnen Gangarten lehren, bekommt man die merkwürdigsten Antworten.

»Warum reiten Sie?« Die Antwort ist keinesfalls heroisch, sie wird auch jenen enttäuschen, der vielleicht mit dem Gedanken liebäugelt, hier wollten sich kommende Weltmeister heranbilden, die der Ehrgeiz treibe. Sie ist oft merkwürdig unbeholfen und steht in auffallendem Gegensatz zu dem sonstigen Wesen dieser Menschen.

Sie umfaßt die weite Skala »weil es mich freut«, »weil ich Pferde gern habe«, »weil ich einen schönen Sport suche«, »weil ich gerne in der Natur bin«, »weil mir das Reiten Spaß macht«. Forscht man jedoch weiter, dringt durch das Gestrüpp betonter Zurückhaltung und jahrgangsbedingter Überheblichkeit nach und nach ein Bekenntnis zur Natur. »Ich bin täglich stundenlang in einem Betrieb«, sagt der eine.

»Ich sitze täglich im Hörsaal.«

»Ich hocke stumpfsinnig hinter einer Werkbank und zeichne tagelang. Was ich da brauche, ist ein Gegengewicht, das mir die Menschen nicht geben können.«

Sie suchen also etwas, was den Alltag, das Berufsleben, das häusliche Einerlei oder die Menschenverachtung überwinden läßt; den Hauch, der über Wiesen und Felder weht; den Sturm, der an den Haaren zaust und den man zwischen Betonklötzen und Glasfassaden nicht mehr empfindet und die geheimnisvolle Welt, die aus hartgefrorenen und verkrusteten Erdbrocken immer wieder von neuem Pflanzen und Blüten sprießen läßt; und nicht zuletzt das Abenteuer, das jeder gesunde und natürliche junge Mensch ersehnt. Auf dem Rücken eines Pferdes läßt es sich intensiver genießen als im Alltag. Wenn von allem etwas zusammentrifft, noch Persönliches hinzukommt, etwa Trotz gegen die besorgten Alten - »Du wirst schon sehen, wenn du herunterfällst und dir die Arme brichst« - und auch ein uneingestandenes

Gefühl des Emporgehobenseins, das man gar nicht auszusprechen wagt, erwächst daraus die Reiterleidenschaft.
Reiter werden stets eine besondere Art Menschen sein, mögen sie in der Ritterrüstung, im Lederwams, im bunten Rock, im Feldgrau oder in Jeans unserer Tage daherkommen.
Jeden Menschen, sofern er nicht ohne Leben und Temperament ist, reizt dieses dauernde Wechselspiel der Kräfte, das ihn auf die Probe stellt: die Auseinandersetzung zwischen Pferd und Reiter. Der Anfänger ist mehr oder minder willenlos allem ausgeliefert, was mit ihm geschieht. Denn das Pferd tut entweder das, was ein Dritter ihm befiehlt oder was es selber will. Der Reiter muß sich schon auf seine eigene Kraft und seinen Willen besinnen. Sobald er ihn auf das Pferd zu übertragen trachtet, beginnt die wahre Schönheit des Reiterdaseins. Dem Pferd und dessen Willen, am Anfang ein unbekanntes und drohendes Etwas, mit der Zeit das eigene Wollen zur Seite stellen lernen - das sind die ersten Stufen zur reiterlichen Meisterschaft.
Schwächlinge, feige Kerle und solche ohne Saft und Kraft scheitern nach kurzer Zeit; das Pferd erkennt schnell, was es seinem Reiter zumuten darf, aber auch, was es von ihm erwarten kann. Es kommt zu dem Miteinanderringen, dem ständigen, fast spielerischen Aufbäumen, dem Messen der Kräfte, die sich im glücklichen Falle finden und ergänzen. Es ist jener Augenblick, da der Reiter seine Überlegenheit das Pferd nicht fühlen lassen darf, der die Zeit des Miteinanders zwischen Pferd und Reiter einleitet und über die Beziehungen entscheidet. Junge Reiter wissen das genauso gut wie die alten, wenn sie nur rechte Reiter sind und immer vor Augen haben, was ein alter Pferdepädagoge einmal gesagt hat: »Der Reiter muß, das Pferd kann!«
Fragt man noch eine Weile weiter und verschiebt vielleicht mit einiger Sachkunde die Stricktrense, so merkt man, wie die Augen des anderen zu leuchten beginnen: Dann muß man gar nicht weiter forschen. Denn in diesen Augen liegt bereits die beginnende Leidenschaft zum Pferd, eine Neigung, die man nie mehr los wird, wenn sie einen einmal gepackt hat. Sie ist allen Reitern der Welt gemeinsam und verbindet die Reiter von gestern mit denen von morgen miteinander.
Das hat das Pferd vermocht: Zwei Generationen, die sich verständnislos, oft feindselig gegenüberstanden, zu verbinden, durch gemeinsame Zuneigung zu diesem herrlichen Geschöpf Gottes.

Wie man ein Wunder dieser Art erklären kann? Der Großstadtmensch unserer Tage ist bestrebt, zwischen Umweltverschmutzung, Lärm und schlechter Luft der Natur näherzukommen. Im Pferde hat er dabei einen zwar eigenwilligen, aber idealen Partner gefunden. Das Unpersönliche, das uns immer wieder umgibt, hat bewirkt, daß der gehetzte und gejagte Mensch dieser Tage ein Lebewesen suchte, das ihm die Größe und Ruhe der Natur erschließen half und ihm dabei wieder Kräfte abforderte, die er bisher ungenützt ließ.

Nicht jedes Pferd ist, wie ein richtiger Wallach, vom dauernden Bedürfnis nach Streicheln und Schmusen erfüllt, doch jedes dieser Tiere hat den ausgesprochenen Hang zur Anlehnung und Geborgenheit. Gute Behandlung und Betreuung vergißt es nicht. Menschliche Güte vergilt es mit einem Fächer von Freundschaftsbeweisen. Man muß sie allerdings erst erkennen. Dazu braucht man Zeit: Nehmen wir sie uns! Schlimm genug, wie wenigen das heute noch gelingt: Beschauliche Ruhe zum Streicheln, Füttern, Striegeln, Tränken oder nur zum Nebeneinanderstehen. Bald werden wir erkennen, wie es nach uns Ausschau hält, wenn die Stunde naht, in der wir den Stall zu betreten pflegen. Sein geradezu jubelndes Kopfwerfen und Wiehern, wenn man endlich da ist, wird einen für einen Tag voll Mißgunst und Ärger entschädigen.

Nur langsam und bei bedächtigem Eintreten in die Pferdewelt, für die der Mensch ein unbekanntes Wesen ist, mit dem man nicht immer die beste Erfahrung gemacht hat, werden die Schranken fallen. Das Pferd wird seinen Reiter zum Herrn machen und ihn als Partner anerkennen; ein Vertrauensvorschuß allerdings, den man sich jeden Tag von neuem erwerben muß. Man kann nur hoffen, daß dieser neue Volkssport, zu dem er sich fast ausgeweitet hat, nicht durch die Geschäftemacher in Verruf kommt und die Pferde nicht wieder die Opfer werden. Gemeint sind jene, die glauben, mit Peitsche und Stock, mit Brüllen und Treten ihre Künste erlernen zu können. Gemeint sind die Pferdehändler unseligen Angedenkens, jene Typen, die durch ihre Betrugsmanöver manchen Pferdeliebhaber so über's Ohr gehauen haben, daß er seine Liebhaberei aufgeben mußte, und gemeint sind jene Manager, die alles, was sie entstehen sehen, zum Handelsobjekt machen. Sie sind ebenso von Übel wie meinetwegen jene Vereinsfunktionäre, die um der Rekorde und Zuschauersensatio-

nen willen stets dort Schaden stifteten, wo Unwissenheit und Laientum vom Geschäftssinn mißbraucht wurden.
Mögen Menschen einer neuen Generation die Schönheiten des weiten Landes und die Geheimnisse der Natur auf dem Rücken ihrer Pferde erleben und die Wahrheit des alten Spruchs erfahren, den ein Außenstehender niemals begreifen kann: daß auf diesem Rücken das ganze Glück der Erde ruht.
Die Natur hat mit ihren unerklärlichen Gesetzen geholfen, den Untergang unseres besten Freundes in der Tierwelt zu verhindern. Preisen wir uns glücklich, daß es nach uns wieder eine Welt geben wird - - erfüllt vom Wiehern und Schnauben der Pferde.

*

INHALT